TASCABILI BOMPIANI

ANAÏS NIN
IL DELTA DI VENERE
Traduzione di Delfina Vezzoli

I GRANDI TASCABILI
BOMPIANI

Titolo originale
DELTA OF VENUS

© 1969 Anaïs Nin
© 1977 The Anaïs Nin Trust

ISBN 978-88-301-0628-4

www.giunti.it
www.bompiani.it

© 2022 Giunti Editore S.p.A/Bompiani
Via Bolognese 165 – 50139 – Firenze
Via G.B. Pirelli 30 – 20124 – Milano

Prima edizione a marchio Bompiani: 1946
Edizione speciale 1+1 2022

PREFAZIONE*

Aprile, 1940

Un collezionista di libri ha offerto a Henry Miller cento dollari al mese per scrivere racconti erotici. Sembra una punizione dantesca condannare Henry a fare pornografia per un dollaro la pagina. Si è ribellato perché in quel momento non era proprio in una vena rabelaisiana. Perché scrivere su ordinazione era un'occupazione castrante, perché scrivere con un voyeur che spiava dal buco della serratura toglieva ogni spontaneità e ogni piacere alle sue avventure amorose.

Dicembre, 1940

Henry mi ha parlato del collezionista. A volte pranzavano insieme. Una volta gli aveva comprato un suo manoscritto e poi gli aveva proposto di scrivere qualcosa per uno dei suoi vecchi e ricchi clienti. Non poteva dire molto del suo cliente eccetto che era interessato a racconti erotici.

Henry incominciò allegramente, scherzosamente. Inventò storie piccanti sulle quali ridevamo insieme. Si accinse a questo compito come a un esperimento, e sulle prime gli sembrò

* Adattata dal terzo volume del *Diario* di Anaïs Nin.

facile. Ma dopo un po' ne ebbe abbastanza. Non voleva usare in nessun modo il materiale destinato al suo lavoro vero, per cui era condannato a forzare le sue invenzioni e i suoi umori.

Non ricevette neanche una parola di incoraggiamento dal suo strano patrono. Era naturale che non volesse rivelare la sua identità, ma Henry incominciò a tormentare il collezionista. Esisteva davvero quel patrono? Oppure quelle pagine erano destinate al collezionista stesso, per rallegrare la sua vita melanconica? Che i due fossero la stessa persona? Henry e io discutemmo a lungo sull'argomento, perplessi e divertiti.

A questo punto il collezionista annunciò che il suo cliente sarebbe venuto a New York e che Henry l'avrebbe conosciuto. Ma, in un modo o nell'altro, l'incontro non ebbe mai luogo. Il collezionista si prodigava in descrizioni particolareggiate sulla spedizione via aerea del manoscritto, sul costo dell'operazione, tutta una serie di dettagli intesi a rendere realistiche le informazioni fornite sul famoso cliente.

Un giorno volle una copia di *Primavera nera* con una dedica.

"Ma mi pareva mi avesse detto che il suo cliente aveva già tutti i miei libri, in edizioni firmate!" disse Henry.

"Sì, ma ha perso la sua copia di *Primavera nera*."

"A chi devo dedicarla?" chiese Henry ingenuamente.

"Be', semplicemente a 'un caro amico', con la sua firma."

Qualche settimana dopo, Henry aveva bisogno di una copia di *Primavera nera* e non riusciva a trovarne neanche una. Decise allora di chiedere in prestito quella del collezionista. Andò nel suo ufficio. La segretaria lo invitò ad aspettare, e Henry incominciò a esaminare i libri negli scaffali. Vide una copia di *Primavera nera*. La estrasse. Era quella che aveva dedicato al "Caro amico".

Quando entrò il collezionista, Henry glielo disse, ridendo. Con lo stesso buon umore il collezionista gli spiegò: "Ah, sì. Il vecchio era così impaziente che ho dovuto spedirgli la mia copia personale mentre aspettavo questa firmata da lei, con l'intenzione poi di scambiarle quando il mio cliente verrà a New York."

Quando ci incontrammo, Henry mi disse: "Sono più confuso che mai."

Quando Henry gli chiese qual era la reazione del cliente al suo lavoro, il collezionista rispose: "Oh, gli piace tutto. È tutto meraviglioso. Ma preferisce le parti narrative, il racconto, senza analisi o filosofia."

Quando Henry si trovò ad avere bisogno di soldi per le sue spese di viaggio, mi propose di scrivere qualcosa durante la sua assenza. Io non volevo dare niente di genuino, per cui decisi di creare un misto di storie che avevo sentito e di invenzioni, fingendo che fossero tratte dal diario di una donna. Non incontrai mai il collezionista. Avrebbe letto le mie pagine e mi avrebbe fatto sapere cosa ne pensava. Oggi ho ricevuto una telefonata. Una voce ha detto: "Va bene. Ma lasci perdere la poesia e le descrizioni di tutto quello che non è sesso. Si concentri sul sesso."

Così incominciai a scrivere ironicamente, divenendo così improbabile, bizzarra ed esagerata, che pensai che il vecchio si sarebbe accorto che stavo facendo una caricatura della sessualità. Ma non ci fu nessuna protesta. Passavo i giorni in biblioteca a studiare il *Kama Sutra*, ascoltavo le avventure più spinte degli amici.

"Meno poesia," diceva la voce al telefono. "Sia specifica."

Ma c'era davvero qualcuno capace di trarre piacere dalla lettura di una descrizione clinica? Il vecchio non sapeva dunque che le parole fanno entrare nella carne colori e suoni?

Tutte le mattine, dopo colazione, mi sedevo a scrivere la mia dose di pornografia. Una mattina battei a macchina: "C'era un avventuriero ungherese..." Gli diedi molti vantaggi: bellezza, eleganza, grazia, fascino, il talento di un attore, la conoscenza di molte lingue, un genio per l'intrigo, un genio per trarsi dagli impicci, e un genio per sottrarsi alla costanza e alle responsabilità.

Un'altra telefonata: "Il vecchio è contento. Si concentri sul sesso. Lasci perdere la poesia."

E questo diede origine a un'epidemia di "diari" erotici. Tutti si annotavano le loro esperienze sessuali. Inventate, udite, ripescate da Krafft-Ebing e da testi medici. Avevamo conversazioni comiche. Uno raccontava una storia e gli altri dovevano decidere se era vera o falsa. O plausibile. Questo era plausibile? Robert Duncan si propose come sperimentatore, per provare le nostre invenzioni, per confermare o negare le nostre fantasie. Avevamo tutti bisogno di soldi, così mettemmo insieme le nostre storie.

Ero sicura che il vecchio non sapeva niente delle beatitudini, delle estasi, dei riverberi abbaglianti degli incontri sessuali. Estirpare la poesia, era il suo messaggio. Un sesso clinico, privato di tutto il calore dell'amore – dell'orchestrazione di tutti i sensi: tatto, udito, vista, gusto; di tutte le componenti euforiche: musica di sottofondo, umori, atmosfere, variazioni – lo costringeva a ricorrere ad afrodisiaci letterari.

Avremmo potuto infiascare segreti migliori da raccontargli, ma eran segreti a cui sarebbe stato sordo. Però un giorno, quando avesse raggiunto la saturazione, gli avrei detto come ci aveva fatto perdere quasi ogni interesse nella passione con la sua mania dei gesti vuoti di emozioni, gli avrei raccontato come lo stramaledicevamo perché ci aveva quasi indotto a prendere i voti di castità, perché quello che lui voleva farci escludere era proprio il nostro afrodisiaco: la poesia.

Ricevetti cento dollari per i miei racconti erotici. Gonzalo aveva bisogno di soldi per il dentista, Helba aveva bisogno di uno specchio per i suoi balli, e Henry di denaro per il suo viaggio. Gonzalo mi raccontò la storia del Basco e Bijou, e io la scrissi per il collezionista.

Febbraio, 1941

La bolletta del telefono non era stata pagata. La rete di difficoltà economiche mi si stava chiudendo intorno. Tutti quelli intorno a me irresponsabili, incuranti del naufragio. Scrissi trenta pagine di racconti erotici.

Mi risvegliai alla consapevolezza di essere senza un centesimo e telefonai al collezionista. Aveva saputo qualcosa dal suo ricco cliente sull'ultimo manoscritto che gli avevo spedito? No, non ancora, ma avrebbe ritirato quello che avevo appena finito e me lo avrebbe pagato. Henry doveva andare da un dottore. Gonzalo aveva bisogno di occhiali. Robert entrò con B. e mi chiese i soldi per andare al cinema. La fuliggine della vasistas cadde sui miei fogli di carta e sul mio lavoro. Arrivò Robert e si portò via il mio pacco di carta da macchina.

Il vecchio non si stancava mai della pornografia? Non sarebbe dunque successo un miracolo? Incominciai a immaginare che dicesse: "Datemi tutto quello che scrive, lo voglio tutto, mi piace tutto. Le manderò un bel regalo, un bell'assegno per tutto quello che ha scritto."

La mia macchina da scrivere era rotta. Con un centinaio di dollari in tasca ritrovai il mio ottimismo. Dissi a Henry: "Il collezionista dice che gli piacciono le donne semplici, senza pretese intellettuali, poi però mi invita a cena."

Avevo l'impressione che il vaso di Pandora contenesse i misteri della sensualità femminile, così diversa da quella maschile e per la quale il linguaggio dell'uomo era inadeguato. Il linguaggio del sesso doveva ancora essere inventato. Il linguaggio dei sensi doveva ancora essere esplorato. D.H. Lawrence incominciò a dare un linguaggio all'istinto, cercò di sottrarsi al clinico, allo scientifico, che cattura solo quello che sente il corpo.

Ottobre, 1941

Quando arrivò, Henry fece molte osservazioni contraddittorie. Che poteva vivere con niente, che si sentiva così bene che poteva persino cercarsi un lavoro, che la sua integrità gli impediva di scrivere sceneggiature a Hollywood. Alla fine gli dissi: "E cosa mi dici sullo scrivere pornografia per denaro?"

Henry rise, ammise il paradosso, le contraddizioni, rise e liquidò l'argomento.

La Francia ha una tradizione di letteratura erotica, scritta in uno stile raffinato, elegante. Quando incominciai a scrivere per il collezionista, pensavo che anche qui ci fosse una tradizione analoga, ma non ne ho trovato traccia. Non ho visto che sciatteria, messa insieme da pennivendoli di seconda classe. Pare che nessuno scrittore vero abbia mai scritto racconti pornografici.

Raccontai a George Barker cosa e come stavano scrivendo Caresse Crosby, Robert, Virginia Admiral e altri. Lo divertì molto l'idea di me come "madama" di questa casa di malaffare letteraria, snob, dalla quale era esclusa la volgarità.

Ridendo, gli dissi: "Fornisco fogli e carta carbone, consegno i manoscritti anonimamente, proteggo l'anonimità di tutti."

George Barker intuì che una cosa simile era molto più spiritosa che elemosinare, chiedere in prestito, o scroccare cene agli amici.

Raccolsi i poeti intorno a me e tutti insieme scrivemmo della bellissima pornografia. Condannati come eravamo a insistere solo sulla sensualità, ci furono esplosioni violente di poesia. Scrivere pornografia divenne una strada verso la santità invece che verso la dissolutezza.

Harvey Breit, Robert Duncan, George Barker, Caresse Crosby, tutti quanti insieme a concentrare la nostra abilità in un tour de force, rifornendo il vecchio di una tale abbondanza di gioie perverse, che ora ne implorava altre.

Gli omosessuali scrivevano come fossero state donne. I timidi si lanciavano in descrizioni di orge. I frigidi in appagamenti parossistici. I più poetici indulgevano nella bestialità, e i più puri nelle perversioni. Eravamo ossessionati dalle favole meravigliose che non potevamo raccontare. Ci sedevamo in cerchio, cercavamo di immaginare questo vecchio, ci confessavamo il nostro odio per lui, che detestavamo perché non ci permetteva di operare una fusione tra sessualità e sentimento, sensualità ed emozione.

Dicembre, 1941

George Barker era terribilmente povero. Voleva scrivere altra pornografia. Ne scrisse cinquantacinque pagine. Il collezionista le giudicò troppo surreali. Io le amavo moltissimo. Le sue scene d'amore erano arruffate e fantastiche. Amore fra trapezi.

Si bevve i primi guadagni e io non potei prestargli altro che fogli e carta carbone. George Barker, che scriveva pornografia per bere, proprio come Utrillo dipingeva quadri in cambio di una bottiglia di vino. Incominciai a pensare al vecchio che tutti odiavamo. Decisi di scrivergli, di rivolgermi a lui direttamente, per descrivergli i nostri sentimenti.

"Caro collezionista, noi la odiamo. Il sesso perde ogni potere quando diventa esplicito, meccanico, ripetuto, quando diventa un'ossessione meccanicistica. Diventa una noia. Lei ci ha insegnato più di chiunque altro quanto sia sbagliato non mescolarlo all'emozione, all'appetito, al desiderio, alla lussuria, al caso, ai capricci, ai legami personali, a relazioni più profonde che ne cambiano il colore, il sapore, i ritmi, l'intensità.

"Lei non sa cosa si perde con il suo esame al microscopio

dell'attività sessuale, con l'esclusione degli aspetti che sono il carburante che la infiamma. Componenti intellettuali, fantasiose, romantiche, emotive. Questo è quel che conferisce al sesso la sua struttura sorprendente, le sue trasformazioni sottili, i suoi elementi afrodisiaci. Lei sta rimpiccolendo il mondo delle sue sensazioni. Lo sta facendo appassire, morir di fame, ne sta prosciugando il sangue.

"Se lei nutrisse la sua vita sessuale con tutte le emozioni e le avventure che l'amore inietta nella sessualità, sarebbe l'uomo più potente del mondo. La fonte del potere sessuale è la curiosità, la passione. Lei sta lì a guardare questa fiammella morire d'asfissia. Il sesso non prospera nella monotonia. Senza sentimento, invenzioni, stati d'animo, non ci sono sorprese a letto. Il sesso deve essere innaffiato di lacrime, di risate, di parole, di promesse, di scenate, di gelosia, di tutte le spezie della paura, di viaggi all'estero, di facce nuove, di romanzi, di racconti, di sogni, di fantasia, di musica, di danza, di oppio, di vino.

"Quanto perde con questo periscopio sulla punta del pisello, quando invece potrebbe godersi un harem di meraviglie tutte diverse e mai ripetute! Non due peli uguali. Ma lei non ci permetterà di sprecar parole sui peli; neanche due odori, ma se ci dilunghiamo su questo argomento, lei si mette a gridare: 'Lasciate perdere la poesia.' Neanche due pelli con lo stesso incarnato, e mai la stessa luce, la stessa temperatura, le stesse ombre, mai gli stessi gesti; perché un amante, quando è infiammato d'amore vero, può esprimere i toni più sottili di secoli di arte amatoria. Quante sfumature, quanti cambiamenti d'età, variazioni di maturità e innocenza, perversità e arte...

"Siamo rimasti seduti per ore a chiederci che aspetto lei abbia. Se ha reso i sensi indifferenti alla seta, alla luce, al colore, all'odore, al carattere, al temperamento, a questo punto dev'essere completamente avvizzito. Ci sono tanti sensi minori, che si buttano come tanti affluenti nel fiume del sesso, arricchendolo. Solo il battito unito del sesso e del cuore può creare l'estasi."

POSTSCRIPTUM

Nel periodo in cui stavamo tutti scrivendo pornografia a un dollaro la pagina, mi accorsi che per secoli avevamo avuto solo un modello per questo genere letterario: quello maschile. Ero già consapevole della differenza nel modo di trattare l'esperienza sessuale da parte dell'uomo e da parte della donna. Sapevo che c'era una grande disparità tra la chiarezza di Henry Miller e le mie ambiguità, tra la sua visione umoristica, rabelaisiana del sesso e la mia descrizione poetica delle relazioni sessuali nelle porzioni inedite del *Diario*. Come scrissi nel terzo volume del *Diario*, avevo l'impressione che il vaso di Pandora contenesse i misteri della sensualità femminile, così diversa da quella maschile, e per la quale il linguaggio dell'uomo era inadeguato.

Le donne, mi pareva, erano più portate a fondere il sesso con l'emozione, con l'amore, e a scegliere un uomo piuttosto che stare con molti. Questo per me divenne evidente mentre scrivevo i romanzi e il *Diario*, e lo vidi ancor più chiaramente quando incominciai a insegnare. Ma, nonostante l'atteggiamento delle donne nei confronti del sesso fosse piuttosto diverso da quello degli uomini, noi donne non avevamo ancora imparato a scrivere sull'argomento.

In questa collezione di racconti erotici, scrivevo per divertire, sotto pressione da parte di un cliente che mi chiedeva di "lasciar perdere la poesia". E così mi pareva che il mio stile fosse un prodotto della lettura dei lavori maschili. Per questa ragione, per un lungo periodo ebbi la sensazione di esser venuta meno al mio io femminile. E misi da parte i racconti erotici. Rileggendoli ora, che son passati molti anni, vedo che la mia voce non era stata messa completamente a tacere. In molti passaggi avevo usato intuitivamente un linguaggio femminile, considerando l'esperienza sessuale dal punto di vista di una donna. Alla fine decisi di permettere la pubblicazione dei racconti perché mostrano i primi sforzi di una donna in un mondo che è stato di esclusivo dominio maschile.

Se la versione non purgata del *Diario* verrà mai pubblicata, questo punto di vista femminile verrà stabilito con maggiore chiarezza. Farà vedere come le donne (e io, nel *Diario*) non abbiano mai separato il sesso dal sentimento, dall'amore per l'uomo come essere totale.

Los Angeles, settembre 1976   ANAÏS NIN

L'AVVENTURIERO UNGHERESE

C'era un avventuriero ungherese dotato di bellezza sorprendente, di fascino infallibile, di cultura, di grazia, dell'abilità di un attore consumato, della conoscenza di molte lingue, e di modi aristocratici. E a tutto questo s'aggiungeva il genio per l'intrigo, una capacità di trarsi d'impaccio e di andare e venire nei vari paesi come se niente fosse.

Viaggiava in grande stile, con quindici bauli dei vestiti più raffinati, e con due grandi cani danesi. La sua aria di autorità gli aveva guadagnato il soprannome di Barone. Il Barone veniva segnalato negli alberghi più lussuosi, alle terme e alle corse dei cavalli, in viaggio per il giro del mondo, in escursioni in Egitto, in traversate del deserto e dell'Africa.

Ovunque andasse, diveniva il centro dell'attrazione femminile. Come il più versatile degli attori, passava da un ruolo all'altro per accontentare i gusti di ciascuna donna. Era il ballerino più elegante, il commensale più vivace, il più decadente degli attori in un tête-à-tête; sapeva portare una barca a vela, cavalcare e guidare la macchina. Conosceva ogni città come se ci avesse vissuto tutta la vita. Conosceva tutta la buona società. Era indispensabile.

Quando aveva bisogno di soldi, sposava una donna ricca, la spogliava dei suoi beni, e partiva per un altro paese. Il più delle volte le donne in questione non si ribellavano né lo denunciavano alla polizia. Le poche settimane o mesi in cui avevano avuto il bene di goderselo come marito, lasciavano in loro una sensazione che era più forte del brutto colpo di perdere il denaro. Per un momento era stato loro concesso di capire cos'era vivere con grandi ali, volare sopra la testa della mediocrità.

Le portava così in alto, le faceva turbinare così velocemente nella sua girandola di incantesimi, che la sua dipartita conservava ancora qualcosa del volo. Sembrava quasi naturale: nessuna compagna avrebbe potuto tener dietro ai suoi grandi voli d'aquila.

Il libero, inafferrabile avventuriero, che saltava da un ramo d'oro all'altro, per poco non cadde in una trappola, una trappola di amore umano, quando una sera incontrò la ballerina brasiliana Anita al teatro Peruviano. I suoi occhi allungati non si chiudevano come quelli delle altre donne, ma come gli occhi delle tigri, dei puma e dei leopardi, con le palpebre che si socchiudevano pigre e lente; e verso il naso sembravano quasi uniti da una sottile sutura, che li faceva sembrare piccoli, e con uno sguardo lascivo e obliquo simile a quello che lascia cadere una donna che non vuol vedere cosa vien fatto al suo corpo. Tutto questo le dava l'aria di una donna che sta facendo l'amore, e ciò eccitò il Barone non appena la vide.

Quando andò a farle visita nel camerino, la ballerina si stava vestendo in mezzo a una profusione di fiori e, per la gioia degli ammiratori che le sedevano intorno, si stava imbellettando il sesso con il rossetto, senza permettere a nessuno di fare un solo gesto verso di lei.

Quando entrò il Barone, si limitò ad alzare la testa e a sorridergli. Aveva un piede su un tavolino e l'elaborato vestito brasiliano sollevato; senza batter ciglio ricominciò a dipingersi il sesso con le mani ingioiellate, ridendo dell'eccitazione degli uomini che le stavano intorno.

Il suo sesso era come un gigantesco fiore di serra, il più grande che il Barone avesse mai visto, e i peli intorno erano folti e ricciuti, neri come il carbone. E queste labbra le imbellettava come fossero una bocca, in modo elaborato, fino a farle assomigliare a camelie rosso sangue, che, aperte a forza, mostravano il bocciolo interno ancor chiuso, una gemma del fiore più pallida, con la pelle più chiara.

Il Barone non riuscì a persuaderla a cenare con lui. La sua apparizione in scena non era che un preludio al suo lavoro in teatro. Ad essa seguiva la prestazione per la quale era famosa in tutto il Sud America, quando i palchi del teatro, profondi, scuri e seminascosti dalle tendine, si riempivano degli uomini dell'alta società di tutto il mondo. Le donne non venivano portate a questo spettacolo di varietà d'alta classe.

Anita si era cambiata di nuovo da capo a piedi mettendo il vestito arricciato con tante sottogonne che usava in scena per le sue canzoni brasiliane, ma questa volta non portava lo scialle. Il vestito era senza spalline, e i suoi seni ricchi e abbondanti, compressi dal corpetto aderente, traboccavano dall'abito, offrendosi all'occhio in una quasi totale nudità.

Con questo abito, mentre il resto dello spettacolo continuava, faceva il giro dei palchi. Qui, a richiesta, si inginocchiava davanti a un uomo, gli sbottonava i pantaloni, gli prendeva il pene tra le mani ingioiellate, e con una delicatezza di tocco, una perizia, una leggerezza che poche donne avevano, lo succhiava finché l'uomo era soddisfatto. Le sue mani erano altrettanto attive della bocca.

La titillazione faceva quasi svenire dal piacere gli uomini. L'elasticità delle sue mani, la varietà dei ritmi, il cambiamento dalla presa salda della mano sull'intero pene al tocco più lieve sulla punta, dal massaggio fermo di tutte le parti, al leggero solletico intorno ai peli: e tutto ciò fatto da una donna voluttuosa di eccezionale bellezza, mentre l'attenzione del pubblico era rivolta alla scena. Vedere il proprio pene entrare in quella bocca magnifica, tra il balenio dei denti, mentre i seni si sollevavano, dava agli uomini un piacere per il quale pagavano generosamente.

La sua presenza in scena li preparava per la sua apparizione nei palchi. Anita li provocava con la bocca, gli occhi, i seni. Inoltre, soddisfare il proprio piacere in mezzo alla musica, con le canzoni e le luci di scena, in un palco scuro e semivelato sopra il resto del pubblico, costituiva una forma di divertimento eccezionalmente piccante.

Il Barone quasi si innamorò di Anita e rimase con lei più a lungo che con qualsiasi altra donna. Lei lo amò e gli diede due figlie.

Ma dopo qualche anno il Barone era di nuovo uccel di bosco. L'abitudine era troppo forte: l'abitudine alla libertà e al cambiamento.

Andò a Roma e prese una suite al Grand Hotel. Questa suite era adiacente a quella occupata dall'Ambasciatore spagnolo che vi abitava con la moglie e due bambine. Il Barone affascinò anche loro. La moglie dell'Ambasciatore lo ammirava, era delizioso con le figlie, e alla fine i rapporti con la famiglia divennero così amichevoli che le bambine, cui non venivano offerti molti svaghi nell'albergo, presero l'abitudine, quando si alzavano il mattino, di andare a trovare il Barone per svegliarlo con risate e scherzi nei quali non potevano indulgere con i ben più solenni genitori.

Una delle bambine aveva dieci anni, l'altra dodici. Erano entrambe bellissime, con grandi occhi neri e vellutati, lunghi capelli serici, e una carnagione dorata. Portavano vestitini bianchi corti e calzine bianche. Con strilli e risa, le due ragazzine entravano di corsa nella stanza del Barone e si buttavano per gioco sul suo lettone. Lui le stuzzicava e le coccolava.

Come molti uomini, il Barone si svegliava con il pene in condizioni di particolare sensibilità. In realtà, era in uno stato assai vulnerabile, e non gli restava il tempo di alzarsi e calmare la sua condizione urinando. Prima che potesse farlo, le due ragazzine avevano già attraversato di corsa il pavimento lucido e si erano gettate su di lui, e sul suo pene prominente, che la spessa trapunta azzurra nascondeva a malapena.

Le due bambine non si preoccupavano affatto se le loro gonne si sollevavano e le loro gambe snelle da ballerine si accavallavano sul suo pene che stava ritto sotto la coperta. Ridendo, si rotolavano su di lui, gli si sedevano sopra, lo trattavano come un cavallo, si sedevano a cavalcioni su di lui, e lo spingevano in giù, incitandolo a far ondeggiare il letto col movimento del suo corpo. In più lo baciavano, gli tiravano i capelli e chiacchieravano infantilmente. La delizia del Barone nell'essere trattato a questo modo cresceva fino a trasformarsi in una vera tortura.

Una volta, una delle bambine era sdraiata supina su di lui e il Barone per soddisfare il proprio piacere non aveva che da strusciarsi lievemente contro di lei. E lo fece come se per gioco volesse spingerla pian piano giù dal letto. Le disse: "Sono sicuro che cascherai se spingo così."

"Non cascherò," rispose la bambina, aggrappandosi a lui attraverso le coperte mentre il Barone la spingeva come se volesse farla rotolare sulla sponda del letto. Ridendo, egli spinse in alto il corpo della bambina, ma questa gli rimase attaccata, strusciandogli contro le gambette, le mutandine, tutto quanto, nello sforzo di non scivolar giù mentre lui continuava le sue buffonerie e loro ridevano. La seconda bambina, volendo pareggiare le forze del gioco, gli si sedette sopra a cavalcioni davanti all'altra e ora, con il peso di tutte e due, poteva muoversi ancor più violentemente. Il suo pene, nascosto nella spessa trapunta, si sollevò sempre più tra quelle gambette, e fu così che egli venne, con una intensità che aveva sperimentato raramente, arrendendosi in una battaglia che le bambine avevano vinto in un modo che non avrebbero mai sospettato.

Un'altra volta, quando vennero a giocare con lui, mise le mani sotto la coperta. Poi sollevò la trapunta con l'indice e le sfidò a prenderlo. Così, impazienti, esse cominciarono a dar la caccia al dito che appariva e scompariva in diversi punti del letto e lo catturarono con una presa ferma. Dopo un po', non era più il dito, ma il pene che le bambine ignare afferravano e, cercando di liberarlo, il Barone le incitava a stringerlo più forte che mai. Poi scompariva del tutto sotto le coperte e, preso in mano il pene, lo sollevava perché le bambine lo catturassero.

Fingeva di essere un animale, cercava di prenderle e di morderle, a volte piuttosto vicino a dove voleva, e le bambine si divertivano un mondo. Con l'"animale" giocavano anche a nascondino. L'"animale" balzava su di loro da qualche angolo nascosto. Il Barone si nascondeva sul fondo dell'armadio e si copriva con i vestiti. Una delle bambine apriva l'armadio ed egli riusciva a guardarla da sotto il vestito; la prendeva e la mordeva giocosamente sulle cosce.

I giochi erano così accalorati, e così grande la confusione della battaglia e l'abbandono delle bambine, che molto spesso la mano del Barone andava dove voleva lui.

Alla fine il Barone se ne andò di nuovo, ma i suoi balzi da trapezista da una fortuna all'altra peggiorarono quando la sua ricerca del piacere sessuale divenne più forte di quella del denaro e del potere. Era come se la forza del suo desiderio per le donne non fosse più sotto controllo. Non vedeva l'ora di liberarsi delle mogli per continuare la sua ricerca di sensazioni nuove in giro per il mondo.

Un giorno venne a sapere che la ballerina brasiliana che aveva amato era morta per una dose eccessiva di oppio. Le loro due figlie avevano raggiunto rispettivamente l'età di quindici e sedici anni e volevano che il padre si occupasse di loro. Egli le mandò a prendere. A quell'epoca viveva a New

York con una moglie da cui aveva avuto un figlio. La donna non era contenta all'idea che arrivassero le due ragazze. Era preoccupata per il figlio, che aveva solo quattordici anni. Dopo tutte le sue prodezze, il Barone ora voleva una casa e una tregua a difficoltà e intrighi. Aveva una donna che gli piaceva abbastanza e tre figli. L'idea di rivedere le figlie lo interessava e dunque le ricevette con grandi dimostrazioni di affetto. Una era bella, l'altra meno, ma era piccante. Erano cresciute spartendo la vita della madre per cui non erano né represse né pudiche.

La bellezza del padre le impressionò. Questi, d'altro canto, si ricordò dei suoi giochi con le due ragazzine a Roma, solo che le figlie erano più grandi, il che rendeva la situazione ancor più invitante.

Alle ragazze venne dato un letto matrimoniale e, più tardi, mentre stavano ancora parlando del viaggio e dell'incontro col padre, questi entrò in camera per augurare loro la buonanotte. Si allungò di fianco alle figlie e le baciò, ed esse ricambiarono i baci. Ma, mentre le baciava, fece scivolare le mani lungo i loro corpi, che poteva sentire attraverso le camicie da notte.

Le carezze piacquero alle fanciulle: "Come siete belle, tutte e due," disse il Barone. "Sono proprio fiero di voi. Non posso lasciarvi dormire da sole. È da tanto che non vi vedo!"

Tenendosele paternamente accanto, con le due teste sulle sue spalle, accarezzandole protettivo, le lasciò addormentare al suo fianco. I loro corpi giovani, con i piccoli seni appena formati, lo turbarono al punto che non riuscì a dormire. Coccolò l'una e poi l'altra, con movimenti felini, in modo da non disturbarle, ma dopo un po' il suo desiderio si fece così violento che svegliò una delle figlie e approfittò di lei. Anche l'altra non gli sfuggì. Le due ragazze cercarono di resistergli e piansero un po', ma ne avevano viste tante quando vivevano con la madre, che non si ribellarono.

Ma questo non doveva essere un semplice caso di incesto, perché la furia sessuale del Barone non faceva che aumentare ed era diventata un'ossessione. Soddisfare il suo desiderio non lo liberava né lo calmava. Era come uno stimolante. Dopo le figlie, andava dalla moglie e prendeva anche lei.

Temendo che le figlie lo abbandonassero, o che scappassero di casa, le spiava e le teneva praticamente prigioniere.

La moglie lo scoprì e gli fece delle scenatacce. Ma il Barone ormai era come pazzo. Non si curava più dei suoi vestiti, della sua eleganza, delle sue avventure, della sua fortuna. Restava a casa e pensava solo al momento in cui avrebbe preso le figlie insieme. Aveva insegnato loro tutte le carezze possibili e immaginabili. Avevano imparato a baciarsi tra di loro in sua presenza finché lui era abbastanza eccitato da possederle.

Ma la sua ossessione e i suoi eccessi cominciarono a divenire insopportabili. La moglie lo abbandonò.

Una notte, dopo aver lasciato le figlie, si aggirava nell'appartamento, ancora preda del desiderio, e di febbrili fantasie erotiche. Aveva sfinito le figlie che ora stavano dormendo, ma il desiderio lo tormentava di nuovo. Ne era accecato. Aprì la porta della stanza del figlio. Il ragazzo dormiva tranquillo, sdraiato sul dorso, con la bocca leggermente aperta. Il Barone lo guardò affascinato. Il pene duro continuava a tormentarlo. Andò a prendere uno sgabello e lo mise vicino al letto, vi si inginocchiò e mise il pene in bocca al figlio. Il ragazzo si svegliò mezzo soffocato e reagì picchiando il padre. Anche le ragazze si svegliarono.

La ribellione contro la follia del padre montò, e tutti abbandonarono l'ormai non più giovane e frenetico Barone.

MATILDE

Matilde era una modista di Parigi appena ventenne quando fu sedotta dal Barone. Nonostante la loro relazione non fosse durata più di due settimane, in quel breve periodo, come per contagio, la ragazza assorbì la concezione della vita dell'amante e il suo modo di risolvere le cose mettendosi gli stivali delle sette leghe. Le era rimasta impressa una cosa che il Barone le aveva detto una sera casualmente: che le donne parigine erano tenute in gran conto in Sud America per la loro esperienza in materie amorose, la loro vivacità e il loro spirito che contrastava con l'atteggiamento di molte mogli sudamericane ancora legate a una tradizione di modestia e di obbedienza, che sminuiva la loro personalità ed era da attribuire, probabilmente, alla riluttanza degli uomini a far delle amanti delle proprie mogli.

Come il Barone, Matilde scoprì una formula per far fronte alla vita adottando una serie di ruoli, ovvero dicendosi la mattina mentre si spazzolava i capelli biondi: "Oggi voglio diventare questa o quella persona," per procedere poi in quel senso.

Un giorno decise che le sarebbe piaciuto essere la rappresentante raffinata di una modista parigina, e andare in Perù. Tutto quel che le restava da fare era entrare nel ruolo. Così si vestì con cura, si presentò con sicurezza straordinaria a casa della modista, fu assunta come rappresentante e ottenne un biglietto su una nave per Lima.

Una volta a bordo si comportò come una missionaria francese dell'eleganza. Il suo talento innato nel riconoscere un buon vino, un buon profumo, un buon taglio di abiti, le dava un'aria da signora di classe. Aveva gusti raffinati in fatto di cibi.

Matilde aveva attrattive piccanti per valorizzare questo ruolo. Rideva continuamente, qualsiasi cosa le succedesse. Le perdevano una valigia, e lei rideva. Le pestavano i piedi, e lei rideva.

Fu la sua risata ad attrarre il rappresentante della Compagnia spagnola, Dalvedo, che la invitò a sedere al tavolo del comandante. Dalvedo era elegante nel suo abito da sera, aveva il portamento di un capitano, e molti aneddoti da raccontare. La sera seguente la portò a ballare. L'uomo si rendeva conto perfettamente che il viaggio non era abbastanza lungo per un corteggiamento in piena regola, pertanto incominciò immediatamente a corteggiare il piccolo neo sul mento di Matilde. A mezzanotte le chiese se le piacevano i fichi d'India. Matilde non li aveva mai assaggiati. Dalvedo disse che ne aveva alcuni nella sua cabina.

Ma Matilde aveva deciso di accrescere il suo valore con la resistenza, per cui quando entrarono in cabina si mise sulla difensiva. Di solito le era facile respingere le mani degli uomini che sfiorava facendo la spesa, le pacche furtive sul sedere dei mariti delle clienti, le strizzatine ai capezzoli degli amici che la invitavano al cinema. Niente di tutto questo la turbava. Aveva un'idea vaga ma tenace di quel che poteva eccitarla. Voleva essere corteggiata con un linguaggio misterioso, un desiderio che le veniva dalla sua prima avventura di sedicenne.

Uno scrittore, che era una celebrità a Parigi, era entrato un giorno nel suo negozio. Non voleva un cappello, le chiese invece se aveva dei fiori fosforescenti di cui aveva sentito parlare, fiori che al buio splendevano. Li voleva, disse, per una donna che al buio splendeva. Era pronto a giurare che quando la portava a teatro, seduta nel palco scuro nel suo abito da sera, ella aveva una pelle luminosa quanto la più delicata delle conchiglie marine, con un tocco di rosa pallido. E voleva questi fiori perché lei li mettesse nei capelli.

Matilde non li aveva. Ma, appena l'uomo se ne fu andato, corse a guardarsi allo specchio. Questo era il tipo di sentimento che voleva ispirare. Poteva farlo? Il suo splendore non era di quel genere. Lei era molto più simile al fuoco che alla luce. Aveva occhi ardenti, di colore violetto. I capelli eran tinti di biondo, ma emanavano un alone ramato. Anche la sua pelle aveva un tono ramato, era soda e per niente trasparente. Il suo corpo le riempiva i vestiti a pennello, generosamente. Non portava il busto, ma aveva la stessa sinuosità che il corsetto conferiva ad altre donne. Si inarcò in modo da spingere i seni in avanti e il sedere in alto.

L'uomo era tornato. Ma questa volta non voleva comprare niente. Rimase in piedi a guardarla, con il lungo viso dai tratti raffinati illuminato da un sorriso, e i gesti eleganti che trasformavano in un rituale il semplice gesto di accendersi una sigaretta. Le disse: "Questa volta sono tornato solo per vederla."

Il cuore di Matilde si mise a battere all'impazzata, mentre sentiva che era giunto il momento atteso per anni. Si sollevò quasi sulla punta dei piedi per sentire quel che l'uomo le avrebbe detto. Immaginò di essere la donna luminosa che, seduta nel palco buio, riceve gli insoliti fiori. Ma quel che il raffinato scrittore dai capelli grigi pensò bene di dirle, con la sua voce aristocratica, fu: "Come ti ho vista, mi è venuto duro."

La crudezza delle parole fu come un insulto. Matilde arrossì e gli diede uno schiaffo.

Scene del genere si ripeterono in varie occasioni. Matilde scoprì che, in sua presenza, gli uomini di solito rimanevano senza parole, privi di ogni inclinazione al corteggiamento romantico. E si lasciavano sfuggire espressioni della stessa pesantezza al solo vederla. Faceva un effetto talmente diretto che tutto quel che gli uomini riuscivano a esprimere era il loro turbamento fisico. Invece di accettarlo come un tributo, Matilde si offendeva.

Ora si trovava nella cabina dell'affabile spagnolo, Dalvedo. Dalvedo chiacchierava, sbucciando alcuni fichi d'India per lei. Matilde si rassicurò e sedette sul bracciolo della poltrona col suo vestito da sera di velluto rosso.

Ma la preparazione dei fichi fu interrotta. Dalvedo si alzò e disse: "Lei ha sul mento il più seducente dei nei." Matilde pensò che avrebbe cercato di baciarla ma non lo fece. Invece si sbottonò in fretta i pantaloni e, come farebbe un guitto con una donna di strada, le disse: "Inginocchiati."

E Matilde, di nuovo, gli diede uno schiaffo e si diresse verso la porta.

"Non te ne andare," la pregò lui, "mi fai impazzire, guarda in che stato mi hai ridotto! Ero in queste condizioni tutte le sere, quando ballavo con te. Non puoi lasciarmi adesso!"

Cercò di abbracciarla e, mentre lei lottava per divincolarsi, se ne venne macchiandole tutto il vestito. Matilde dovette coprirsi col mantello da sera per riguadagnare la cabina.

Comunque, appena raggiunta Lima, Matilde realizzò il suo sogno. Gli uomini la avvicinavano con parole fiorite, nascondendo le loro intenzioni dietro un paravento di fascino e fronzoli. Questo preludio all'atto sessuale soddisfaceva Matilde. Le piaceva essere un po' incensata. E a Lima lo fu, molto, era parte del rituale; veniva innalzata su un piedistallo di poesia di modo che la sua caduta nell'abbraccio finale potesse sembrare più miracolosa. Vendette più notti che cappellini.

A quel tempo Lima subiva fortemente l'influenza della sua vasta popolazione cinese e fumare oppio era costume diffuso. Giovani ricchi si spostavano in bande di bordello in bordello, oppure passavano le notti nelle fumerie d'oppio, frequentate da prostitute, e affittavano delle stanze assolutamente spoglie nel quartiere dei bordelli, dove si drogavano in gruppo e ricevevano la visita delle puttane.

Ai giovani piaceva far visita a Matilde. Questa trasformò il suo negozio in un boudoir, pieno di divani, di pizzi e satin, con tende e cuscini. Martinez, un aristocratico peruviano, la iniziò all'oppio. Portava da lei i suoi amici a fumare. A volte passavano due o tre giorni persi al mondo e alle famiglie. Le tende rimanevano chiuse, l'atmosfera era scura, sonnolenta. Gli uomini si dividevano Matilde tra loro. L'oppio li rendeva più voluttuosi che sensuali. Potevano passare delle ore ad accarezzarle le gambe. Uno di loro le prendeva un seno, un altro affondava i suoi baci nella carne soffice del collo, premendo soltanto con le labbra, perché l'oppio esaltava ogni sensazione. Un bacio poteva farla rabbrividire da capo a piedi.

Matilde giaceva nuda sul pavimento. Tutti i movimenti erano lenti. Tre dei quattro giovani eran sdraiati tra i cuscini. Pigramente, un dito cercava il suo sesso, lo penetrava, giaceva tra le labbra della vulva, senza muoversi. Un'altra mano lo cercava a sua volta, si accontentava di tracciar cerchi intorno al sesso, cercava un altro orifizio.

Un uomo offriva il pene alla sua bocca. Lei lo succhiava lentamente, ogni contatto esaltato dalla droga.

Poi giacevano immobili per ore, a sognare.

Più tardi prendevano forma altre immagini erotiche. Martinez vedeva il corpo di una donna, distesa, senza testa, una donna con i seni di una balinese, il ventre di un'africana, le natiche alte di una negra; tutto questo si confondeva in un'immagine di carne mobile, una carne che sembrava fatta di elastico. I seni tesi si gonfiavano verso la sua bocca e la sua mano si protendeva alla loro volta, ma ecco che altre parti del corpo si tendevano, divenivano prominenti, sovrastavano il suo stesso corpo. Le gambe si aprivano in modo disumano, impossibile, come se fossero staccate dalla donna, per lasciare il sesso esposto, aperto, come un tulipano che qualcuno aveva aperto a forza.

Questo sesso era anche mobile, plastico come gomma, come se lo tendessero mani invisibili, mani strane che volevano smembrare il corpo per spingersi al suo interno. Poi il sedere si girava completamente verso di lui e perdeva la sua forma, come se qualcuno lo stesse tirando. Ogni movimento tendeva ad aprire il corpo completamente, fino a strapparlo. Martinez veniva preso dalla frenesia perché altre mani stavano toccando quel corpo. Si sollevava un po' e cercava il seno di Matilde, e se vi trovava una mano, o una bocca che lo stava succhiando, cercava il suo ventre come fosse ancora l'immagine che popolava il suo sogno d'oppio, poi si abbassava, scivolando lungo il corpo di lei sino a poterla baciare tra le gambe aperte.

Il piacere di Matilde nell'accarezzare gli uomini era così immenso, e le loro mani che passavano sul suo corpo la accarezzavano così completamente, così continuamente, che non riusciva quasi mai a raggiungere l'orgasmo. Se ne rendeva conto solo dopo che gli uomini se n'erano andati e si risvegliava dai suoi sogni d'oppio con il corpo ancora inquieto.

Rimaneva sdraiata a limarsi le unghie e a dipingerle con lo smalto, si dedicava alla sua raffinata toilette per future occasioni, si spazzolava i capelli biondi. Seduta al sole, si schiariva i peli del pube con batuffoli di acqua ossigenata per armonizzarli coi capelli.

Abbandonata a se stessa, era tormentata dal ricordo delle mani sul suo corpo. Ora ne sentì una sotto il braccio, che le scivolava verso la vita. Le venne in mente Martinez, il suo modo di aprirle il sesso come un bocciolo, i colpetti della sua lingua veloce che copriva la distanza dal pelo pubico alle natiche, fermandosi nella fossetta alla fine della colonna vertebrale. Come gli piaceva questa fossetta, che portava le sue mani e la sua lingua a seguire la curva all'ingiù e svanire tra le due morbide rotondità carnose.

Pensando a Martinez, Matilde si sentì invadere dalla passione. E non riuscì ad aspettare il suo ritorno. Si guardò le gambe che a furia di vivere in casa erano diventate bianche, molto allettanti, di un bianco gesso simile alla carnagione delle donne cinesi, di un morboso pallore da serra che gli uomini, e in particolare i peruviani di pelle scura, amavano molto. Si guardò il ventre, senza un difetto, senza una sola piega che non avrebbe dovuto esserci. I peli pubici erano rosso dorati, brillavano al sole.

"Com'è che mi vede lui?" si chiese. Si alzò e portò un lungo specchio vicino alla finestra e lo appoggiò al pavimento, contro una sedia. Poi vi si mise di fronte, seduta sul tappeto, e lentamente aprì le gambe. La vista era incantevole. La pelle era immacolata, la vulva rosata e piena. Pensò che era come la foglia dell'albero della gomma con il suo latte segreto che la pressione delle dita poteva far uscire, la mistura odorosa che assomigliava a quella delle conchiglie marine. Così era Venere, nata dal mare, con dentro questo piccolo chicco di miele salato, che solo le carezze potevano far uscire dai recessi nascosti del suo corpo.

Matilde si chiese se sarebbe riuscita a farlo uscire dal suo misterioso nocciolo. Aprì con le dita le piccole labbra della vulva e incominciò ad accarezzarla con la dolcezza di un gatto. Avanti e indietro, si accarezzò come faceva Martinez con le sue dita scure più nervose. Le vennero in mente quelle dita scure sulla sua pelle, così in contrasto col suo pallore, così grosse che sembravano più adatte a far male che a suscitare piacere con il loro tocco. Con quanta delicatezza la toccava, pensò, tenendo la vulva tra le dita come se stesse toccando del velluto. Anche lei la prese come faceva lui, tra il pollice e l'indice. Con l'altra mano libera continuò ad accarezzarsi. Provò lo stesso scioglimento che sentiva sotto le dita di Martinez. Da qualche luogo oscuro stava arrivando un liquido salmastro, a coprire le ali del suo sesso; e tra esse ora brillava.

Poi Matilde volle sapere che aspetto aveva quando Martinez le diceva di girarsi. Si sdraiò sul fianco sinistro offrendo il culo allo specchio. Ora poteva vedere il suo sesso da un'altra prospettiva. Si mosse come si muoveva per Martinez. Vide la sua mano apparire sulla collinetta formata dalle natiche, che prese ad accarezzare. L'altra mano si spostò tra le gambe e comparve nello specchio da dietro. Questa mano le accarezzava il sesso avanti e indietro. Poi venne inserito un indice e Matilde incominciò a strofinarvisi contro. Ora era in preda al desiderio di essere presa da entrambe le parti, e affondò l'altro indice nel buco tra le natiche. Ora, spostandosi in avanti, sentiva il dito nella vagina, e, sporgendosi indietro, sentiva l'altro dito, come le capitava a volte quando Martinez e un amico la accarezzavano insieme. L'avvicinarsi dell'orgasmo la eccitò e i suoi gesti divennero convulsi, gesti che volevano staccare l'ultimo frutto da un ramo, tirando e strappando per far precipitare tutto in un orgasmo selvaggio, che venne mentre si guardava allo specchio, vedendo le sue mani muoversi, il miele brillare, tutto il sesso e il culo umidi di un umore lucente tra le gambe.

Dopo aver visto i propri movimenti allo specchio, Matilde capì la storia raccontatale da un marinaio i cui compagni si erano costruiti una donna di gomma per passare il tempo e dar sfogo al desiderio che li tormentava durante i sei o sette mesi in mare. La donna era stata costruita benissimo e dava loro un'illusione perfetta. I marinai l'amavano e se la portavano a letto. Era fatta in modo che ogni apertura li potesse soddisfare. Aveva il pregio che un vecchio indiano aveva una volta attribuito alla sua giovane moglie: poco dopo il loro matrimonio, questa era l'amante di tutti i giovani della fattoria. Il padrone chiamò il vecchio indiano e lo informò della condotta scandalosa della sua giovane sposa e gli consigliò di sorvegliarla meglio. L'indiano scosse la testa scetticamente e rispose: "Be', non capisco perché dovrei preoccuparmi tanto. Mia moglie non è fatta di sapone, mica si consuma."

La stessa cosa avveniva con la donna di gomma. I marinai la trovavano riposante e arrendevole, una compagna davvero meravigliosa. Tra di loro non c'erano gelosie né lotte, né possessività. La donna di gomma era molto amata. Ma, a dispetto della sua innocenza, del suo buon carattere, della sua generosità, del suo silenzio, a dispetto della fedeltà ai suoi marinai, attaccò la sifilide a tutti quanti.

Matilde rise ripensando al giovane marinaio peruviano che le aveva raccontato questa storia, alla descrizione del suo modo di giacere sulla donna di gomma come se fosse un materasso, che a volte lo faceva balzar in aria per pura elasticità. Matilde, quando prendeva l'oppio, si sentiva esattamente come questa donna di gomma. Com'era piacevole la sensazione di abbandono totale! La sua sola occupazione era contare i soldi che le lasciavano i suoi amici.

Uno di loro, Antonio, non sembrava soddisfatto del lusso della sua stanza. La pregava sempre di andare da lui. Era un pugile e aveva l'aria di uno che sa come far lavorare le donne per farsi mantenere. Aveva allo stesso tempo l'eleganza necessaria a far sentire una donna fiera di lui, l'aria curata dell'uomo ozioso, e maniere soavi che, si intuiva, potevano diventare violente al momento opportuno. E negli occhi aveva l'espressione di un gatto che ispira il desiderio di accarezzarlo, ma non ama nessuno, non pensa mai di dover contraccambiare gli impulsi che suscita.

Aveva un'amante che ben gli si addiceva, perché era a lui eguale in forza e vigore e sapeva incassare i colpi a meraviglia. Una donna che portava la sua femminilità con onore e non chiedeva pietà agli uomini; una donna vera che sapeva che una lotta vigorosa era un meraviglioso stimolante per il sangue (la pietà invece lo diluiva soltanto) e che le migliori riconciliazioni avevano luogo solo dopo una lotta. Sapeva che Antonio quando non era con lei era dalla francese a prender oppio, ma per lei era meno preoccupante saperlo lì che non sapere affatto dove fosse.

Oggi Antonio aveva appena finito di lisciarsi i baffi con soddisfazione e si stava preparando per una festa d'oppio. Per placare la sua amante prese a pizzicarla e a darle delle pacche sul sedere. Era una donna dall'aspetto insolito, con sangue africano nelle vene. I suoi seni erano più alti di quelli di tutte le donne che Antonio conosceva, quasi paralleli alla linea delle spalle, ed erano assolutamente rotondi e grandi. Erano stati questi seni ad attrarlo in principio. La loro posizione così provocante, così vicino alla bocca, puntati verso l'alto, in qualche modo risvegliava in lui una risposta immediata. Era come se il suo sesso avesse una particolare affinità con quei seni, e, non appena avevan fatto la loro apparizione nel bordello in cui Antonio l'aveva trovata, il suo sesso si era alzato per sfidarli sullo stesso terreno.

Ogni volta che era andato al bordello, aveva sperimentato la stessa sensazione. Alla fine fece uscire la donna dalla casa chiusa e visse con lei. All'inizio riusciva a far l'amore soltanto coi suoi seni: lo tormentavano, lo ossessionavano. Quando le metteva il pene in bocca, essi sembravano puntarsi contro di lui arrabbiati, così finiva per appoggiarlo tra questi seni, stringendoli contro il pene con le mani. I capezzoli erano grandi e si indurivano nella sua bocca come il nocciolo di un frutto.

Eccitata dalle sue carezze, la donna veniva lasciata con la metà inferiore del corpo completamente trascurata. Le gambe le tremavano, implorando violenza, il sesso le si apriva, ma l'amante non ci faceva caso. Si riempiva la bocca dei suoi seni e tra questi posava il suo pene, gli piaceva vedere il suo seme irrorarli. Il resto del corpo di lei si contorceva, gambe e sesso accartocciati come foglie a ogni carezza, a dimenarsi nell'aria, e alla fine la donna metteva lì le proprie mani e si masturbava.

Quel mattino, prima di andarsene, egli ripeté le sue carezze. Le morse i seni. Lei gli offrì il sesso, ma lui non volle prenderlo, la fece invece inginocchiare davanti a sé e le fece prendere il pene in bocca. La donna gli strofinò contro i seni. Questo espediente a volte la faceva venire. Poi egli uscì e si incamminò con calma verso la casa di Matilde. Trovò la porta accostata ed entrò con i suoi passi felini, che non facevano rumore sul tappeto. Trovò Matilde sdraiata sul pavimento, davanti allo specchio. Era appoggiata alle mani e alle ginocchia e si guardava tra le gambe nello specchio.

"Non muoverti Matilde," le disse, "questa è una posa che amo."

Si accovacciò su di lei come un gattone gigantesco, e il suo pene la penetrò. Diede a Matilde quel che non voleva dare all'amante. Infine il suo peso la fece affondare scompostamente sul tappeto. Le sollevò il sedere con le mani e cadde su di lei ancora e ancora. Il suo pene sembrava fatto di ferro rovente. Era lungo e sottile e lui lo muoveva in tutte le direzioni e scattava dentro di lei con una agilità che Matilde non aveva mai sperimentato. Accelerò ancor di più i suoi gesti e disse rauco: "Vieni adesso, adesso, vieni ti dico, datti tutta a me, ora. Dammela, come non hai mai fatto prima. Datti adesso." A queste parole, Matilde incominciò a gettarsi contro di lui furiosamente, e l'orgasmo venne come un lampo che li colpì entrambi nello stesso istante.

Gli altri li trovarono ancora avvinghiati sul tappeto e risero vedendo lo specchio che aveva assistito all'amplesso. Incominciarono a preparare le loro pipe d'oppio. Matilde era languida e Martinez iniziò il suo sogno di donne sdraiate dal sesso aperto. Antonio conservava la sua erezione e chiese a Matilde di sedersi su di lui, e lei lo assecondò.

Quando questa festa d'oppio fu finita e se ne furono andati tutti salvo Antonio, egli le ripropose di accompagnarlo alla sua fumeria speciale. Il ventre di Matilde bruciava ancora dei suoi colpi profondi, ed ella acconsentì, perché voleva rimanere da sola con lui e ripetere l'amplesso.

Camminarono in silenzio per le stradine di Chinatown. Donne di tutte le parti del mondo sorridevano loro dalle finestre aperte, stavano in piedi sulla soglia invitandoli a entrare. Alcune stanze si potevano vedere dalla strada. Solo una tenda nascondeva i letti. Si vedevano le coppie avvinghiate. C'erano donne siriane, con i loro costumi nativi, donne arabe coi corpi seminudi ornati di gioielli, donne cinesi e giapponesi che facevano gesti invitanti, grandi donne africane, accosciate in cerchio, che chiacchieravano tra di loro. Una delle case era piena di puttane francesi, con indosso corte camicie rosa, che sferruzzavano e cucivano come fossero a casa loro. Adescavano sempre i passanti con promesse di specialità.

Le case erano piccole, illuminate debolmente, polverose, nebbiose di fumo, piene di voci fonde, del mormorio degli ubriachi, degli accoppiamenti. I cinesi adornavano l'ambiente e lo rendevano ancor più confuso con paraventi e tende, lanterne, incensi, Buddha d'oro. Era un labirinto di gioielli, fiori di carta, arazzi di seta, tappeti, con donne altrettanto varie dei disegni e dei colori che invitavano i passanti ad andare a letto con loro.

Era in questo quartiere che Antonio aveva una stanza. Portò Matilde su per una scala squallida, aprì una porta che stava per cadere a pezzi, e la spinse dentro. Non c'erano mobili nella stanza. Sul pavimento c'era una stuoia cinese e su questa era sdraiato un uomo vestito di stracci, un uomo così emaciato, con un aspetto così malsano, che Matilde si ritrasse.

"Ah, sei qui," disse Antonio irritato.

"Non sapevo dove altro andare."

"Lo sai che non puoi stare qui, la polizia ti sta cercando."

"Sì, lo so."

"Suppongo che sia stato tu a rubare la cocaina l'altro giorno. Sapevo che dovevi esser stato tu."

"Sì." L'uomo parlava con aria assonnata, indifferente.

Poi Matilde vide che aveva il corpo coperto di graffi e piccole ferite. L'uomo fece lo sforzo di tirarsi su a sedere. Teneva una fiala in una mano e nell'altra una penna stilografica e un coltellino a serramanico.

Matilde lo osservò con orrore.

Egli ruppe il collo della fiala con il dito, scuotendo via i vetri rotti. Poi, invece di inserire una siringa ipodermica, inserì la penna stilografica e aspirò il liquido. Con il coltellino si fece un taglio sul braccio che era già coperto di ferite vecchie e recenti, e nel taglio nuovo inserì la penna stilografica e si iniettò la cocaina nella carne.

"È troppo povero per comprare una siringa con l'ago da iniezione," disse Antonio. "E io non gli ho dato i soldi perché pensavo che in questo modo sarei riuscito a impedirgli di rubarla. Ma ecco cos'ha trovato al posto dell'ago."

Matilde voleva andarsene, ma Antonio non glielo permise. Voleva che prendesse la cocaina con lui. L'uomo era di nuovo sdraiato con gli occhi chiusi. Antonio estrasse la siringa e fece un'iniezione a Matilde.

Si sdraiarono sul pavimento e Matilde fu sopraffatta da un torpore incredibile. Antonio le disse: "Ti senti morta, vero?" Era come se le avessero dato dell'etere. La voce di lui sembrava provenire da una grande distanza. Gli fece segno che si sentiva venir meno. "Passerà," la rassicurò lui.

E allora incominciò l'incubo. Lontano, c'era la figura dell'uomo prostrato, sdraiato sulla stuoia, poi la figura di Antonio, molto grande e nera. Antonio prese il coltellino e si chinò su Matilde. Ella sentì il suo pene dentro di sé, morbido e piacevole e si mosse con gesti ondulati, lenti e rilassati, ma il pene venne estratto. Lo sentì dondolare sulla carne umida e serica tra le sue gambe, ma non era stata soddisfatta e fece un movimento per recuperarlo. Poi, nell'incubo, Antonio aprì il coltello, e si chinò sopra le sue gambe aperte, la toccò con la punta della lama e la inserì leggermente. Matilde non sentì dolore e non aveva energie per muoversi, era ipnotizzata da questo coltello aperto. Poi si rese conto all'improvviso di quel che stava succedendo, capì che non era un brutto sogno. Antonio stava fissando la punta del coltello che toccava l'apertura del suo sesso. Matilde gridò. La porta si aprì. Era la polizia, venuta ad arrestare il ladro di cocaina.

Matilde venne strappata all'uomo che tante volte aveva tagliato l'apertura del sesso delle puttane, e che, per questa ragione, non avrebbe mai toccato la sua amante in quel posto. Era stato salvo solo quando aveva vissuto con lei, quando i seni provocanti avevano distolto la sua attenzione dal sesso, l'attrazione morbosa per quella che lui chiamava "la piccola ferita della donna", che era così violentemente tentato di allargare.

IL COLLEGIO

Questa è una storia vera che avvenne in Brasile molti anni fa, lontano dalle città, dove prevalevano ancora le usanze di un rigoroso cattolicesimo. I ragazzi di buona famiglia venivano mandati in collegi tenuti dai Gesuiti, che conservavano le severe abitudini del Medioevo. I ragazzi dormivano su giacigli di legno, si alzavano all'alba, assistevano alla messa senza colazione, si confessavano ogni giorno ed erano costantemente sorvegliati e spiati. L'atmosfera era austera e costrittiva. I monaci consumavano i loro pasti appartati e creavano intorno a sé un'aura di santità. Erano raffinati nei gesti e nei discorsi.

Tra loro c'era un Gesuita dalla pelle molto scura, che aveva sangue indio nelle vene, il viso di un satiro, orecchie larghe incollate alla testa, occhi penetranti, una bocca dalle labbra molli, sempre piena di saliva, capelli folti, e l'odore di un animale. Sotto il suo lungo abito marrone, i ragazzi avevano spesso notato un rigonfiamento che i bambini più piccoli non sapevano spiegarsi e di cui i più grandi ridevano alle sue spalle. Questo rigonfiamento appariva inaspettatamente, in qualsiasi momento: mentre la classe leggeva *Don Chisciotte* o Rabelais, oppure a volte semplicemente mentre lui osservava i ragazzi, e uno di loro in particolare, il solo di tutta la scuola ad avere i capelli biondi e gli occhi e la pelle di una ragazza.

Gli piaceva convocare questo ragazzo da solo e mostrargli alcuni libri della sua collezione privata. Questi libri contenevano delle riproduzioni di ceramiche Inca che spesso raffiguravano degli uomini in piedi l'uno contro l'altro. Il ragazzo faceva allora delle domande alle quali il vecchio prete rispondeva elusivamente. Altre volte le stampe erano piuttosto chiare: un lungo membro sporgeva dal corpo di un uomo e penetrava l'altro dal di dietro.

Durante la confessione, il prete tempestava i ragazzi di domande, e quanto più sembravano innocenti, tanto più a lungo li interrogava nell'oscurità del piccolo confessionale. I ragazzi inginocchiati non riuscivano a vedere il prete seduto all'interno e la sua voce bassa, che giungeva loro attraverso una piccola grata, chiedeva: "Hai mai avuto delle fantasie sessuali? Hai mai pensato alle donne? Hai mai provato a immaginare una donna nuda? Cosa fai a letto di notte? Ti sei mai toccato? Ti sei mai accarezzato? Cosa fai il mattino appena sveglio? Hai un'erezione? Hai mai cercato di guardare gli altri ragazzi mentre si vestono? O in bagno?".

Chi non sapeva niente, avrebbe presto imparato cosa ci si aspettava da lui e avrebbe tratto un insegnamento da queste domande. Chi invece sapeva, provava gusto a confessare dettagliatamente le sue emozioni e i suoi sogni. Uno dei ragazzi sognava tutte le notti. Non sapeva cos'era una donna, né come era fatta, ma aveva visto gli indios fare l'amore con la vigogna, che assomigliava a una delicata cerbiatta. Così sognava di far l'amore con le vigogne e si svegliava ogni mattina tutto bagnato. Il vecchio prete incoraggiava queste confessioni. Ascoltava con un'infinita pazienza. Impartiva strane penitenze. A un ragazzo che si masturbava in continuazione ordinò di andare con lui nella cappella e intingere il pene nell'acqua santa, per essere così purificato. Questa cerimonia si svolse di notte, in tutta segretezza.

C'era un ragazzo molto selvatico, che sembrava un prin-

cipino Moro, con la faccia scura, lineamenti nobili, un portamento regale e un corpo splendido, così liscio da non lasciar
intravedere un solo osso, snello e tornito come una statua.

Questo ragazzo si ribellava contro l'abitudine di indossare camicie da notte. Era abituato a dormire nudo, e la camicia da notte lo impacciava, lo soffocava. Così ogni notte se la
metteva, come tutti gli altri, e poi se la toglieva segretamente,
sotto le coperte, e finalmente si addormentava senza.

Ogni notte il vecchio Gesuita faceva i suoi giri, controllando che nessun ragazzo entrasse nel letto di un altro, o si
masturbasse, o parlasse nell'oscurità al suo vicino. Quando
arrivava al letto dell'indisciplinato, sollevava le coperte con
cauta lentezza e guardava il corpo nudo. Se il ragazzo si svegliava, lo rimproverava: "Sono venuto a vedere se dormivi
ancora senza camicia da notte!" Ma se il ragazzo non si svegliava, si accontentava di indugiare con lo sguardo sul giovane corpo addormentato.

Una volta, durante la lezione di anatomia, mentre era in
piedi accanto alla cattedra e il ragazzo biondo ed effeminato
lo guardava dal banco, la prominenza sotto il suo abito talare
divenne ovvia per tutti.

Egli chiese al ragazzo biondo: "Quante ossa ha il corpo
umano?"

Il ragazzo biondo rispose obbediente: "Duecento e otto."

Dal fondo della classe giunse il commento di un altro ragazzo: "Ma padre Dobo ne ha duecento e nove!"

Fu poco dopo questo incidente che i ragazzi furono por-
tati a fare una gita per istruirsi in botanica. Dieci di loro si
persero, e tra essi c'era il delicato ragazzo biondo. Si ritro-
varono in una foresta, lontani dall'insegnante e dal resto
dei ragazzi. Si sedettero a riposare e a decidere sul da farsi.
Incominciarono a mangiare le more. Nessuno saprebbe dire
come incominciò, ma dopo un po' il biondino venne gettato
sull'erba, svestito, rigirato sullo stomaco, e gli altri nove ra-

gazzi se lo fecero tutti, prendendolo brutalmente, come fosse stato una prostituta. I più esperti lo penetrarono nell'ano per soddisfare il loro desiderio, mentre i meno esperti si valsero della frizione tra le gambe del ragazzo la cui pelle era più morbida di quella di una donna. Si sputarono sulle mani e strofinarono la saliva sui loro sessi. Il biondino urlò, scalciò, e pianse, ma gli altri lo tennero fermo e abusarono tutti di lui finché furono sazi.

L'ANELLO

In Perù è d'uso tra gli indios scambiarsi degli anelli in occasione del fidanzamento. Si tratta di anelli che si passano di padre in figlio e a volte hanno la forma di una catena.

Un indio molto bello si innamorò di una donna peruviana di discendenza spagnola, ma la famiglia di lei si opponeva violentemente a questa unione. Si diceva infatti che gli indios erano pigri e degenerati e procreavano figli deboli e instabili, soprattutto quando si univano a persone di sangue spagnolo.

A dispetto dell'opposizione, i due giovani diedero corso alla cerimonia del loro fidanzamento insieme agli amici. Il padre della ragazza arrivò durante i festeggiamenti e disse minacciosamente che, se mai avesse incontrato l'indio con indosso l'anello a catena che la ragazza gli aveva dato, gliel'avrebbe strappato nel più sanguinoso dei modi, amputandogli il dito se necessario. I festeggiamenti furono rovinati da questo incidente. Tutti se ne tornarono a casa e i due giovani si separarono con la promessa di incontrarsi segretamente.

Dopo molte difficoltà, una notte si incontrarono, e si baciarono a lungo, appassionatamente. La donna era esaltata dai baci ed era pronta a donarsi, temendo che questo potesse essere il loro ultimo momento insieme poiché la furia del padre si faceva ogni giorno più incontrollabile. Ma l'indio era deciso a sposarla, deciso a non possederla in segreto. Fu allora che lei notò che l'amato non portava l'anello al dito e lo interrogò con gli occhi. Lui le disse all'orecchio: "Lo porto, ma non dove può esser visto. Lo porto dove non può vederlo nessuno, ma dove mi impedirà di prendere te e qualsiasi altra donna, finché non ci saremo sposati."

"Non capisco," disse la donna, "dov'è l'anello?"

Allora lui le prese la mano e gliela appoggiò in un certo posto, tra le gambe. Prima di tutto le dita della donna sentirono il pene, poi l'amante le guidò la mano ed ella sentì l'anello alla base del sesso. Però, al tocco della mano, il pene si indurì e l'uomo emise un gemito, perché l'anello gli stringeva il pene procurandogli un dolore lancinante.

La donna quasi svenne per l'orrore. Era come se l'amante avesse voluto mutilare e uccidere il desiderio dentro di sé. E allo stesso tempo, il pensiero di questo pene incatenato e circondato dal suo anello risvegliò la sua sessualità, e il suo corpo divenne caldo e sensibile a fantasie erotiche di tutti i generi. Ella continuò a baciare l'amante, ma questi la pregò di non farlo, poiché il dolore diveniva insopportabile.

Pochi giorni dopo l'indio era di nuovo in preda allo spasimo, ma non riusciva a liberarsi dell'anello. Fu chiamato un dottore, e l'anello venne tagliato.

La donna andò dall'innamorato e gli propose di fuggire insieme. Egli accettò. Montarono sui cavalli e viaggiarono per una notte intera, fino alla città più vicina. Qui l'indio nascose la sua donna in una stanza e andò a cercar lavoro in una fattoria. La donna non lasciò mai la stanza per tutto il tempo in cui il padre continuò a farla cercare. La sentinella notturna della città era la sola persona che sapesse della sua presenza. Era giovane e li aveva aiutati a trovare un nascondiglio. Dalla finestra la donna lo vedeva passeggiare avanti e indietro con le chiavi delle case e gridare: "La notte è chiara. In città tutto va bene."

Quando qualcuno rientrava tardi, batteva le mani e chiamava la sentinella. Questa arrivava e apriva la porta. Mentre l'indio era via a lavorare, la sentinella e la donna chiacchieravano tra loro senza alcuna malizia.

Una volta lui le raccontò di un crimine che aveva avuto luogo nel villaggio: gli indios che avevano lasciato i monti e il loro lavoro nelle fattorie per andare nella giungla, erano diventati violenti e bestiali. I loro visi dai lineamenti precisi e nobili avevano acquisito una volgarità animalesca.

Una trasformazione del genere si era appena verificata in un indio che era stato un tempo l'uomo più bello del villaggio, aggraziato, silenzioso, con uno strano spirito e una sensualità riservata. Era andato nella giungla e aveva fatto soldi cacciando. Ora era tornato. Aveva nostalgia di casa. Era tornato povero e vagabondava senza casa. Nessuno l'aveva ricordato o riconosciuto.

Poi aveva preso una bimbetta per la strada e le aveva lacerato gli organi sessuali con un coltello per scuoiare gli animali. Non l'aveva violentata, ma aveva preso il coltello, e l'aveva torturata inserendolo nel piccolo sesso. L'intero villaggio era in tumulto. Non riuscivano a decidere come punirlo. Per lui bisognava far rivivere un'antica pratica india. Gli avrebbero aperto delle ferite e le avrebbero riempite di cera mista a un acido corrosivo noto agli indios, in modo da raddoppiare il dolore. Poi l'avrebbero flagellato a morte.

Mentre la sentinella raccontava questa storia alla donna, il suo amante tornò dal lavoro. Egli la vide sporgersi dalla finestra e guardare la sentinella. Corse in camera e le comparve davanti con i capelli neri ritti sulla testa, con gli occhi lampeggianti di rabbia e di gelosia. Incominciò a maledirla e a torturarla con domande e dubbi.

Dai tempi dell'incidente con l'anello il suo pene era rimasto sensibile. Ogni amplesso era accompagnato dalla sofferenza, dimodoché non poteva indulgervi quanto avrebbe voluto. Il pene si gonfiava e gli doleva per giorni interi. Temeva sempre di non soddisfare la sua amante che avrebbe finito per lasciarlo e andarsene con un altro. Quando la vide parlare con la sentinella, pensò subito che avessero una relazione alle sue spalle. Voleva farle male, voleva che soffrisse qualche pena corporale, come lui l'aveva sofferta per lei. La spinse a forza giù per le scale, in cantina dove il vino veniva conservato nei tini, sotto un soffitto di travi.

Fissò una corda a una delle travi e la donna pensò che volesse batterla. Non riusciva a capire perché stesse preparando una puleggia. Poi lui le legò le mani e incominciò a tirare la corda cosicché il corpo della donna venne sollevato e tutto il suo peso si resse sui polsi legati, procurandole un dolore insopportabile.

La donna pianse e giurò di essergli stata fedele, ma l'uomo era fuori di sé. Quando lui tirò nuovamente la corda, e la donna svenne, l'indio tornò in sé e finalmente la fece scendere e incominciò a baciarla e accarezzarla. Ella aprì gli occhi e gli sorrise.

L'uomo venne travolto dal desiderio per l'innamorata e si gettò su di lei. Pensò che gli avrebbe opposto resistenza, che, dopo il dolore sopportato, sarebbe stata arrabbiata. Ma la donna non fece alcuna resistenza. Continuò a sorridergli. E, quando lui le toccò il sesso, scoprì che era bagnata. La prese con furia ed essa rispose con la stessa esaltazione. Fu la notte migliore che ebbero insieme, sdraiati sul pavimento di una cantina fredda, nell'oscurità.

MAIORCA

Trascorrevo l'estate a Maiorca, a Deya, vicino al monastero dov'erano stati George Sand e Chopin. Il mattino presto, salivamo in groppa a degli asinelli e percorrevamo la strada difficile e scoscesa che dalla montagna scendeva al mare. Ci voleva circa un'ora di lento travaglio giù per i sentieri di terra rossa, le rocce, i massi infidi, attraverso gli ulivi d'argento e giù per i villaggi di pescatori, fatti di capanne costruite lungo i fianchi della montagna.

Ogni giorno scendevo nell'insenatura dove il mare entrava in una piccola baia rotonda di una trasparenza tale che si poteva nuotare fin sul fondo e vedere la barriera corallina e piante insolite.

I pescatori raccontavano una strana storia su questo posto. Le donne di Maiorca erano inaccessibili, puritane e religiose. Quando facevano il bagno portavano costumi dalla gonna lunga e calze nere come molti anni fa. Per lo più non amavano affatto nuotare e lasciavano questo passatempo alle svergognate donne europee che passavano l'estate sull'isola. Anche i pescatori condannavano i costumi da bagno moderni e il comportamento osceno degli europei. Li consideravano dei nudisti che alla minima occasione si svestivano completamente e restavano sdraiati al sole come dei pagani. Guardavano anche con disapprovazione ai bagni di mezzanotte introdotti dagli americani.

Una sera, alcuni anni fa, la figlia diciottenne di un pescatore camminava in riva al mare, saltando da una roccia all'altra, con il vestito bianco attaccato al corpo. Così passeggiando, e sognando, e osservando i giochi della luna sul mare, il dolce sciabordio delle onde ai suoi piedi, ella giunse a un'insenatura nascosta dove notò che qualcuno stava nuotando. Riusciva a intravederne solo la testa che si muoveva nell'acqua, e di quando in quando un braccio. Il bagnante era piuttosto lontano. Poi udì una voce lieve che la chiamava: "Vieni a nuotare, è bellissimo." Le parole furono pronunciate in spagnolo, con un accento straniero. "Salve, Maria," disse ancora la voce, dunque era qualcuno che la conosceva. Doveva essere una delle giovani americane che facevano il bagno lì durante il giorno.

Maria rispose: "Chi è?"

"Sono Evelyn," rispose la voce, "vieni a nuotare con me.

Era molto allettante. Maria poteva benissimo togliersi il vestito bianco tenendo indosso solo la corta camicia bianca. Si guardò in giro con circospezione, ma non c'era nessuno. Il mare era calmo e screziato dal chiaro di luna. Per la prima volta Maria comprese la passione degli europei per i bagni di mezzanotte. Si tolse il vestito. Aveva lunghi capelli neri, un viso pallido, occhi verdi a mandorla, più verdi del mare. Aveva forme splendide, seni alti, gambe lunghe, un corpo flessuoso. Sapeva nuotare meglio di qualsiasi altra donna dell'isola. Scivolò nell'acqua e incominciò a nuotare a lunghe bracciate verso Evelyn.

Evelyn le andò incontro nuotando sott'acqua e la prese per le gambe. Scherzarono insieme nell'acqua. La semioscurità e la cuffia da bagno rendevano difficile distinguere il viso con chiarezza. Le donne americane avevano voci come quelle dei ragazzi.

Evelyn fece la lotta con Maria, abbracciandola sott'acqua. Riemersero in cerca d'aria, ridendo, nuotando incuranti prima lontane e poi di nuovo vicine. La camicia di Maria le fluttuava intorno alle spalle impedendola nei movimenti. Alla fine le scivolò via del tutto, lasciandola nuda. Evelyn si immerse di nuovo e la toccò come per gioco, lottando con lei e immergendosi sott'acqua tra le sue gambe.

Evelyn apriva le gambe in modo che l'amica potesse passarci in mezzo e riemergere dall'altra parte. Galleggiava e lasciava che l'amica scivolasse sotto la sua schiena inarcata.

Maria vide che anche l'altra era nuda. Poi, improvvisamente, sentì che Evelyn l'abbracciava da dietro, coprendola interamente col suo corpo. L'acqua era tiepida, come un cuscino lussureggiante, così salata che le teneva a galla, aiutandole a nuotare senza sforzo.

"Sei bella, Maria," disse la voce profonda, ed Evelyn le cinse il corpo con le braccia. Maria avrebbe voluto scivolar via, ma era trattenuta dal tepore dell'acqua, dal contatto costante col corpo dell'amica. Si lasciò abbracciare. Non sentì i seni dell'altra, ma sapeva, per quel che aveva visto, che molte volte le donne americane non ne avevano. Maria aveva il corpo illanguidito e avrebbe voluto chiudere gli occhi.

All'improvviso quel che sentì tra le gambe non era una mano, ma qualcos'altro, qualcosa di così inaspettato e sconvolgente, che si mise a gridare. Questa non era Evelyn, ma un ragazzo, il fratello più giovane di Evelyn, e le aveva insinuato il pene eretto tra le gambe. Maria urlò di nuovo, ma nessuno l'udì, e il grido del resto non era che una reazione automatica, che Maria credeva doveroso avere. In realtà il suo abbraccio le sembrava cullante, caldo e carezzevole come l'acqua. L'acqua, il pene, e le mani cospiravano a eccitarla. Cercò di allontanarsi a nuoto, ma il ragazzo si immerse sotto il suo corpo, l'accarezzò, le afferrò le gambe, e poi la montò di nuovo da dietro.

Lottarono nell'acqua, ma ogni movimento la indeboliva di più fisicamente, la rendeva più cosciente del corpo di lui contro il suo, delle sue mani su di lei. L'acqua faceva ondeggiare i suoi seni avanti e indietro come due grandi ninfee fluttuanti. Lui li baciò. Col movimento costante, il ragazzo non poteva prenderla veramente, ma il suo pene la toccava e la ritoccava sulla punta più vulnerabile del sesso, e Maria stava perdendo le forze. Nuotò verso riva ed egli la seguì. Caddero sulla sabbia e le onde lambirono i loro corpi nudi abbandonati e ansanti. Poi il giovane prese la ragazza, e il mare venne a lavarli, portandosi via il sangue vergine.

Da quella notte si incontrarono solo a quell'ora. Egli la prendeva lì, nell'acqua, oscillando e fluttuando. I movimenti ondeggianti dei loro corpi, mentre godevano l'uno dell'altra, sembravano parte del mare. Essi trovarono un appiglio su una roccia e lì rimasero insieme, accarezzati dalle onde, trementi per l'orgasmo.

Quando scendevo sulla spiaggetta di notte, avevo spesso l'impressione di poterli vedere, mentre nuotavano insieme e facevano l'amore.

ARTISTI E MODELLE

Una mattina fui convocata in uno studio del Greenwich Village, dove uno scultore stava incominciando una statuetta. Il suo nome era Millard. Aveva già sbozzato la figura ed era arrivato al punto in cui aveva bisogno di una modella.

La statuetta aveva indosso un vestito aderente e il corpo risaltava in ogni linea e curva. Lo scultore mi chiese di svestirmi del tutto, perché altrimenti non poteva lavorare. Sembrava così assorto nella statuetta e mi guardava in maniera tanto assente che riuscii a svestirmi e a mettermi in posa senza esitazione. Nonostante a quel tempo io fossi piuttosto innocente, egli mi diede l'impressione che il mio corpo non fosse diverso dalla mia faccia, come se fossi una statuetta.

Mentre lavorava, Millard parlò della sua vita passata a Montparnasse e il tempo passò velocemente. Mi chiedevo se voleva colpire la mia immaginazione coi suoi racconti, ma non dava segno di essere interessato a me. Gli piaceva ricreare l'atmosfera di Montparnasse per il solo gusto di farlo. Ecco una delle sue storie:

"La moglie di uno dei pittori moderni era una ninfomane. Credo che fosse tubercolotica. Aveva un viso bianco come il gesso, occhi neri e ardenti molto infossati, con le palpebre dipinte di verde. Aveva una figura voluttuosa che copriva con cura di lucido raso nero. Aveva la vita sottile rispetto al resto del corpo e la sottolineava indossando una grossa cintura greca d'argento alta circa dieci centimetri, con delle pietre incastonate. Era affascinante, come la cintura di una schiava. Si sentiva che, sotto sotto, quella donna *era* una schiava delle sue brame sessuali. Si sentiva che bastava afferrare la cintura e aprirla perché lei ti cascasse tra le braccia. Assomigliava molto alla cintura di castità esposta al museo di Cluny, che si dice i crociati mettessero alle mogli: una cintura d'argento molto alta con un pendaglio che copriva il sesso e lo teneva sotto chiave per tutta la durata delle crociate. Qualcuno mi raccontò una storia divertente su un crociato che aveva messo la cintura di castità alla moglie, lasciando la chiave in custodia al suo migliore amico, in caso fosse morto. Aveva appena percorso poche miglia, quando vide l'amico galoppargli dietro furiosamente, gridando: 'Mi hai dato la chiave sbagliata!'

"Questi erano i sentimenti che ispirava a tutti la cintura di Louise. Vedendola arrivare al caffè, con gli occhi famelici su di noi, che ci frugavano in cerca di una risposta, un invito a sedersi, sapevamo che era in giro per la sua caccia giornaliera. Il marito non poteva evitare di venirlo a sapere. Era un personaggio pietoso, sempre in cerca di lei, e gli amici gli dicevano che la moglie era in un altro caffè, e poi in un altro ancora, e mentre lui andava da un posto all'altro Louise aveva tutto il tempo di svignarsela con qualcuno in una stanza d'albergo. Allora tutti cercavano di farle sapere dove il marito era andato a cercarla. Alla fine, disperato, l'uomo incominciò a pregare i suoi migliori amici di soddisfare la moglie, in modo che per lo meno non cadesse nelle braccia di estranei.

"Aveva paura degli stranieri, in particolare dei sudamericani, dei negri e dei cubani. Aveva sentito dei commenti sui loro straordinari poteri sessuali e temeva che se sua moglie fosse caduta nelle loro mani, non sarebbe più tornata da lui. Comunque Louise, dopo aver fatto l'amore con tutti i suoi amici, finì per incontrare uno straniero.

"Era un cubano, uno splendido uomo bruno, straordinariamente bello, con capelli lunghi e lisci come quelli di un indù, e lineamenti pieni e nobili. Viveva praticamente al Dôme, finché non trovava la donna che voleva. Poi spariva con lei per due o tre giorni, rintanato in una stanza d'albergo, e non riappariva finché non erano sazi entrambi. Era un fervente sostenitore di questa pratica di godimento completo di una donna talché poi nessuno dei due aveva più voglia di rivedere l'altro. Solo quando era tutto finito lo si rivedeva seduto al caffè a chiacchierare brillantemente. In aggiunta a tutto questo, era anche un notevole pittore di affreschi.

"Quando lui e Louise si incontrarono, uscirono insieme immediatamente. Antonio era molto affascinato dal candore della sua pelle, dall'abbondanza dei suoi seni, dalla sua vita sottile, dai lunghi capelli lisci e biondi. E Louise era affascinata dalla sua testa e dal corpo possente, dalla sua calma scioltezza. Rideva di tutto. Riusciva a trasmettere l'impressione che il mondo intero fosse chiuso fuori, ed esistesse solo questa festa dei sensi, che non ci sarebbe stato un domani, né altri incontri – che ci fosse solo questa stanza, questo pomeriggio, questo letto.

"Quando Louise si fermò davanti al grande letto di ferro, in attesa, lui le disse: 'Tieni la cintura.' Poi incominciò a strapparle lentamente il vestito intorno ad essa. Con calma e senza sforzo, glielo strappò striscia per striscia, come se fosse fatto di carta. Louise tremava sotto la forza delle sue mani. Ormai era tutta nuda, salvo per la pesante cintura d'argento. E solo allora lui la fece sdraiare sul letto e la baciò interminabilmente, con le mani sui suoi seni. Ella sentì il peso doloroso sia della cintura d'argento che delle mani di lui che le premevano forte la carne nuda. La sua brama sessuale le stava dando alla testa, come una follia, accecandola. Era così urgente che non poteva aspettare. Non poteva aspettare nemmeno che lui si svestisse. Ma Antonio ignorò i suoi movimenti di impazienza. Non solo continuò a baciarla come se stesse bevendole tutta la bocca, la lingua, il respiro, risucchiandolo nella sua grande bocca scura, ma le sue mani la dilaniavano, si immergevano a fondo nella sua carne, lasciandole segni dolorosi dappertutto. Louise era bagnata e tremante, le gambe aperte nel tentativo di montargli sopra. Cercò di aprirgli i pantaloni.

"'C'è tempo,' le disse lui. 'C'è un sacco di tempo. Staremo in questa stanza per dei giorni. C'è un sacco di tempo per tutti e due.'

"Poi si allontanò e si spogliò. Aveva un corpo bruno e dorato, un pene liscio come il resto del corpo, grande, solido, come un bastone di legno tornito. Louise lo prese in bocca, cadendo su di lui. Le sue dita la percorsero dappertutto, nell'ano, nel sesso; la lingua si infilò nella bocca, nelle orecchie. Le morse i capezzoli, le baciò il ventre e glielo morse. Louise cercava di soddisfare il suo desiderio strofinandosi contro la sua gamba, ma lui non glielo permise. La piegò come fosse fatta di gomma, rivoltandola in ogni posizione. Con le sue mani forti prendeva qualsiasi parte del corpo di lei di cui aveva voglia e se la portava alla bocca come un boccone saporito, senza preoccuparsi di cosa succedeva al resto del corpo. Proprio così, le prese il culo tra le mani, se lo portò alla bocca e lo morse e lo baciò. Louise lo implorava: 'Prendimi, Antonio, prendimi, non ce la faccio più!' Ma lui non la prendeva.

"A questo punto il desiderio del suo ventre infuriava come un incendio. Pensò che l'avrebbe fatta impazzire. Qualsiasi cosa cercasse di fare per raggiungere l'orgasmo, lui la frustrava. Persino se lo baciava troppo a lungo, lui si allontanava. Mentre Louise si muoveva, la sua cintura faceva un suono tintinnante, come la catena di una schiava. E in verità, adesso era la schiava di questo enorme uomo bruno. Comandava come un re. Il piacere di Louise era subordinato al suo e la donna si rese conto che non poteva fare niente contro la sua forza e la sua volontà. Egli voleva sottomissione. Il desiderio le morì dentro per puro esaurimento. Tutta la tensione abbandonò il suo corpo, ed ella divenne soffice come cotone. E in questa morbidezza l'uomo si immerse con grande esultanza. La sua schiava, la sua proprietà, un corpo spezzato, ansimante, malleabile, che diveniva morbido sotto le sue dita. Le sue mani le frugarono ogni angolo del corpo, senza lasciare nulla di intatto, plasmandolo, forgiandolo per assecondare le sue fantasie, piegandolo per assecondare la sua bocca, la sua lingua, premendolo contro i suoi grandi denti brillanti, marchiandola come sua.

"Per la prima volta, il desiderio che le era rimasto a fior di pelle come un'irritazione, si ritirò in una parte più profonda del suo corpo. Si ritirò e si accumulò e divenne un centro di fuoco che aspettava di esplodere secondo i tempi e i ritmi dell'uomo. Il suo tocco era come una danza in cui i due corpi si contorcevano e si deformavano assumendo nuove forme, nuove sistemazioni, nuovi disegni. Ora erano attaccati l'uno all'altro come gemelli, a cucchiaio, il pene di lui contro il sedere di lei, coi seni mobili come onde sotto le sue mani, dolorosamente svegli, coscienti, sensibili. Ora lui era accovacciato sul suo corpo prono come un grande leone, mentre lei coi pugni sotto il sedere si sollevava verso il suo pene. Egli la penetrò per la prima volta e la riempì come nessun altro aveva mai fatto, toccandola nelle più recondite profondità del ventre.

"Il miele colava da lei, e mentre l'amante spingeva, il suo pene produceva lievi suoni di risucchio. Tutta l'aria del grembo le venne aspirata dal pene che lo riempiva e l'amante ondeggiava in quel miele avanti e indietro, interminabilmente, toccandole la punta dell'utero, ma non appena il respiro le si faceva più breve egli lo estraeva, tutto luccicante, e si dava a un'altra forma di carezze. Giaceva sul letto a gambe larghe, col pene eretto, se la metteva sopra, glielo faceva inghiottire fino alla base, e il pelo pubico di lei strofinava contro il suo. Sostenendola, la faceva danzare in cerchio intorno al pene. Louise cadeva su di lui e gli strusciava i seni sul torso, cercava la sua bocca, poi si risollevava e riprendeva a muoversi intorno al pene. A momenti si sollevava leggermente, in modo da tener dentro solo la punta del pene e si muoveva appena, lievemente, quanto bastava per tenerlo dentro, a toccare i contorni del suo sesso che erano arrossati e gonfi e imprigionavano il pene come una bocca. Poi, con un movimento improvviso si abbassava, avvolgendo tutto il pene, senza fiato per il piacere, gli cadeva sopra e cercava di nuovo la sua bocca. Le mani dell'amante rimasero per tutto il tempo sulle sue natiche, afferrandole in modo da forzare i movimenti e impedirle di accelerarli tutto a un tratto e venire.

"La sollevò dal letto e la depose sul pavimento, appoggiata alle mani e alle ginocchia, e le disse: 'Muoviti.' Louise incominciò a muoversi carponi lungo la stanza, coi lunghi capelli biondi che la coprivano per metà, e il peso della cintura che le faceva inarcare la schiena. Allora lui le si inginocchiò dietro e inserì il pene, con tutto il corpo sopra quello di lei, muovendosi a sua volta sulle ginocchia ferree e le braccia lunghe. Dopo che l'ebbe goduta da dietro, fece scivolare la testa sotto di lei in modo da poter succhiare i suoi seni generosi, come fosse un animale, trattenendola in questa posizione con le mani e la bocca. Ansimavano e si contorcevano entrambi, e solo allora egli la sollevò, la mise sul letto, e alzò le gambe per appoggiarsele sulle spalle. La prese violentemente e furono scossi dai tremiti mentre venivano insieme. Louise si distaccò da lui all'improvviso e singhiozzò istericamente. L'orgasmo era stato così forte che aveva temuto di impazzire, screziato di un odio e una gioia che non aveva mai conosciuto. Lui sorrideva, ansimante. Si sdraiarono e caddero addormentati."

Il giorno seguente Millard mi raccontò dell'artista Mafouka, l'uomo-donna di Montparnasse.

"Nessuno sapeva esattamente chi fosse. Si vestiva come un uomo. Era piccola, snella, col seno piatto. Aveva i capelli corti e diritti. Aveva un viso da ragazzo, e giocava a biliardo come un uomo. Beveva come un uomo, con il piede appoggiato alla sbarra del bancone. Raccontava anche barzellette sconce, come un uomo, e i suoi disegni avevano una forza difficilmente riscontrabile nel lavoro di una donna. Ma il suo nome aveva un suono femminile, la sua andatura era femminile, e si diceva che non avesse il pene. Gli uomini non sapevano bene come trattarla. A volte le davano delle pacche sulle spalle con aria fraterna.

"Viveva in un appartamento con due ragazze. Una faceva la modella, l'altra la cantante in un night club. Ma nessuno sapeva che tipo di rapporto ci fosse tra di loro. Pareva che le due ragazze avessero una relazione di tipo matrimoniale. Ma cosa era Mafouka per loro? Non rispondevano mai a nessuna domanda, nonostante a Montparnasse si amasse sapere cose del genere, e anche dettagliatamente. Alcuni omosessuali erano stati attratti da Mafouka e le, o gli, avevano fatto delle proposte. Ma lei li aveva sempre respinti. Aveva litigato aspramente e picchiato con forza.

"Un giorno ero piuttosto ubriaco ed entrai nell'appartamento di Mafouka. La porta era aperta. Appena entrai sentii delle risatine che provenivano dal balcone di sopra. Evidentemente le due ragazze stavano facendo l'amore. Le voci si fecero tenere e dolci, poi violente e incomprensibili e infine si trasformarono in sospiri e mugolii. Poi ci fu silenzio.

"Mafouka entrò e mi trovò con le orecchie ritte, a origliare. Le dissi: 'Per piacere, lasciami andar su a vederle.'

"'Va bene,' disse Mafouka. 'Vienimi dietro pian piano. Non smetteranno se pensano che sia solo io. A loro piace che io le guardi.'

"Salimmo su per la scala stretta e Mafouka gridò: 'Sono io.' Non ci fu alcuna interruzione dei rumori. Mentre salivamo, mi piegai in modo che non mi vedessero. Le due ragazze erano nude. Premevano i corpi l'una contro l'altra e si strusciavano. La frizione dava loro piacere. Mafouka si piegò su di loro e le accarezzò. Le due dissero: 'Su Mafouka, sdraiati con noi.' Ma lei le lasciò e mi fece scendere di nuovo.

"'Mafouka,' le chiesi. 'Cosa sei tu, un uomo o una donna? Perché vivi con queste due ragazze? Se sei un uomo, perché non hai una ragazza tutta per te? E se sei una donna, perché di quando in quando non vai con un uomo?'

"Mafouka mi sorrise.

"'Tutti vogliono sapere. Tutti hanno l'impressione che io non sia un ragazzo. Le donne lo sentono. Gli uomini non lo sanno per certo. Sono un artista.'

"'Che vuoi dire, Mafouka?'

"'Voglio dire che, come molti artisti, sono bisessuale.'

"'Sì, ma la bisessualità è nella natura stessa degli artisti. Possono essere uomini col carattere di una donna, ma non con un fisico equivoco come quello che hai tu.'

"'Io ho un corpo da ermafrodita.'

"'Oh, Mafouka, lasciami vedere il tuo corpo!'

"'Non cercherai di fare l'amore con me?'

"'Lo prometto.'

"Si tolse per prima cosa la camicetta, scoprendo un busto da ragazzo. Non aveva seni, soltanto i capezzoli, come quelli di un adolescente. Poi si tolse i pantaloni. Portava delle mutandine da donna, color carne, bordate di pizzo. Aveva le gambe e le cosce di una donna. Erano piene, di linea bellissima. Portava calze da donna e giarrettiere. 'Lascia che ti tolga le giarrettiere, mi piacciono tanto!' Allungò una gamba verso di me, con molta eleganza, con la mossa di una ballerina. Arrotolai lentamente la giarrettiera sorreggendo un piede squisito. Le tolsi la calza e vidi la bella pelle liscia di una donna. Aveva i piedi delicati e ben curati. Le unghie erano dipinte di lacca rossa. Ero sempre più incuriosito. Le accarezzai la gamba ed ella disse prontamente: 'Hai promesso di non fare l'amore con me.'

"Mi alzai e lei si tolse le mutandine. Sotto il delicato pelo pubico, uguale a quello di una donna, vidi che aveva un piccolo pene atrofizzato, come quello di un bambino.

Lasciò che la guardassi, o *lo* guardassi, come ormai mi sembrava più appropriato dire.

"'Perché hai un nome femminile? Mafouka? Sei davvero come un ragazzo, salvo che per la forma delle braccia e delle gambe.'

"Allora Mafouka rise, questa volta con un riso di donna, molto lieve e gradevole. Mi disse: 'Vieni a vedere.' Si sdraiò sul divano, aprì le gambe, e mi mostrò la bocca perfetta di una vulva, rosata e tenera, dietro al pene.

"'Mafouka!'

"Il mio desiderio si era risvegliato. Il più strano dei desideri. La voglia di prendere sia l'uomo sia la donna in una sola persona. Mafouka vide la mia eccitazione e si mise a sedere. Cercai di conquistarla con le carezze, ma lei mi sfuggì.

"'Non ti piacciono gli uomini?' le chiesi. 'Non hai mai avuto un uomo?'

"'Sono vergine e non mi piacciono gli uomini. Provo desiderio solo per le donne, ma non posso possederle come un uomo. Il mio pene è come quello di un bambino. Non posso avere un'erezione.'

"'Sei un vero ermafrodita, Mafouka,' le dissi. 'È quel che la nostra epoca doveva produrre, vista la caduta della tensione tra maschile e femminile. La gente per lo più è metà e metà. Ma non mi era mai capitato di vederlo in termini così reali, fisici. Deve renderti molto infelice. Sei felice con le donne?'

"'Desidero le donne, ma in realtà soffro perché non posso prenderle come un uomo e anche perché, dopo che mi hanno posseduto come fanno le lesbiche, sono ancora insoddisfatto. Ma non mi sento attratto dagli uomini. Mi innamorai di Matilde, la modella, ma non sono riuscito a tenerla. Adesso lei si è trovata una vera lesbica, una che sente di poter soddisfare. Questo mio pene le dà sempre l'impressione che io non sia una vera lesbica. E sa anche di non aver potere su di me, nonostante sia attratto da lei. Così, come vedi, le due ragazze hanno dato origine a un nuovo legame, e io sono nel mezzo, perennemente insoddisfatto. E poi non mi piace la compagnia delle donne. Sono petulanti e personali. Si attaccano ai loro misteri e segreti, recitano e fingono. Mi piace di più il carattere degli uomini.'

"'Povera Mafouka!'

"'Povera Mafouka davvero! Quando nacqui non sapevano come chiamarmi. Nacqui in un piccolo villaggio in Russia e tutti mi consideravano un mostro che forse era meglio eliminare, per il mio stesso bene. Quando venni a Parigi soffrii di meno. Scoprii che ero un buon artista.'"

Ogni volta che uscivo dallo studio dello scultore, mi fermavo in un caffè vicino a ponderare su quanto Millard mi aveva raccontato. Mi chiedevo se anche qui intorno a me, per esempio al Greenwich Village, poteva succedere qualcosa di simile.

Incominciò a piacermi posare come modella, per gli aspetti avventurosi che offriva. Un sabato sera decisi di andare a una festa alla quale mi aveva invitata un pittore di nome Brown. Ero assetata e curiosa di tutto.

Noleggiai un abito da sera al reparto costumi dell'Art Model Club, insieme a un mantello e a delle scarpe da sera. Vennero con me due modelle, una ragazza dai capelli rossi, Mollie, e una donna statuaria, Ethel, che era la favorita degli scultori.

Le storie di vita di Montparnasse, raccontatemi dallo scultore, continuavano a ronzarmi in testa, e ora avevo la sensazione di entrare in quel regno. La mia prima delusione fu l'appartamento, piuttosto povero e spoglio, con due divani senza imbottitura, luci crude, e nessuno degli abbellimenti che avevo immaginato indispensabili per una festa.

Le bottiglie erano sul pavimento, insieme a bicchieri e a tazzine sbeccate. Una scala a pioli portava su una terrazzina dove Brown teneva i suoi quadri. Una tendina nascondeva il lavandino e una stufetta a gas. Su una parete della stanza c'era un dipinto erotico raffigurante una donna che veniva posseduta contemporaneamente da due uomini. La donna era in uno stato di convulsione, col corpo inarcato e gli occhi rivoltati sino a mostrare il bianco. Gli uomini la possedevano, uno con il pene nella vulva e l'altro in bocca. Era un quadro di dimensioni naturali, estremamente bestiale. Lo stavano guardando tutti, ammirati. Io ne ero affascinata. Era la prima rappresentazione del genere che avessi mai visto e mi riempiva di sensazioni diverse.

Accanto a questo ce n'era un altro ancor più sconcertante. Rappresentava una stanza arredata poveramente, in cui spiccava un grande letto di ferro. Su questo sedeva un uomo di circa quarant'anni, vestito di abiti logori, con il viso non rasato, una bocca bavosa, la mascella allentata, le palpebre semichiuse, un'espressione completamente degenerata. S'era tirato giù i pantaloni a mezz'asta e teneva sulle ginocchia nude una bambina con le sottanine molto corte alla quale porgeva una stecca di cioccolato. Le gambette nude della bambina poggiavano su quelle nude e pelose dell'uomo.

Vedendo questi due dipinti provai quel che si prova quando si beve, un'improvvisa vertigine, un calore che percorre il corpo, una confusione dei sensi. Si risveglia qualcosa nel corpo, qualcosa di indistinto e oscuro, una nuova sensazione, una nuova specie di appetito e di inquietudine.

Guardai le altre persone nella stanza, ma loro avevano già visto tante di queste scene che ormai non ne rimanevano più turbate. Ridevano e facevano commenti.

Una modella stava parlando delle sue esperienze in un negozio di biancheria intima:

"Avevo risposto a un annuncio in cui cercavano una modella che posasse in indumenti intimi per dei bozzetti. L'avevo già fatto molte volte e venivo pagata al prezzo normale di un dollaro all'ora. Di solito c'erano molti artisti che schizzavano contemporaneamente e c'era intorno molta gente: segretarie, stenografe, fattorini. Questa volta il posto era deserto. Era solo un ufficio con una scrivania, degli schedari, e il materiale da disegno. Un uomo era seduto ad aspettarmi di fronte al suo tavolo da disegno. Mi fu data una pila di biancheria intima e fu installato un paravento dietro al quale potessi cambiarmi. Incominciai indossando una sottoveste. Posavo per quindici minuti alla volta, mentre lui faceva i disegni.

"Lavoravamo tranquillamente. Quando lui mi faceva segno, andavo dietro il paravento a cambiarmi. Erano delle belle sottovesti di raso con i corpetti di pizzo e bei ricami. Mi misi reggiseno e mutandine. L'uomo fumava e disegnava. In fondo al mucchio c'erano reggiseni e mutandine fatti interamente di pizzo nero. Avevo posato spesso nuda, per cui non mi turbava affatto indossarli. Erano molto belli.

"Per la maggior parte del tempo guardavo fuori dalla finestra, senza far caso all'uomo che disegnava. Dopo un po' non sentii più la matita al lavoro e mi girai leggermente verso di lui, cercando di non perdere la posa. Era seduto al suo tavolo da disegno e mi stava fissando. Allora mi accorsi che aveva il cazzo di fuori ed era in una specie di trance.

"Pensando che avrei avuto delle noie perché eravamo da soli nell'ufficio, andai dietro il paravento e incominciai a vestirmi.

"L'uomo mi disse: 'Non se ne vada. Non la toccherò. Mi piace solo vedere le donne con della bella biancheria addosso. Non mi muoverò di qui, e se vuole che la paghi di più, tutto quel che deve fare è mettersi il mio pezzo preferito e posare per quindici minuti. Le darò cinque dollari in più. Lo può prendere da sola: è proprio sopra la sua testa, lì sullo scaffale.'

"Presi la scatola. Era il più bel capo di biancheria intima che avessi mai visto. Il pizzo nero più raffinato, come una ragnatela, e le mutandine avevano uno spacco davanti e dietro ed erano bordate di pizzo bellissimo. Il reggiseno era tagliato in modo da lasciar scoperti i capezzoli attraverso due triangoli. Esitai perché temevo che l'uomo si sarebbe eccitato troppo e avrebbe tentato di aggredirmi.

"Mi disse: 'Non si preoccupi. In realtà non mi piacciono le donne. Non le tocco mai. Mi piace soltanto la loro biancheria. Mi piace giusto vederle con indosso dei begli indumenti intimi. Se provassi a toccarla, diventerei immediatamente impotente. Non mi muoverò di qui.'

"Scansò il tavolo da disegno e rimase lì seduto con il cazzo di fuori. Di quando in quando se lo agitava. Ma non si mosse dalla sua seggiola.

"Decisi di mettermi il capo di biancheria. I cinque dollari mi tentavano. L'uomo non era molto forte e pensai che avrei potuto difendermi. Così gli comparvi davanti con le mutandine con gli spacchi e girai su me stessa perché mi vedesse da tutte le parti.

"Poi mi disse: 'Va bene, basta.' Sembrava sconvolto e aveva il viso congestionato. Mi ordinò di vestirmi alla svelta e di andarmene. Mi diede il denaro in fretta e furia e io uscii.

Ebbi l'impressione che stesse solo aspettando che me ne andassi per masturbarsi.

"Ho conosciuto uomini del genere, che rubano una scarpa a qualcuno, a una bella donna, per poterla poi tenere in mano mentre si masturbano."

Tutti risero alla sua storia. Brown disse: "Credo che da bambini siamo più inclini a essere feticisti in un modo o nell'altro. Ricordo che mi nascondevo nell'armadio di mia madre e andavo in estasi nell'annusare e toccare i suoi vestiti. Persino oggi non posso resistere a una donna che indossa un velo o del tulle o delle piume, perché risveglia in me le strane sensazioni che provavo dentro a quell'armadio."

Mentre diceva questo, mi ricordai che anch'io a tredici anni mi nascondevo nell'armadio di un giovane per lo stesso motivo. Lui aveva venticinque anni e mi trattava come una bambina. Io ero innamorata di lui. Seduta vicino a lui nella macchina con la quale ci portava tutti a fare delle lunghe passeggiate, andavo in estasi al solo sentire la sua gamba accostata alla mia. Di notte andavo a letto e, dopo aver spento la luce, prendevo una lattina di latte condensato in cui avevo fatto un buco. Sedevo, al buio succhiando il latte dolce con una sensazione di voluttà inspiegabile, che mi percorreva tutto il corpo. Allora pensavo che essere innamorati e succhiare latte dolce fossero due cose in relazione tra di loro. Molto più tardi mi venne in mente questo episodio, quando assaggiai lo sperma per la prima volta.

A Mollie venne in mente che, alla stessa età, le piaceva mangiare zenzero e contemporaneamente annusare delle palline di canfora. Lo zenzero le rendeva il corpo caldo e languido e le palline di canfora le davano una lieve vertigine. In questo modo si riduceva in uno stato quasi drogato e rimaneva lì sdraiata per ore intere.

Ethel si girò verso di me e disse: "Spero che non sposerai mai un uomo che non ami sessualmente. È quel che ho fatto io. Amo tutto di lui, come si comporta, il suo viso, il suo corpo, come lavora, come mi tratta, i suoi pensieri, il suo modo di sorridere, di parlare, tutto, salvo l'uomo sessuale che c'è in lui. Pensavo che mi piacesse anche quello, prima di sposarlo. Non c'è niente che non funzioni in lui, è un amante perfetto. È emotivo e romantico e dà prova di grande trasporto e di grande piacere. È sensibile e mi adora. Ieri notte, mentre dormivo, è entrato nel mio letto. Ero mezza addormentata e non potevo controllarmi come faccio di solito, per non ferire i suoi sentimenti. Mi si mise accanto e incominciò a prendermi piano piano, lungamente. Di solito finisce tutto in fretta, il che me lo rende tollerabile; non lascio neppure che mi baci, se posso evitarlo. Odio la sua bocca sulla mia. Di solito allontano la faccia, che è quanto feci la notte scorsa. Ecco, lui era lì, e cosa credi che abbia fatto io? Di punto in bianco incominciai a colpirlo a pugni chiusi, sulle spalle, mentre lui se la stava godendo, gli affondai le unghie nella carne e lui lo prese come un segno di piacere da parte mia, pensò che stessi perdendo il controllo per il godimento, e continuò. Allora sussurrai pianissimo: 'Ti odio.' Poi mi chiesi se mi aveva sentito. Cosa avrebbe pensato? Avrebbe sofferto? Dato che anche lui era mezzo addormentato, si limitò a darmi il bacio della buonanotte quando ebbe finito e se ne tornò nel suo letto. Il mattino dopo ero in attesa di quel che mi avrebbe detto. Credevo ancora che forse mi avesse sentito dire: 'Ti odio.' E invece no, dovevo aver formulato le parole nella mia mente, senza pronunciarle. Non disse altro che: 'Ti sei scatenata mica male la notte scorsa, sai,' e sorrise compiaciuto."

Brown avviò il fonografo e incominciammo a ballare. Quel po' di alcool che avevo bevuto mi aveva dato alla testa. Sentivo l'universo intero in dilatazione. Tutto mi pareva molto liscio e semplice. Tutto, in effetti, scivolava verso il basso, come una collina nevosa lungo la quale potevo slittare senza sforzo. Mi sentivo molto cordiale, come se conoscessi tutti intimamente. Però scelsi il pittore più timido di tutti come compagno di danza. Avevo l'impressione che anche lui, come me, stesse fingendo di avere una grande familiarità con tutto questo, ma che sotto sotto fosse un po' a disagio. Gli altri pittori accarezzavano Ethel e Mollie mentre ballavano, lui invece non si azzardava. Risi di me per averlo scovato. Brown vide che il mio pittore non stava facendo nessuna avance e si intromise chiedendomi un ballo. Poi incominciò a fare commenti allusivi sulle vergini. Mi chiesi se alludeva a me. Come faceva a saperlo? Mi si premette addosso, ma io mi ritrassi e me ne tornai dal mio giovane pittore timido. Una donna che faceva l'illustratrice stava flirtando con lui, stuzzicandolo. Anche lui fu contento di vedermi tornare, così ballammo insieme, chiudendoci nella nostra timidezza. Tutt'intorno ormai gli altri si stavano baciando e abbracciando.

L'illustratrice si era tolta la camicia e stava ballando in sottoveste. Il pittore timido mi disse: "Se restiamo qui, tra non molto dovremo sdraiarci sul pavimento e far l'amore. Vuoi andar via?"

"Sì, voglio andarmene," gli risposi.

Uscimmo e, invece di far l'amore, lui continuò a parlare. Lo ascoltavo stordita. Stava progettando di farmi un ritratto. Voleva dipingermi come una donna sottomarina, nebulosa, trasparente, verde, acquatica, salvo che per la bocca di un rosso acceso e il fiore rosso che portavo nei capelli. Avrei posato per lui? Non risposi subito per colpa dello stordimento del liquore e lui disse in tono di scusa: "Ti spiace che non sia stato brutale?"

"No, non mi dispiace, ti ho scelto proprio perché sapevo che non lo saresti stato."

"È la mia prima festa," aggiunse umilmente, "e tu non sei il tipo di donna che si può trattare in quel modo. Come hai fatto a diventare una modella? Una modella non dev'essere necessariamente una prostituta, lo so, ma deve sopportare un sacco di maneggiamenti e di avances."

"Me la cavo abbastanza bene," risposi, senza apprezzare affatto questa conversazione.

"Non potrò fare a meno di preoccuparmi per te. So che alcuni artisti rimangono obiettivi mentre lavorano, lo so bene. Faccio così anch'io. Ma c'è sempre un momento, prima e dopo, quando la modella si spoglia e si riveste, che in realtà mi disturba. È la sorpresa di vedere il corpo. Che cosa hai provato la prima volta?"

"Niente del tutto. Mi sono sentita come se fossi già un quadro. O una statua. Guardai il mio corpo come fosse un oggetto, un oggetto impersonale."

Mi stavo intristendo, ero piena di inquietudine e di curiosità. Sentivo che non mi sarebbe mai successo niente. Morivo dalla voglia di essere una donna, di gettarmi a capofitto nella vita. Perché innanzitutto ero così schiavizzata dal desiderio di essere innamorata? Dove sarebbe incominciata la mia vita? Entravo in ogni studio aspettandomi un miracolo che non si verificava. Avevo l'impressione che dappertutto, intorno a me, passasse una grande corrente che mi lasciava fuori. Dovevo trovare qualcuno che condividesse il mio modo di sentire. Ma dove? Dove?

Lo scultore era spiato dalla moglie, me ne accorgevo. Veniva nello studio molto spesso, inaspettatamente. E lui aveva paura. Non sapevo cosa lo spaventasse. Mi invitarono a trascorrere due settimane con loro nella casa di campagna, dove avrei potuto continuare a posare, o meglio, fu lei a invitarmi. Mi disse che al marito non piaceva interrompere il lavoro mentre era in vacanza. Ma appena la moglie se ne fu andata, lui si girò verso di me e mi disse: "Devi trovare una scusa per non venire. Ti renderà infelice. Non sta molto bene: ha una vera e propria ossessione, pensa che tutte le modelle che posano per me siano mie amanti."

Ci furono giorni febbrili di corse da uno studio all'altro,

con pochissimo tempo per il pranzo, a posare per copertine di riviste, per illustrazioni di novelle di giornali femminili, per la pubblicità. Vedevo la mia faccia dappertutto, persino nella metropolitana. Mi chiedevo se la gente mi riconosceva.

Lo scultore era diventato il mio migliore amico. Guardavo con ansia la sua statuetta che era quasi finita. Poi un mattino, arrivando allo studio, vidi che l'aveva distrutta. Disse che aveva provato a lavorarci senza di me. Ma non aveva l'aria infelice e preoccupata. Io invece ero triste, perché mi sembrava un sabotaggio, pareva l'avesse rovinata di proposito! Vidi che lui invece era contento di ricominciare tutto daccapo.

Fu a teatro che incontrai John e scoprii il potere di una voce. Mi scivolava addosso come le note di un organo, facendomi vibrare. Quando ripeté il mio nome con la pronuncia sbagliata, mi suonò come una carezza. Era la voce più profonda e più ricca che avessi mai sentito. Riuscivo appena a guardarlo. Sapevo che i suoi occhi erano grandi, di un azzurro intenso e magnetico, che lui era possente e inquieto. Muoveva un piede nervosamente, come un cavallo da corsa. Sentivo che la sua presenza offuscava tutto il resto, il teatro, l'amico seduto alla mia destra. E lui si comportava come se l'avessi incantato, ipnotizzato. Parlava guardandomi, ma io non riuscivo ad ascoltare. In un attimo non fui più una ragazza. Ogni volta che parlava mi sentivo cadere in una spirale vertiginosa, catturata dagli ingranaggi di una voce bellissima. Era come una droga. Quando finalmente mi "rubò", come disse lui, fece cenno a un taxi.

Non dicemmo una sola parola finché non fummo nel suo appartamento. Non mi aveva toccata, non ce n'era bisogno. La sua presenza mi turbava talmente che avevo la sensazione che mi avesse già accarezzata a lungo.

Si limitò a pronunciare il mio nome due volte, come se pensasse che fosse abbastanza bello da ripeterlo. Era alto, radioso. I suoi occhi erano di un azzurro così intenso che quando sbatteva le palpebre sprigionavano un piccolo lampo improvviso che dava un senso di paura, paura del temporale che l'avrebbe completamente travolto.

Poi mi baciò. La sua lingua si allacciò alla mia, le girò intorno e intorno, poi si fermò a toccarne solo la punta. Mentre mi baciava, mi alzò lentamente la gonna. Mi fece scivolar giù le giarrettiere, le calze. Poi mi sollevò e mi portò sul letto. Ero così sciolta che era come se mi avesse già penetrata. Mi pareva che la sua voce mi avesse aperta, avesse aperto a lui tutto il mio corpo. Anche lui lo sentiva e fu sorpreso dalla resistenza che sentì contro il pene.

Si fermò per guardarmi in viso. Vi lesse una grande emozione e spinse più forte. Sentii lo strappo e il dolore, ma il calore sciolse tutto, il calore della sua voce che mi diceva all'orecchio: "Mi vuoi come ti voglio io?"

Poi il piacere lo fece gemere. Tutto il suo peso era su di me, il suo corpo contro il mio, e il dolore svanì. Sentii solo la gioia di essere aperta. Giacevo in una specie di sogno.

John disse: "Ti ho fatto male, non ti è piaciuto." Non potevo dirgli: "Lo voglio ancora." La mia mano gli toccò il pene, lo accarezzò, e il membro si rizzò di nuovo, durissimo. Mi baciò finché non provai una nuova ondata di desiderio, il desiderio di concedermi completamente. Ma lui disse: "Ora ti farà male. Aspettiamo ancora un po'. Puoi restare con me tutta la notte? Resterai?"

Vidi che c'era del sangue sulle mie gambe e andai a lavarmi. Sentivo di non essere stata ancora presa, che questa non era che una piccola parte della penetrazione.

Volevo essere posseduta e conoscere gioie accecanti. Camminai con passo incerto e caddi di nuovo sul letto.

John era addormentato, col grande corpo ancora piegato come quando ero sdraiata accanto a lui, con il braccio nel punto in cui avevo posato la testa. Scivolai al suo fianco e caddi in un dormiveglia leggero. Volevo toccare ancora il

suo pene. Lo feci, con delicatezza, perché non volevo svegliarlo. Poi mi addormentai e venni risvegliata dai suoi baci.
Fluttuavamo in un mondo oscuro di carne, sentendo solo la
pelle soffice che vibrava, e ogni tocco era felicità. Mi prese
per i fianchi tenendomi ferma contro di lui. Temeva di farmi
male. Allargai le gambe, e quando inserì il pene sentii dolore, ma il piacere fu più grande. C'era un piccolo cerchio di
dolore in superficie, ma più in fondo c'era il piacere della
presenza del suo pene che si muoveva là dentro. Mi spinsi in
avanti per andargli incontro.

Questa volta lui rimase passivo e mi disse: "Muoviti tu,
godi tu adesso." Così, per non sentire dolore, mi mossi delicatamente intorno al suo pene. Mi misi i pugni chiusi sotto
la schiena per sollevarmi verso di lui. Allora lui si appoggiò
le mie gambe sulle spalle. Ma il dolore aumentò, e si ritrasse.

Lo lasciai il mattino dopo, stordita, ma con la gioiosa sensazione che stavo avvicinandomi alla passione. Andai a casa
e dormii finché non mi telefonò.

"Quando vieni?" mi chiese. "Devo vederti ancora, presto.
Devi posare oggi?"

"Sì, ma verrò dopo la seduta."

"Non posare per piacere," mi disse, "ti prego, non posare. È un'idea che mi fa disperare. Vieni prima a trovarmi.
Devo parlarti. Per favore, vieni prima a trovarmi."

Andai da lui. "Cara," mi disse, bruciandomi il viso con
l'alito del desiderio, "non sopporto l'idea che tu posi adesso,
che tu ti scopra. Non puoi più farlo ora. Devi lasciare che io
mi prenda cura di te. Non posso sposarti perché ho una moglie e dei figli. Ma lascia che mi occupi di te finché non sapre-
mo come fuggire. Lascia che prenda un posticino dove possa
venirti a trovare. Non dovresti più posare, tu mi appartieni."

Così incominciai una vita segreta, e quando per tutti
quanti ero a posare, in realtà ero in una bella stanza ad attendere John. Ogni volta che veniva mi portava un dono,

un libro, quaderni colorati sui quali potessi scrivere. Erano attese inquiete.

Il solo che condivideva il mio segreto era lo scultore, perché aveva intuito quel che stava succedendo. Non voleva lasciarmi smettere di posare e mi tempestava di domande. Mi predisse quel che sarebbe diventata la mia vita.

La prima volta che ebbi un orgasmo con John piansi, perché era stato così forte e meraviglioso che non riuscivo a credere che si sarebbe ripetuto ancora tante volte. I soli momenti dolorosi erano quelli che passavo ad aspettare. Mi facevo il bagno, mettevo lo smalto sulle unghie, mi profumavo, mettevo della cipria rossa sui capezzoli, mi spazzolavo i capelli, indossavo un négligé, e tutti i preparativi volgevano la mia immaginazione alle scene che sarebbero seguite.

Volevo che mi trovasse nel bagno, lui diceva che stava arrivando, ma poi tardava. Veniva spesso trattenuto, e quando arrivava ero ormai fredda e rancorosa. L'attesa esauriva i miei sentimenti. Mi ribellavo. Una volta non risposi al campanello. Allora lui bussò gentilmente, umilmente, e questo mi commosse e gli aprii la porta. Ma ero arrabbiata e volevo ferirlo, così non risposi ai suoi baci. Ci rimase male, finché non mi infilò la mano sotto il negligé e scoprì che ero bagnata, anche se tenevo le gambe fermamente chiuse. Divenne di nuovo allegro e ottenne quel che voleva.

Poi lo punii non rispondendogli sessualmente e questo lo ferì di nuovo, perché godeva del mio piacere. Dai battiti violenti del cuore, dal cambiamento dei toni di voce, dalle contrazioni delle mie gambe, sapeva quanto piacere mi aveva dato. Ma questa volta rimasi sdraiata come una puttana. E questo lo ferì.

Non potevamo mai uscire insieme: era troppo conosciuto, e così pure sua moglie. Era un produttore, e sua moglie una commediografa.

Quando John si accorse di quanto mi arrabbiavo ad

aspettarlo, non cercò di porvi rimedio. Cominciò ad arrivare sempre più tardi. Diceva che sarebbe arrivato alle dieci e poi veniva a mezzanotte. Così un giorno, arrivando, scoprì che non ero più lì ad aspettarlo. Questo lo mise in uno stato di terribile agitazione. Pensava che non sarei più tornata. Io avevo l'impressione che ritardasse deliberatamente, che gli piacesse farmi arrabbiare. Dopo due giorni mi scongiurò di tornare e io tornai. Eravamo molto tesi e arrabbiati.

"Sei andata di nuovo a posare," mi disse. "Ti piace. Ti piace far mostra di te."

"Perché mi fai aspettare tanto? Sai che mi uccide il desiderio che ho per te. Mi sento fredda quando arrivi in ritardo."

"Non troppo fredda, in fondo," rispose.

Tenni le gambe strette contro di lui, non poteva nemmeno toccarmi. Ma lui si intromise velocemente da dietro e incominciò ad accarezzarmi. "Non troppo fredda, in fondo," disse ancora.

Sul letto spinse il ginocchio tra le mie gambe e le aprì a forza. "Quando sei arrabbiata," mi disse, "ho l'impressione di violentarti. Allora sento che tu mi ami tanto che non sai resistermi, vedo che sei bagnata e mi piace la tua resistenza, e anche la tua sconfitta."

"John, mi farai arrabbiare tanto che finirò col lasciarti."

Allora si spaventò. Mi baciò promettendomi che non l'avrebbe più fatto.

Quel che non riuscivo a capire era come mai, nonostante tutti i nostri litigi, far l'amore con John mi sensibilizzava sempre di più. Aveva risvegliato il mio corpo. Ora avevo un desiderio ancora più grande di abbandonarmi a ogni capriccio. Probabilmente lui lo sentiva perché, più mi accarezzava e mi sollecitava, più temeva che sarei tornata a posare. E in effetti, piano piano, ricominciai. Avevo troppo tempo per me, stavo troppo da sola con i miei pensieri per John.

Millard in particolare fu felice di rivedermi. Doveva aver

rovinato la statuetta un'altra volta, di proposito, ora lo sapevo, in modo da potermi tenere nella posa che gli piaceva.

La notte prima aveva fumato marijuana con gli amici. Mi disse: "Lo sai che dà spesso alla gente l'impressione di esser stata trasformata in un animale? Ieri sera c'era una donna che era completamente coinvolta in questa trasformazione. Cadde sulle mani e sulle ginocchia e arrancò in giro alla stanza come un cane. Le togliemmo i vestiti. Voleva darci il latte e ci incitò a comportarci come dei cuccioli, a rotolarci sul pavimento e succhiarle il seno. Continuò a stare appoggiata alle mani e alle ginocchia e offrì i seni a tutti noi. Volle che le camminassimo dietro come cani e insistette perché la prendessimo in questa posizione, da dietro. Io lo feci, ma, mentre mi accucciavo su di lei, fui terribilmente tentato di morderla. E la morsi sulla spalla, più forte di quanto non avessi mai morso nessuno. La donna non si spaventò, ma io sì; ritornai lucido. Mi alzai e vidi che un mio amico la stava seguendo carponi, senza accarezzarla o prenderla, ma semplicemente annusandola, esattamente come avrebbe fatto un cane, e questo mi ricordò talmente la mia prima sensazione sessuale da causarmi una penosa erezione.

"Da bambini avevamo in campagna una cameriera grande e grossa che veniva dalla Martinica. Portava una sottana voluminosa e un fazzoletto variopinto sulla testa. Era una mulatta dalla pelle abbastanza chiara, molto bella. Ci faceva giocare a nascondino e, quando era il mio turno, mi faceva nascondere sotto la sua sottana, accucciato. E io me ne stavo lì, mezzo soffocato, nascosto tra le sue gambe. Ricordo ancora l'odore sessuale che veniva da lei e che mi eccitava, anche da bambino. Una volta provai a toccarla ma mi picchiò sulle mani."

Io ero in posa, tranquilla, quando lui mi si avvicinò per misurarmi con uno strumento. Poi sentii la sua mano sulle cosce, che mi accarezzava delicatamente. Gli sorrisi e rimasi sul piedistallo da posa, mentre lui mi accarezzava le gambe come se stesse modellandomi dalla creta. Mi baciò i piedi e fece scorrere le mani su e giù per le mie gambe e il mio sedere. Poi mi si appoggiò contro e mi baciò. Infine mi prese in braccio e mi fece scendere a terra. Mi tenne stretta a lui, accarezzandomi la schiena, le spalle e il collo. Ero percorsa da piccoli brividi. Le sue mani erano lisce e agili e mi toccavano come se stesse toccando la statuetta, carezzevolmente, dappertutto.

Poi andammo verso il divano. Mi fece sdraiare sullo stomaco, si tolse i vestiti e mi cadde sopra. Sentii il suo pene contro il culo. Mi fece scivolare le mani intorno alla vita e mi sollevò leggermente, per potermi penetrare. Mi sollevava ritmicamente verso di lui e io tenevo gli occhi chiusi per sentirlo meglio e ascoltare il rumore del pene che scivolava avanti e indietro, umettato dai miei umori. Spingeva con tanta violenza da produrre piccoli risucchi che mi deliziavano.

Le sue dita mi penetravano nella carne, con unghie lunghe che facevano male. Mi eccitava tanto con i suoi colpi vigorosi che mi si era aperta la bocca e stavo mordendo la coperta del divano. Poi sentimmo un rumore, nello stesso momento. Millard si alzò in fretta, prese i vestiti e corse su per la scala dove teneva le sculture. Io mi infilai dietro il paravento.

Sentii bussare per la seconda volta alla porta dello studio e vidi entrare la moglie. Io tremavo, ma non di paura, bensì per il trauma di essere stata interrotta nel bel mezzo del godimento. La moglie di Millard vide lo studio vuoto e se ne andò. Millard scese da basso vestito e io gli dissi: "Aspetta un minuto," e incominciai a vestirmi anch'io. Il momento era stato rovinato. Ero ancora bagnata e tremante. Quando mi infilai le mutandine, il tocco della seta mi turbò come quello di una mano. Non riuscivo più a sopportare la tensione e il desiderio. Mi misi tutte e due le mani sul sesso come aveva fatto Millard e premetti, chiudendo gli occhi e immaginando che fosse Millard ad accarezzarmi. E venni, scossa dai tremiti dalla testa ai piedi.

Millard voleva stare ancora con me, ma non nel suo studio, dove la moglie avrebbe potuto sorprenderci, così lasciai che trovasse un altro posto. Apparteneva a un amico. Il letto era dentro a un'alcova profonda e sul soffitto c'erano degli specchi e piccole lampade dalla luce soffusa. Millard volle spegnere tutte le luci, dicendo che voleva essere nella più totale oscurità insieme a me.

"Ho visto il tuo corpo e lo conosco così bene, che ora voglio sentirlo, a occhi chiusi, per tastarne la pelle e la morbidezza della carne. Hai le gambe così sode e forti, eppure così morbide al tocco. Mi piacciono i tuoi piedi, con i pollici liberi, e staccati dalle altre dita, come in una mano, non rattrappiti, e le unghie così meravigliosamente laccate, e la peluria leggera sulle tue gambe!" Mi percorse con la mano tutto il corpo, lentamente, premendo nella carne, tastando ogni mia curva. "Se ti metto la mano qui tra le gambe," mi disse, "la senti, ti piace, la vuoi più vicina?"

"Più vicina, più vicina," risposi.

"Voglio insegnarti una cosa," disse Millard. "Lasci che te la insegni?"

Mi mise un dito nel sesso. "Ora voglio che tu ti contragga intorno al mio dito. Hai un muscolo lì, che può contrarsi e allentarsi intorno al pene. Prova."

Provai. Il suo dito era un piacevole tormento. Dato che non lo muoveva, cercai di muovermi io, dentro alla vagina, e sentii il muscolo di cui mi aveva parlato aprirsi e chiudersi, dapprima debolmente, intorno al dito.

Millard disse: "Sì, così. Più forte adesso, fallo più forte."

Così feci, aprendo e chiudendo, aprendo e chiudendo. Dentro era come una piccola bocca, che si stringeva intorno al dito. Volevo prenderlo dentro, succhiarlo, così continuai a provare.

Poi Millard disse che avrebbe inserito il pene senza muoversi, mentre io avrei dovuto continuare a contrarmi dentro. Cercai di imprigionarlo con forza sempre maggiore. Il movimento mi eccitava e sentivo che avrei potuto raggiungere l'orgasmo in qualsiasi momento. Ma, dopo che l'ebbi stretto molte volte, succhiandogli il pene, si mise a gemere all'improvviso di piacere e incominciò a spingere più in fretta, incapace a sua volta di trattenere l'orgasmo. Io continuai il movimento intorno e raggiunsi l'orgasmo a mia volta, nel modo più meravigliosamente profondo, fin giù nell'utero.

"Non te l'ha mai insegnato John?" mi chiese.

"No."

"Cos'è che ti ha insegnato?"

"Questo," gli dissi. "Inginocchiati sopra di me e spingi."

Millard obbedì. Il suo pene non aveva molta forza, perché era passato troppo poco tempo dal suo primo orgasmo, ma lui me lo infilò, spingendolo con la mano. Allora allungai le due mani e gli accarezzai le palle e misi due dita alla base del pene, strofinandolo mentre si muoveva. Millard si eccitò immediatamente, il pene gli si indurì, e riprese a muoversi avanti e indietro. Poi si fermò.

"Non posso essere così esigente," mi disse con uno strano tono. "Sarai troppo stanca per John."

Rimanemmo sdraiati a riposare e a fumare. Mi chiesi se Millard provava per me più che semplice desiderio sessuale, se il mio amore per John gli pesava. Ma, nonostante ci fosse sempre una nota di risentimento nella sua voce, continuò a farmi domande.

"John ti ha avuta oggi? Ti ha preso più di una volta? Come ti ha preso?"

Nelle settimane successive Millard mi insegnò molte cose che non avevo fatto con John, e appena le imparavo le provavo con John, tanto che alla fine diventò sospettoso e mi chiese dove avessi imparato le nuove posizioni. Sapeva che non avevo fatto l'amore con nessuno prima di conoscerlo. La prima volta che contrassi i muscoli per imprigionargli il pene, rimase stupefatto.

Le due relazioni segrete divennero difficili per me, ma ne apprezzai il pericolo e l'intensità.

LILITH

Lilith era sessualmente fredda e il marito lo sospettava, a dispetto di tutte le sue finzioni. Questo fatto portò al seguente episodio.

Lilith non usava mai lo zucchero perché non voleva ingrassare, lo sostituiva quindi con un succedaneo: pastigliette bianche che portava sempre con sé nella borsetta. Un giorno le finì e chiese al marito di comprargliene delle altre tornando a casa dall'ufficio. Così lui le portò una boccetta come quella che aveva chiesto, e Lilith mise le sue due pillole nel caffè.

Dopo cena, sedettero uno accanto all'altra e il marito prese a guardarla con quell'espressione di dolce tolleranza che sfoderava spesso di fronte alle sue esplosioni nervose, alle sue crisi di egoismo, di autocondanna, di panico. A ogni suo comportamento drammatico egli reagiva con un buon umore e una pazienza imperturbabili. Lilith era sempre sola nelle sue tempeste, nelle sue furie, nei suoi sconvolgimenti emotivi, ai quali lui non partecipava.

Probabilmente questi sfoghi simboleggiavano la tensione che non si scaricava tra loro sessualmente. Il marito rifiutava le sue sfide violente, le sue ostilità primitive. Si rifiutava di scendere con lei in questa arena emotiva e di accontentare il suo bisogno di gelosia, di paure, di battaglie.

Forse, se avesse accettato le sue sfide e si fosse prestato

di più ai suoi giochi, la moglie avrebbe sentito la sua presenza con un maggior impatto fisico. Ma il marito di Lilith non conosceva i preludi al desiderio sessuale, non conosceva nessuno degli stimolanti che certe nature selvagge richiedono, e così, invece di assecondarla, non appena la vedeva con i capelli elettrici, il viso più vivace, gli occhi come fulmini, il corpo inquieto e scattante come quello di un cavallo da corsa, si ritirava dietro a una parete di comprensione oggettiva, a una gentile accettazione ironica di lei, come uno che guarda un animale allo zoo, e sorride dei suoi giochi, ma non riesce a condividerne l'umore. E questo lasciava Lilith in uno stato di isolamento; davvero come un animale selvaggio in un deserto.

Quando infuriava e quando le si alzava la temperatura, il marito era irreperibile. Era come un cielo mite che guardava in giù verso lei, in attesa che il temporale si placasse. Se anche lui, come un animale egualmente primitivo, fosse apparso all'altra estremità di questo deserto, affrontandola con la stessa tensione elettrica di capelli, occhi, pelle, se fosse apparso con lo stesso corpo da giungla, muovendosi pesantemente, aspettando solo un pretesto per balzare, abbracciare con furia, sentire il calore del suo avversario, allora avrebbero potuto rotolarsi insieme, e i morsi sarebbero diventati d'altro genere, e lo scontro avrebbe potuto trasformarsi in un abbraccio, e gli strattoni ai capelli avrebbero potuto avvicinare le bocche, i denti, le lingue. E nella furia i genitali avrebbero potuto sfregare gli uni contro gli altri, liberando scintille, e i due corpi avrebbero dovuto compenetrarsi per porre fine alla tensione estrema.

E così, anche quella sera, lui sedeva con la solita espressione negli occhi, mentre lei stava sotto una lampada a dipingere furiosamente un oggetto come se, dopo averlo dipinto, fosse pronta a mangiarselo in un boccone. Il marito le disse: "Non era saccarina quella che ti ho portato e che hai messo nel caffè. Era cantaride, un afrodisiaco."

Lilith era sconcertata. "E tu mi hai fatto prendere una cosa del genere?"

"Sì, volevo vedere che effetto ti faceva. Pensavo potesse essere piacevole per tutti e due."

"Oh, Billy," disse Lilith, "che razza di scherzo! E ho promesso a Mabel che saremmo andate al cinema insieme. Non posso deluderla, è stata chiusa in casa per una settimana. Pensa se incomincia a farmi effetto al cinema!"

"Be', se gliel'hai promesso devi andare. Vuol dire che starò sveglio ad aspettarti."

Così, in uno stato di alta tensione febbrile, Lilith andò a prendere Mabel. Non osò confessarle lo scherzo del marito. Le vennero in mente tutte le storie che aveva sentito sulla cantaride. Nel XVIII secolo, in Francia gli uomini l'avevano usata senza parsimonia. Le venne in mente la storia di un aristocratico che, all'età di quarant'anni, quando incominciava a risentire delle assidue attenzioni amorose prestate a tutte le belle donne del suo tempo, si innamorò così appassionatamente di una ballerina di soli vent'anni, che passò tre giorni e tre notti intere a far l'amore con lei, con l'aiuto della cantaride. Lilith cercò di immaginarsi come poteva essere un'esperienza del genere, e incominciò a temere che l'effetto della droga si scatenasse in un momento inaspettato, costringendola a correre a casa e confessare al marito il proprio desiderio.

Seduta nel cinema al buio, non riuscì a seguire la pellicola. Aveva un caos in testa. Era seduta rigidamente sull'orlo della poltrona, e cercava di individuare gli effetti della droga. Si tirò su con uno strattone quando si accorse che era rimasta seduta a gambe aperte e con la sottana fin sopra le ginocchia.

Pensò che fosse una manifestazione della sua già crescente febbre sessuale. Cercò di ricordare se si era mai seduta al cinema in quella posizione, prima d'allora. Considerava lo stare a gambe aperte come una delle posizioni più oscene che si potessero immaginare, e per di più si rese conto che le persone sedute nella fila di fronte, molto più in basso, avrebbero potuto guardarle sotto la sottana e regalarsi la bella vista delle sue mutandine e delle giarrettiere nuove che aveva comprato proprio nel pomeriggio. Sembrava che tutto cospirasse per una notte di orgia. Intuitivamente doveva aver previsto tutto quando era andata a comprarsi le mutandine con le gale di pizzo e le giarrettiere di un corallo intenso che si addicevano a meraviglia alle sue gambe lisce da ballerina.

Ricompose le gambe con rabbia. Pensò che se questa violenta disposizione sessuale si fosse impadronita di lei in quel momento, non avrebbe saputo cosa fare. Doveva alzarsi di scatto e andarsene, adducendo un mal di testa? Oppure poteva rivolgersi a Mabel? Mabel l'aveva sempre adorata. Avrebbe osato volgersi a Mabel e accarezzarla? Aveva sentito parlare di donne che si accarezzavano a vicenda al cinema. Una sua amica, una volta, si era seduta nel buio di un cinema, e molto lentamente la mano della compagna le aveva slacciato l'apertura della gonna, si era abbassata sul suo sesso e l'aveva accarezzata a lungo, fino a farla venire. Quante volte questa amica aveva ripetuto la deliziosa esperienza di sedere immobile, controllando la metà superiore del corpo, seduta eretta e ferma, mentre una mano la accarezzava nel buio, segretamente, lentamente, misteriosamente? Era questo che sarebbe successo ora a Lilith? Non aveva mai accarezzato una donna. A volte aveva pensato tra sé come doveva esser bello accarezzare una donna, la rotondità del culo, la morbidezza del ventre, quella pelle così morbida tra le gambe, e aveva cercato di accarezzarsi, nel suo letto al buio, proprio per figurarsi cosa doveva essere toccare una donna. Si era spesso accarezzata i seni, immaginando che fossero di un'altra.

Ora, a occhi chiusi, ricostruì l'immagine del corpo di Mabel in costume da bagno, Mabel con i seni rotondi che quasi sprizzavano dal reggiseno, con la bocca ridente, piena e morbida. Come sarebbe stato bello! Ma tuttavia tra le sue gambe non c'era ancora un calore tale da farle perdere il controllo e spingerla ad allungare la mano verso Mabel. Le pillole non avevano ancora fatto effetto. Era ancora indifferente, persino repressa, tra le gambe; c'era una rigidezza lì, una tensione. Non riusciva a rilassarsi. Se toccava Mabel ora, non avrebbe saputo far seguire un gesto più audace. Chissà se Mabel indossava una gonna che si apriva di lato, chissà se le sarebbe piaciuto essere accarezzata? Lilith diventava sempre più inquieta. Ogni volta che dimenticava se stessa, le gambe le si spalancavano in quella posizione che le sembrava tanto oscena e invitante, come quei movimenti che aveva visto nelle danze balinesi, in cui le gambe si aprivano e si allontanavano dal sesso, lasciandolo senza protezione.

Il film terminò e Lilith guidò silenziosamente la macchina lungo le strade buie. I fari colpirono un'automobile parcheggiata sul bordo della strada e illuminarono all'improvviso una coppia che non si stava accarezzando nel solito modo sentimentale. La donna era seduta sulle ginocchia dell'uomo, di schiena, l'uomo si stava sollevando tutto teso verso di lei, con tutto il corpo nella posa di chi sta raggiungendo un orgasmo. Era in uno stato tale, che non riuscì a interrompersi quando i fari lo illuminarono. Si allungò tutto, in modo da sentire meglio la donna seduta sopra di lui, e questa ondeggiò quasi priva di coscienza per il piacere.

Lilith rimase senza fiato a quella vista e Mabel disse: "Li abbiamo sorpresi proprio nel momento migliore." E rise. Dunque Mabel conosceva questo apice di piacere che a Lilith era ancora ignoto, e che avrebbe tanto voluto sperimentare. Le venne voglia di chiedere all'amica: "Com'è?" Ma l'avrebbe saputo presto. Sarebbe stata costretta a dar libero corso a tutti quei desideri che di solito sperimentava solo nelle sue fantasie, nei sogni a occhi aperti che riempivano le sue ore quando era sola in casa. Seduta a dipingere pensava: Ora entra un uomo di cui sono molto innamorata. Entra nella stanza e mi dice: "Lascia che ti spogli." Mio marito non mi spoglia mai – si sveste da solo e si mette a letto, poi, se mi vuole, spegne la luce. Ma quest'uomo entrerà e mi svestirà lentamente, pezzo per pezzo, e questo mi darà modo di sentirlo, di sentire le sue mani su di me. Prima di tutto mi toglierà la cintura, mi prenderà la vita tra le mani e dirà: "Che bella vita hai, com'è sinuosa, com'è snella!" Poi mi sbottonerà la camicetta molto lentamente, e io sentirò le sue mani che slacciano ogni bottone e che mi toccano i seni a poco a poco, finché emergeranno dalla camicetta, e allora lui li amerà e mi succhierà i capezzoli come un bambino, facendomi un po' male coi denti, mi riempirà di sensazioni per tutto il corpo, sciogliendo ogni nodo di tensione, dissolvendomi. Con la sottana sarà più impaziente, e la strapperà un po': sarà in uno stato tale di desiderio! Non spegnerà la luce, e continuerà a guardarmi bruciante di desiderio, ammirandomi, adorandomi, scaldandomi il corpo con le mani, e aspetterà finché non sarò completamente eccitata, in ogni particella della pelle.

Stava forse facendole effetto la cantaride? No, era illanguidita, e le sue fantasie si riaffacciavano, per l'ennesima volta, tutto lì. Eppure, la vista della coppia nella macchina, il loro stato di estasi, era qualcosa che voleva conoscere.

Quando arrivò a casa, suo marito stava leggendo. La guardò e le sorrise maliziosamente. Lilith non voleva confessargli che le pillole non le avevano fatto effetto: era una delusione tremenda per lei. Che donna fredda era, non c'era niente che riuscisse ad alterarla, neanche la droga che aveva permesso a un nobiluomo del XVIII secolo di fare l'amore per tre giorni e tre notti di fila, ininterrottamente. Si sentiva un mostro. Persino suo marito doveva rimanerne all'oscuro. Avrebbe riso di lei. Avrebbe finito per cercarsi una donna più sensuale.

Allora incominciò a spogliarsi davanti a lui, camminando avanti e indietro nuda, spazzolandosi i capelli davanti allo specchio. Di solito non lo faceva mai perché non voleva che lui la desiderasse. Non le piaceva. Era qualcosa da consumare in fretta, a beneficio di lui soltanto. Per lei era un sacrificio. La sua eccitazione e il suo piacere, che lei non condivideva, le risultavano piuttosto ripugnanti. Si sentiva come una puttana che prende dei soldi per cose del genere. Era una puttana priva di sentimenti che, in cambio dell'amore e della devozione del marito, gli buttava in faccia questo suo corpo vuoto e insensibile. Si vergognò di essere così morta, in fondo al corpo.

Ma quando finalmente si infilò a letto, lui le disse: "Non credo che la cantaride ti abbia fatto abbastanza effetto. Ho sonno, svegliami se..."

Lilith cercò di dormire, ma non ci riuscì, aspettandosi di impazzire di desiderio da un momento all'altro. Dopo un'ora si alzò e andò in bagno. Trovò la boccetta e prese dieci pillole in un colpo solo, pensando: Adesso dovrebbe funzionare. E incominciò ad aspettare. Durante la notte, il marito scivolò nel suo letto, ma Lilith era così chiusa tra le gambe che non riuscì a bagnarsi, e dovette umettare con la saliva il pene del marito.

Il mattino dopo si svegliò piangendo. Il marito le chiese come mai, e lei gli disse la verità. Allora lui disse: "Ma Lilith, era solo uno scherzo. Non c'era nessuna cantaride. Ti ho solo fatto uno scherzo."

Ma da quel momento, Lilith rimase ossessionata dall'idea che potessero esserci dei modi per eccitarsi artificialmente. Provò tutte le formule delle quali aveva sentito parlare. Provò a bere grandi tazze di cioccolata con dentro un sacco di vaniglia. Provò a mangiare cipolle. L'alcool non le faceva l'effetto che faceva ad altri, perché fin dall'inizio era in guardia contro i suoi effetti. Non riusciva a dimenticare se stessa.

Aveva sentito parlare di palline speciali che venivano usate in India come afrodisiaci. Ma come procurarsele? A chi rivolgersi? Le donne indiane le inserivano nella vagina. Erano fatte di una gomma speciale, molto soffice, con una superficie morbida, simile alla pelle. Quando venivano introdotte nel sesso, si modellavano secondo la sua forma e si muovevano quando si muoveva la donna, adattandosi con sensibilità a ogni movimento dei muscoli, provocando una titillazione molto più eccitante di quella del pene o di un dito. A Lilith sarebbe piaciuto trovarne una, e tenersela dentro giorno e notte.

MARIANNE

Mi chiamerò la madame di una casa di prostituzione letteraria, la madame di un gruppo di scrittori affamati che producevano letteratura erotica per venderla a un "collezionista". Io fui la prima a scrivere per lui, e ogni giorno davo il mio lavoro da battere a macchina a una giovane donna.

Questa ragazza, Marianne, era una pittrice, e batteva a macchina la sera per guadagnarsi da vivere. Aveva un alone di capelli d'oro, occhi azzurri, un viso rotondo, e seni sodi e pieni, ma tendeva a nascondere la ricchezza del suo corpo piuttosto che a sottolinearla, a camuffarla sotto vestiti informi da bohémien, giacche larghe, gonne da scolaretta, impermeabili. Veniva da una città di provincia e aveva letto Proust, Krafft-Ebing, Marx e Freud.

E, senza dubbio, aveva avuto molte avventure sessuali, ma ci sono avventure alle quali il corpo non partecipa veramente. Ingannava se stessa se pensava di aver sperimentato davvero una vita sessuale solo perché era andata a letto con degli uomini, li aveva accarezzati e aveva fatto tutti i gesti prescritti.

Era tutto esteriore. In realtà il suo corpo era rimasto ottuso, inarticolato, immaturo. Niente l'aveva toccata molto a fondo. Era ancora una vergine. Me ne accorsi al suo primo apparire. Marianne non voleva ammettere di essere fredda e frigida, più di quanto un guerriero ammetterebbe di aver paura. Ma era in analisi.

Quando le davo i miei racconti erotici da battere, non potevo far a meno di chiedermi che reazione avrebbero suscitato in lei. Accanto a un'audacia e a una curiosità intellettuali, c'era in lei una ritrosia fisica che cercava in tutti i modi di non tradire, ma che mi era stata rivelata per caso dalla scoperta che non faceva mai bagni di sole nuda e che il solo pensiero la imbarazzava.

Quel che ricordava con più insistenza era una serata con un uomo che l'aveva lasciata indifferente sulle prime e che, prima di andarsene dal suo appartamento, l'aveva schiacciata contro il muro, le aveva sollevato una gamba, e si era spinto dentro di lei. La strana parte della storia è che, al momento, non aveva provato alcun piacere, ma in seguito, ogni volta che le veniva in mente questa scena, si eccitava. Le sue gambe si rilassavano, avrebbe dato qualsiasi cosa per sentire ancora quel grande corpo premuto contro il suo, che la inchiodava alla parete, non le lasciava scampo, e poi la prendeva.

Un giorno era in ritardo nel consegnarmi il lavoro, così andai a casa sua e bussai alla porta. Non rispose nessuno, allora spinsi la porta che non era chiusa a chiave. Marianne doveva essere uscita per una commissione.

Andai alla macchina da scrivere per vedere come procedeva il lavoro e vidi un testo che non riconobbi. Pensai che forse stavo incominciando a dimenticare quello che scrivevo. Ma non poteva essere. Non l'avevo scritto io. Incominciai a leggere, e allora capii.

Nel bel mezzo del lavoro, a Marianne era venuta voglia di scrivere le sue esperienze personali. Questo è quel che aveva scritto:

"A volte leggiamo delle cose che ci fanno capire di colpo di non aver vissuto niente, provato niente, sperimentato niente fino a quel momento. Ora io mi rendo conto che la maggior parte di quel che mi è successo era un'esperienza clinica, anatomica. C'erano i sessi che si toccavano, si univano, ma senza nessuna scintilla, senza abbandono, senza emozioni. Come posso farcela? Come faccio a incominciare a *sentire*, a *sentire*? Voglio innamorarmi in modo che la sola vista di un uomo, anche a un isolato di distanza, mi faccia tremare, penetrandomi tutta, mi indebolisca, mi faccia sussultare addolcendomi e sciogliendomi qualcosa tra le gambe. È così che voglio innamorarmi, così totalmente che il solo pensiero di lui mi porti all'orgasmo.

"Questa mattina, mentre stavo dipingendo, hanno bussato alla porta, molto lievemente. Sono andata ad aprire e mi sono trovata di fronte un giovanotto piuttosto bello, ma timido, che mi è piaciuto immediatamente.

"È entrato silenziosamente nell'appartamento e non si è guardato intorno, ma senza togliermi gli occhi di dosso, quasi pregandomi, ha detto: 'Mi ha mandato un amico. So che lei è pittrice e vorrei che mi facesse un lavoro. Mi chiedo se lei potrebbe... lo farà?'

"Era impacciato nel parlare ed era arrossito. È come una donna, ho pensato.

"'Venga a sedersi,' gli ho detto, pensando di metterlo a suo agio. Allora ha notato i miei disegni e, vedendo che erano astratti, mi ha detto: 'Ma lei sa disegnare anche una figura dal vero, o no?'

"'Ma certo.' E gli ho mostrato i miei disegni.

"'Sono molto forti,' mi ha detto, rimanendo estasiato di fronte a uno dei miei studi di un atleta muscoloso.

"'Vuole un suo ritratto?'

"'Sì, certo... Sì e no. Voglio un ritratto e però è un ritratto un po' particolare quello che voglio. Non so se lei, be'... se acconsentirà.'

"'Acconsentirò a cosa?' gli ho chiesto.

"'Be',' ha rivelato alla fine, 'mi farebbe questo tipo di ritratto?' e mi ha messo sotto il naso l'atleta nudo.

"Evidentemente si aspettava da me una qualche reazione. Ma io sono così abituata alla nudità maschile alla scuola d'arte, che ho sorriso della sua timidezza. Pensavo che non ci fosse niente di strano nella sua richiesta, se non che per una volta era il modello a pagare il pittore. Era l'unica particolarità, e gliel'ho detto. Intanto, con il diritto di osservare che è concesso ai pittori, osservavo i suoi occhi violetti, la peluria dorata sulle mani, i capelli sottili sopra le orecchie. Aveva un'aria faunesca e un'evasività femminea che mi attiravano.

"A dispetto della sua timidezza, aveva un'aria sana e piuttosto aristocratica. Aveva mani morbide e agili, e un bel portamento. Mostrai un certo entusiasmo professionale che parve deliziarlo e incoraggiarlo.

"'Vuole incominciare subito?' mi chiese. 'Ho con me del denaro, e posso portare il resto domani.'

"Gli indicai un angolo della stanza dove c'era un paravento che nascondeva i miei vestiti e un lavandino. Ma egli rivolse verso di me i suoi occhi violetti e mi chiese con innocenza: 'Posso spogliarmi qui?'

"Mi sentii un po' impacciata, ma gli dissi di sì. Mi diedi da fare cercando la carta da disegno e il carboncino, spostando una seggiola, facendo la punta alla matita. Mi parve che fosse di una lentezza anormale nello spogliarsi e che volesse la mia attenzione. Gli lanciai un'occhiata aperta, come se stessi incominciando a studiarlo, col carboncino in mano.

"Si stava spogliando con una lentezza incredibile, come se fosse una splendida occupazione, un rituale. Una volta mi guardò dritto negli occhi e mi sorrise, mostrando i suoi bei denti regolari. La sua pelle era così delicata che si impregnava della luce che pioveva dalla grande finestra e la tratteneva come una stoffa di raso.

"A questo punto sentii il carboncino vivere tra le mie

mani, e pensai a come sarebbe stato piacevole tracciare le linee di quel corpo giovane, quasi come accarezzarlo. Si era tolto la giacca, la camicia, le scarpe e le calze. Rimanevano solo i pantaloni e li reggeva come una spogliarellista trattiene le pieghe del vestito, sempre guardandomi fisso. Non riuscivo ancora a capire il lampo di piacere che gli animava il viso.

"Poi si piegò leggermente, slacciò la cintura, e i pantaloni scivolarono a terra. Me lo trovai di fronte completamente nudo e in uno stato di ovvio eccitamento sessuale. Quando me ne accorsi ci fu un momento di suspense. Se protestavo, perdevo il mio onorario, del quale avevo assolutamente bisogno.

"Lo guardai negli occhi che parvero dirmi: 'Non arrabbiarti. Perdonami.'

"Così provai a disegnare, e fu una strana esperienza. Finché mi limitavo a tracciare la testa, il collo e le braccia, andava tutto bene, ma appena i miei occhi si posavano sul resto del suo corpo, potevo vederne l'effetto su di lui. Il suo sesso era percorso da un brivido quasi impercettibile. Ero quasi tentata di disegnare la sua protuberanza con la stessa impassibilità con cui gli modellavo un ginocchio. Ma la vergine diffidente in me era nei pasticci. Pensai che dovevo disegnare con lentezza e attenzione per vedere se la crisi passava, altrimenti avrebbe potuto sfogare la sua eccitazione su di me. Ma non c'era pericolo, il ragazzo non faceva una mossa. Era paralizzato e contento. Ero l'unica a esser turbata, e non sapevo perché.

"Quando ebbi finito, si rivestì con calma e riprese il pieno controllo di sé. Venne verso di me, mi strinse la mano educatamente e mi chiese: 'Posso venire domani alla stessa ora?'"

Il manoscritto terminava qui, e Marianne entrò sorridendo nell'appartamento.

"Non è una strana avventura?" mi chiese.

"Sì, e mi piacerebbe sapere cos'hai provato quando è andato via."

"Dopo," mi confessò, "sono stata io a rimanere eccitata per tutto il giorno al pensiero del suo corpo e del suo bellissimo cazzo duro. Ho riguardato i miei disegni, e a uno ho aggiunto l'immagine completa dell'episodio. In realtà ero tormentata dal desiderio. Ma a un uomo del genere interessa soltanto che io lo *guardi*."

Tutto ciò avrebbe potuto rimanere una semplice avventura, ma per Marianne diventò più importante. La vedevo sempre più ossessionata dal pensiero del giovane. Evidentemente, la seconda seduta aveva raddoppiato l'effetto della prima. Non venne detto niente e Marianne non tradì alcuna emozione. Dal canto suo, il giovane non confessò la condizione di piacere che gli provocava l'osservazione del suo corpo da parte di Marianne. Giorno dopo giorno, Marianne scopriva nuove meraviglie. Ogni dettaglio di quel corpo era perfetto. Se solo lui avesse manifestato anche il più piccolo interesse per il corpo di lei, ma non lo fece. E Marianne dimagriva e deperiva per il desiderio insoddisfatto.

Inoltre era turbata dal continuo lavoro di copiatura delle avventure di altri, perché ormai tutti quelli del nostro gruppo che scrivevano le davano i manoscritti perché ci si poteva fidare di lei. Ogni sera la piccola Marianne, col suo seno ricco e maturo, restava piegata sulla macchina da scrivere e batteva parole infuocate su violenti episodi di natura fisica. Certe cose la turbavano più di altre.

Le piaceva la violenza. Ecco perché la sua situazione con questo giovane era la più inconcepibile. Non riusciva a capacitarsi che lui potesse rimanere lì in piedi, in una condizione di eccitazione fisica, limitandosi a trarre piacere dal fatto che lei lo guardasse, come se stesse accarezzandolo.

Più lui si mostrava passivo e riservato, più le veniva voglia di fargli violenza. Sognava di violentarlo, ma come si fa a violentare un uomo? Visto che non riusciva a tentarlo con la sua presenza, cosa poteva escogitare perché lui la desiderasse?

Si augurava che si addormentasse, in modo da avere una possibilità di accarezzarlo, e che lui la prendesse mentre era ancora semicosciente e mezzo addormentato. Oppure sperava che entrasse nell'appartamento mentre lei si stava vestendo e che si eccitasse alla vista del suo corpo.

Una volta, mentre lo stava aspettando, provò a lasciare la porta socchiusa vestendosi lentamente, ma lui guardò da un'altra parte e prese in mano un libro.

L'unico modo per eccitarlo era guardarlo. E Marianne ormai era in preda a un desiderio parossistico. Il ritratto stava per finire e Marianne conosceva ogni parte del suo corpo, il colore della sua pelle, così chiara e dorata, tutte le forme dei suoi muscoli, e soprattutto il sesso costantemente eretto, liscio, tornito, duro, allettante.

Gli si avvicinò per mettergli dietro un pezzo di cartone bianco che proiettasse dei riflessi più chiari, o più ombre sul suo corpo. E alla fine perse il controllo e cadde in ginocchio davanti al suo sesso eretto. Non lo toccò, ma si limitò a guardarlo mormorando: "Come è bello!"

Questo ebbe su di lui un effetto palese. Tutto il suo sesso diventò più duro per il piacere. Era inginocchiata molto vicino al suo pene, che era quasi alla portata della sua bocca, ma di nuovo si limitò a dire: "Com'è bello!"

Visto che lui non si muoveva, Marianne si avvicinò, le sue labbra si aprirono leggermente, e con delicatezza infinita gli sfiorò la punta del sesso con la lingua. Egli non si spostò. Rimase a guardare il viso di Marianne e la sua lingua che usciva dalle labbra per toccarlo carezzevolmente sulla punta del sesso.

Lo leccò dolcemente, con la delicatezza di un gatto, poi ne prese in bocca una piccola parte e chiuse le labbra intorno a essa. Il pene vibrava.

Marianne si trattenne dal fare di più per paura di incontrare resistenza. E quando smise, lui non la incoraggiò a continuare. Parve contento e Marianne sentì che questo era tutto ciò che poteva chiedergli. Saltò in piedi e tornò al suo lavoro. Dentro di sé era in subbuglio. Le passavano davanti agli occhi immagini violente, le venivano in mente dei film pornografici che aveva visto una volta a Parigi, con figure che rotolavano sull'erba, con mani dappertutto, mutande bianche che venivano aperte da mani impazienti, carezze e ancora carezze, e un piacere che faceva contrarre e ondeggiare i corpi, che scorreva sulla pelle come acqua, facendoli dondolare quando le sue ondate si insinuavano nel ventre o nei fianchi, o correvano su per la spina dorsale, o lungo le gambe.

Ma si controllò con l'intuizione che una donna ha dell'uomo che desidera. Egli rimase incantato, col sesso eretto, il corpo a volte scosso da brividi leggeri, come se il piacere lo percorresse al ricordo della bocca di lei che si apriva per toccare il pene liscio.

Il giorno dopo questo episodio, Marianne ripeté la sua genuflessione adorante, e l'estasi alla vista della bellezza del sesso di lui. Di nuovo si inginocchiò e pregò questo strano fallo che chiedeva solo ammirazione. Di nuovo lo leccò con attenzione, con passione, facendo partire dal sesso scintille di piacere che risalivano lungo il corpo, di nuovo lo baciò, chiudendolo tra le labbra come un frutto meraviglioso, e di nuovo egli tremò. Poi, con suo gran stupore, sentì una gocciolina lattiginosa di una sostanza salata dissolversi nella sua bocca: preannunciava il desiderio e Marianne aumentò la pressione e i movimenti della lingua.

Quando lo vide completamente abbandonato al piacere, si interruppe, sperando che, se l'avesse lasciato in quello stato, avrebbe fatto qualcosa per soddisfarsi. Sulle prime il ragazzo non fece alcun movimento. Il suo sesso tremava ed egli era tormentato dal desiderio, poi all'improvviso Marianne rimase sconcertata nel vedere che si stava portando la mano al sesso come se stesse per soddisfarsi da solo.

Marianne si disperò. Allontanò la mano e prese di nuovo il sesso in bocca, lo circondò con tutte e due le mani, lo accarezzò e lo succhiò finché non venne.

Il giovane si piegò su di lei con gratitudine, con tenerezza, e mormorò: "Sei la prima donna, la prima donna, la prima donna..."

Fred si trasferì nel suo appartamento ma, come mi raccontò Marianne, non andò più in là dell'accettazione delle sue carezze. Stavano a letto, nudi, e Fred si comportava come se lei non avesse sesso. Riceveva i suoi tributi con frenesia, ma Marianne veniva lasciata con il desiderio insoddisfatto. Il massimo a cui si spingeva era di metterle le mani tra le gambe. Mentre lei lo accarezzava con la bocca, Fred le apriva il sesso come un fiore e cercava il pistillo. Quando ne sentiva le contrazioni, accarezzava volentieri l'apertura palpitante. Marianne era sensibile alle sue carezze, ma tuttavia non bastavano a soddisfare il suo desiderio per il corpo di lui, per il suo sesso, e Marianne moriva dalla voglia di essere posseduta da lui in modo più completo, di essere penetrata.

Le venne in mente di fargli vedere i manoscritti che doveva ribattere, pensando che questo potesse eccitarlo. Si sdraiarono sul letto e li lessero insieme. Fred leggeva ad alta voce, con piacere. Si dilungava sulle descrizioni. Lesse e rilesse, ma poi, per l'ennesima volta, si tolse i vestiti, si mise in mostra e per quanto grande fosse il suo desiderio, non fece niente di più.

Marianne voleva che andasse in analisi. Gli raccontò quanto l'avesse liberata la sua, di analisi. Lui l'ascoltò con interesse, ma si oppose all'idea. Allora lo incitò a scrivere, a esporre le sue esperienze.

All'inizio era intimidito e si vergognava. Poi, quasi di nascosto, incominciò a scrivere, nascondendo le pagine quando lei entrava nella stanza, usando una matita tutta smangiata, scrivendo come se si trattasse di una confessione criminale. Fu per caso che Marianne lesse quel che aveva scritto. Fred aveva bisogno assoluto di denaro. Aveva impegnato la sua macchina da scrivere, il cappotto, e l'orologio, e non c'era più niente da portare al banco dei pegni.

Non poteva chiedere a Marianne di prendersi cura di lui perché, per quanto lei si rovinasse gli occhi a furia di battere a macchina, lavorando fino a tarda ora, non guadagnava mai più di quanto era necessario per pagare l'affitto e comprare un po' di roba da mangiare. Così andò dal collezionista al quale Marianne consegnava i manoscritti e gli offrì il suo lavoro, scusandosi perché era scritto a mano. Il collezionista, trovandolo difficile da leggere, lo diede innocentemente a Marianne da battere a macchina.

Così Marianne si ritrovò tra le mani il manoscritto del suo amante. Lo lesse avidamente prima di batterlo, incapace di controllare la sua curiosità, alla ricerca del segreto della passività di Fred. Questo è quanto lesse:

"Il più delle volte la vita sessuale è un segreto. Tutti cospirano a renderlo tale. Persino i migliori amici non si raccontano i dettagli della loro vita sessuale. Qui con Marianne io vivo in una strana atmosfera, non facciamo che parlare, leggere e scrivere episodi di vita sessuale.

"Mi è venuto in mente un episodio che avevo completamente dimenticato. Avvenne quando avevo quindici anni ed ero ancora sessualmente innocente. La mia famiglia aveva preso un appartamento a Parigi con molte terrazze chiuse da porte-finestre. D'estate mi piaceva girare per la mia stanza completamente nudo. Una volta lo stavo facendo con le finestre aperte e mi accorsi che una donna mi stava osservando dalla parte opposta della strada.

"Era seduta sul suo balcone a guardarmi, senza una briciola di vergogna, e qualcosa mi spinse a fingere di non averla notata. Temevo che se avesse visto che mi ero accorto di lei se ne sarebbe andata.

"Essere osservato da lei mi dava uno straordinario piacere. Continuai a camminare o a sdraiarmi sul letto. Lei non si mosse mai. Ripetemmo questa scena ogni giorno per una settimana, ma il terzo giorno ebbi un'erezione.

"Se ne accorgeva stando al di là della strada, riusciva a vederlo? Incominciai a toccarmi, sentendo per tutto il tempo quanto la donna fosse attenta a ogni mio gesto. Ero immerso in una deliziosa eccitazione. Da dov'ero potevo vedere le sue forme generose. Guardai dritto verso di lei, giocando col mio sesso, e alla fine mi eccitai talmente che venni.

"La donna non smise mai di guardarmi. Mi avrebbe fatto un segno? La eccitava guardarmi? Probabilmente sì. Il giorno dopo attesi con ansia la sua comparsa. Uscì alla stessa ora, sedette sul balcone, e guardò verso di me. Da quella distanza non riuscivo a decidere se mi sorrideva o no. Mi sdraiai di nuovo sul mio letto.

"Non cercammo di incontrarci per strada, benché fossimo vicini di casa. Tutto quel che ricordo è il piacere che derivavo dai suoi sguardi, che nessun altro piacere ha mai eguagliato. Il solo ricordo di quell'episodio basta a eccitarmi. Marianne mi dà in qualche modo lo stesso piacere. Mi piace l'aria vogliosa con la quale mi guarda, ammirandomi, adorandomi."

Quando Marianne lesse questa storia, sentì che non avrebbe mai vinto la sua passività. Pianse un po', sentendosi tradita come donna. Ma ciononostante lo amava. Era sensibile, gentile, tenero. Non feriva mai i suoi sentimenti. Non era esattamente protettivo, ma fraterno, sensibile ai suoi umori. La trattava come l'artista della famiglia, rispettava i suoi quadri, le portava le tele, e voleva esserle utile.

Marianne faceva la supplente durante una delle lezioni di pittura e a Fred piaceva accompagnarla in classe la mattina, col pretesto di portarle i quadri. Ma ben presto Marianne si accorse che aveva un altro fine. Era appassionatamente interessato alle modelle. Non a loro personalmente, ma alla loro esperienza di posa. Voleva diventare anche lui un modello.

Marianne si ribellò a questo suo desiderio. Se Fred non avesse provato un piacere sessuale a essere guardato, non ci avrebbe fatto caso. Ma sapendo che per lui posare era come concedersi totalmente a tutta la classe, Marianne non lo tollerò. Cercò in tutti i modi di dissuaderlo.

Ma Fred era ossessionato dall'idea, e alla fine venne accettato. Quel giorno Marianne non andò alla lezione, rimase a casa e pianse come una donna gelosa che sa che l'amante è con un'altra donna.

Andò su tutte le furie e fece a pezzi i disegni che aveva fatto di lui, come per strapparsi la sua immagine dagli occhi, l'immagine del suo corpo dorato, liscio, perfetto. Anche se gli studenti erano indifferenti al modello, lui reagiva alle loro occhiate e Marianne non riusciva a sopportarlo.

Questo fatto incominciò a separarli. Sembrava che, più lei gli dava piacere, più lui soccombeva al suo vizio, perseguendolo incessantemente.

Ben presto divennero degli estranei. E Marianne venne di nuovo lasciata sola a battere a macchina racconti erotici.

LA DONNA VELATA

George una volta andò in un bar svedese che gli piaceva, e sedette a un tavolo a godersi una serata oziosa. Al tavolo accanto notò una coppia bella e molto raffinata: l'uomo affabile e vestito elegantemente, e la donna tutta in nero, con un velo sul viso splendente e dei gioielli multicolori e brillanti. Gli sorrisero entrambi. I due non si dicevano niente, come due vecchie conoscenze che non hanno bisogno di parlare.

Tutti e tre osservavano l'attività del bar: coppie che bevevano insieme, una donna che beveva da sola, un uomo in cerca di avventure, e tutti e tre sembravano pensare la stessa cosa.

Finalmente, l'uomo vestito elegantemente iniziò una conversazione con George, che ebbe così modo di osservare meglio la donna, trovandola ancora più bella. Ma, proprio quando George sperava che si unisse alla conversazione, la donna disse qualche parola al suo compagno, che George non riuscì ad afferrare, sorrise, e scivolò via. George era abbattuto, il suo gusto per la serata era sfumato. Inoltre aveva solo pochi dollari da spendere e non poteva invitare l'uomo a bere con lui per scoprire forse qualcosa di più sulla donna. Ma, sorprendentemente, fu l'altro a girarsi verso di lui per chiedergli: "Le andrebbe di bere qualcosa con me?"

George accettò. La conversazione, partita dalle esperienze

con gli alberghi del sud della Francia, si concluse con l'ammissione da parte di George di avere un bisogno estremo di denaro. L'altro rispose alludendo alla facilità di procurarselo, ma senza spiegare come. Questo spinse George a confessare un po' di più.

George aveva una debolezza in comune con molti uomini; quando si sentiva espansivo, gli piaceva raccontare i suoi exploit. E lo faceva con un linguaggio affascinante. Diede a intendere che, appena metteva piede per strada, gli si presentava qualche avventura, e non gli mancavano mai serate interessanti, o donne affascinanti.

Il suo interlocutore l'ascoltava sorridendo.

Quando George ebbe finito di parlare, l'uomo gli disse: "Questo è quello che mi aspettavo da lei dall'istante in cui l'ho vista. Lei è proprio l'uomo che sto cercando. Mi trovo di fronte a un problema di estrema delicatezza. Qualcosa di assolutamente unico. Non so se ha mai avuto a che fare con donne difficili, nevrotiche. No? Già, lo vedo dalle sue storie. A me invece capita. Si vede che le attiro. Proprio ora mi ritrovo in una situazione molto intricata e non riesco a immaginare come uscirne. Ho bisogno del suo aiuto. Ha detto che le serve del denaro; in questo caso potrei suggerirle un modo abbastanza piacevole di procurarselo. Mi ascolti attentamente. C'è una donna ricca, e assolutamente bella, senza il minimo difetto. Potrebbe essere amata devotamente da chiunque volesse, o potrebbe sposare chiunque le andasse a genio. Se non fosse per un perverso accidente della sua natura: le piace soltanto l'ignoto."

"Ma a tutti piace l'ignoto," disse George, pensando immediatamente a viaggi, a incontri inaspettati, a situazioni romanzesche.

"No, no, non nel modo che piace a lei. A lei interessa solo un uomo che non abbia mai visto prima e che non rivedrà mai. Per quest'uomo, è disposta a fare qualsiasi cosa."

George bruciava dalla voglia di chiedere se la donna in questione era quella che prima era seduta al tavolo con loro. Ma non si azzardò. L'uomo sembrava a disagio a raccontare quella storia, anche se vi era costretto. Egli continuò: "Io devo curarmi della felicità di questa donna. Farei qualsiasi cosa per lei. Ho consacrato la mia vita a soddisfare ogni suo capriccio."

"Capisco," disse George. "Potrebbe succedermi la stessa cosa con una donna simile."

"Ora," disse l'elegante straniero, "se vuole venire con me, potrebbe forse risolvere le sue difficoltà economiche per una settimana, e forse, incidentalmente, soddisfare il suo desiderio di avventura."

George arrossì di piacere. Lasciarono il bar insieme. L'uomo fermò un taxi, e in vettura diede cinquanta dollari a George. Poi gli disse che era obbligato a mettergli una benda sugli occhi perché non doveva vedere né la casa né la strada in cui andava, dato che non avrebbe ripetuto mai più questa esperienza.

George era in un tumulto di curiosità, ossessionato da immagini della donna che aveva visto al bar, di cui vedeva in ogni istante la bocca lucida e gli occhi ardenti sotto il velo. In particolare gli erano piaciuti i suoi capelli. Gli piacevano i capelli folti, che incorniciavano il viso, un fardello grazioso, profumato e ricco. Erano una delle sue passioni.

La corsa in taxi non fu molto lunga e George si arrese amabilmente a tutto il mistero. La benda gli venne tolta prima di uscire dal taxi, in modo da non attrarre l'attenzione del taxista e del portiere, ma lo straniero aveva contato a ragione sull'effetto abbagliante delle luci dell'ingresso per accecare completamente George, che infatti non riuscì a vedere altro che luci brillanti e specchi.

Venne condotto in uno dei più sontuosi interni che avesse mai visto: tutto bianco e coperto di specchi, con piante esotiche e mobili squisiti coperti di damasco e tappeti così soffici da assorbire il rumore dei loro passi. Venne condotto da una stanza all'altra, tutte in toni diversi, tutte con grandi specchi, tanto che finì col perdere il senso della prospettiva. Finalmente giunsero all'ultima stanza e George si lasciò sfuggire un lieve sospiro.

Si trovava in una camera da letto, con un letto a baldacchino su una pedana. C'erano pellicce sul pavimento e tende bianche e vaporose alle finestre, e ancora specchi, un'infinità di specchi. George fu felice di poter far fronte a tutte queste ripetizioni di se stesso, riproduzioni infinite di un uomo attraente, al quale il mistero della situazione aveva aggiunto un'aria intensa, d'attesa, mai sperimentata prima. Che voleva dire? Ma non ebbe il tempo di chiederselo.

Entrò nella stanza la donna del bar, e al suo apparire l'uomo che l'aveva portato fin lì scomparve.

S'era cambiata d'abito. Indossava uno splendido vestito di raso che le lasciava le spalle scoperte ed era sorretto da un volant. George ebbe l'impressione che sarebbe bastato un gesto a far scivolare a terra il vestito, a sfilarlo come una guaina luccicante, e che sotto sarebbe apparsa la pelle lucente, che brillava come raso ed era altrettanto morbida al tatto.

Dovette controllarsi. Non riusciva ancora a credere che questa donna stupenda si stesse offrendo proprio a lui, un perfetto sconosciuto.

Era anche intimidito. Che cosa si aspettava da lui? Di cosa andava in cerca? Quali erano i suoi desideri insoddisfatti?

Gli era concessa solo una notte per offrire tutti i suoi doni di amante. Poi, non l'avrebbe rivista mai più. Poteva succedergli di scoprire la chiave alla sua natura e possederla più di una volta? Si chiese quanti uomini fossero già venuti in quella stanza.

La donna era straordinariamente bella, con qualcosa della seta e del velluto. I suoi occhi erano scuri e umidi, la bocca brillante, la pelle piena di luce. Il suo corpo era perfettamente proporzionato, con le linee precise di una donna snella unite a una maturità provocante.

La vita sottile dava ai seni un risalto ancora più grande. La schiena era come quella di una ballerina, e ogni mossa sottolineava la ricchezza dei fianchi. Gli sorrise con la bocca socchiusa, soffice e piena. George le si avvicinò e posò la bocca sulle belle spalle nude. Niente avrebbe potuto essere più soffice della sua pelle. Com'era forte la tentazione di strapparle dalle spalle il fragile vestito e mettere a nudo i seni che spingevano sotto il raso! Com'era forte la tentazione di spogliarla immediatamente!

Ma George sentiva che questa donna non poteva essere trattata in modo così sommario, che ci volevano arti sottili. Mai prima d'allora aveva messo tanta attenzione e maestria in ogni singolo gesto. Sembrava deciso a fare di questo incontro un lungo assedio, e poiché la donna non dava segni di impazienza, indugiò ancora sulle sue spalle nude, inalando l'odore delicato e meraviglioso che emanava dal suo corpo.

Avrebbe potuto prenderla in quell'istante, tanto era potente il fascino che ella emanava, ma voleva prima un suo segno, la voleva vedere appassionata, non dolce e arrendevole come cera sotto le sue dita.

La donna sembrava incredibilmente calma, obbediente, ma priva di sentimenti. Non un fremito sulla sua pelle, e la bocca, benché socchiusa per baciare, non sembrava averne voglia.

Erano in piedi accanto al letto, in silenzio, George fece scivolare le mani lungo le curve seriche del suo corpo, come se volesse imparare a conoscerlo. La donna rimase impassibile. Pian piano, egli si inginocchiò continuando a baciarle e ad accarezzarle il corpo. Le sue dita sentirono che, sotto il vestito, la donna era nuda. La spinse leggermente sull'orlo del letto e la fece sedere. Le tolse le scarpe, le prese i piedi tra le mani.

La donna gli sorrise, in modo dolce e invitante. George le baciò i piedi e le sue mani corsero sotto le pieghe del vestito lungo, toccarono le gambe lisce fin su, sulle cosce.

La donna abbandonò i piedi nelle sue mani, premendoglieli ora contro il torace, mentre le mani di lui le correvano su e giù per le gambe sotto il vestito. Se aveva una pelle così morbida lungo le gambe, chissà cosa doveva essere vicino al sesso, là dove è sempre più delicata! Le cosce erano strette, ed egli non poté continuare a esplorare. Egli si alzò e si piegò su di lei per baciarla, distendendola sul letto. Sdraiandosi, la donna aprì leggermente le gambe.

George le percorse con le mani tutto il corpo, quasi a infiammarne ogni singola parte col suo tocco, accarezzandola di nuovo dalle spalle ai piedi, prima di cercare di infilarle una mano tra le gambe, ora più aperte, tanto che poteva quasi raggiungere il sesso.

I suoi baci le avevano scompigliato i capelli, e il vestito le era caduto dalle spalle scoprendo un poco i seni. Allora lo strappò via del tutto con la bocca, rivelando i seni che si era aspettato, invitanti, sodi, e dalla pelle squisita, con capezzoli rosei come quelli di un'adolescente.

La sua arrendevolezza gli fece quasi venir voglia di farle male, per riuscire a eccitarla in qualche modo. Le carezze riscaldavano lui, ma non lei. Il sesso della donna era fresco e morbido sotto le sue dita, obbediente, ma senza vibrazioni.

George incominciò a pensare che il mistero della donna consistesse nella sua incapacità di eccitarsi. Ma non era possibile. Il suo corpo prometteva una tale sensualità! La pelle era così sensibile, la bocca così piena. Era impossibile che non provasse niente. Ora l'accarezzava senza posa, come in un sogno, senza fretta, in attesa della scintilla che l'avrebbe infiammata.

Tutt'intorno c'erano specchi che rimandavano l'immagine della donna sdraiata sul letto, col vestito sotto il seno, i bei piedi nudi che penzolavano dal letto, le gambe leggermente aperte sotto il vestito.

Doveva strapparle il vestito, sdraiarsi sul letto accanto a lei, sentire tutto il corpo di lei contro il suo. Incominciò a tirarle giù il vestito e lei lo aiutò. Il corpo emerse come quello di Venere che esce dal mare. La sollevò in modo da farla sdraiare completamente sul letto, mentre la sua bocca non smetteva di baciare ogni parte di quel corpo.

Poi successe una cosa strana. Quando si piegò per posare gli occhi sulla bellezza del suo sesso, il suo colore rosato, la donna tremò, e George quasi gridò per la gioia.

Gli sussurrò: "Togliti i vestiti."

Egli si spogliò. Nudo, conosceva il suo potere. Si sentiva più a suo agio nudo che vestito perché era stato atleta, un nuotatore, un camminatore, un alpinista e sapeva che poteva piacerle.

La donna lo guardò.

Le era piaciuto? Era più pronta ad accoglierlo quando si piegò su di lei? Non poteva dirlo. Ormai la desiderava talmente, che non vedeva l'ora di toccarla con la punta del sesso, ma lei lo fermò. Voleva baciarglielo e accarezzarlo. E lo fece con tanta passione, che egli si trovò con le sue natiche piene vicino al viso e poté baciarla e accarezzarla a suo piacimento.

Ormai desiderava solo esplorare e toccare ogni angolo di quel corpo. Le aprì l'apertura del sesso con due dita e contemplò la pelle luminosa, il fluire delicato del suo umore mieloso, i peli che gli si arricciavano intorno alle dita. La sua bocca divenne sempre più avida, come se fosse ormai diventata essa stessa un organo sessuale, talmente capace di godersi la donna che, se avesse continuato ad accarezzarle la carne con la lingua, avrebbe forse raggiunto un piacere assolutamente sconosciuto. Mentre le mordeva la carne con questa deliziosa sensazione, sentì di nuovo in lei un tremito di piacere. Allora la allontanò dal suo sesso, per timore che potesse esaurire il suo piacere baciandolo soltanto, negandogli poi la gioia di immergersi nel suo ventre. Era come se entrambi fossero stati assaliti da un desiderio famelico per il sapore di carne. E ora le loro bocche si sciolsero l'una nell'altra, in cerca delle lingue guizzanti.

Ora anche la donna aveva il sangue infuocato. Pareva che, con la sua lentezza, George fosse finalmente riuscito a riscaldarla. Gli occhi le brillavano, la bocca non riusciva a staccarsi dal corpo di lui. E finalmente egli la prese e la donna gli si offerse aprendosi la vulva con le belle dita, come se non potesse più attendere. Ma anche allora sospesero il loro piacere, ed ella lo prese in sé racchiudendolo, in silenzio.

Poi indicò lo specchio e disse ridendo: "Guarda, sembra che non stiamo neanche facendo l'amore, sembra che sia solo seduta sulle tue ginocchia e tu, mascalzone, l'hai avuto dentro di me tutto il tempo, e stai persino tremando. Basta, non lo sopporto più, questo far finta di non aver niente dentro. Mi sta bruciando tutta. Muoviti ora, muoviti!"

Gli salì sopra in modo da poter ruotare intorno al suo pene eretto, derivando da questa danza erotica un piacere che la fece gridare. Allo stesso tempo un lampo d'estasi scoppiò nel corpo di George.

Nonostante l'intensità del loro amplesso, quando George se ne andò, la donna non volle sapere il suo nome, né gli chiese di tornare ancora. Gli diede un bacio leggero sulle labbra quasi dolenti, e lo congedò. Per mesi il ricordo di quella notte lo ossessionò e non riuscì a ripetere l'esperienza con nessun'altra donna.

Un giorno incontrò un amico che essendo stato lautamente pagato per alcuni articoli, lo invitò a bere. Questi raccontò a George la storia straordinaria di una scena alla quale aveva assistito. Stava spendendo abbondantemente in un bar, quando un signore distinto lo abbordò e gli propose il piacevole passatempo di osservare una magnifica scena d'amore. Dato che l'amico di George era un ostinato voyeur, accolse immediatamente la proposta. Era stato portato in una casa misteriosa, in un appartamento sontuoso, dove, nascosto in una stanza buia, aveva visto una ninfomane far l'amore con un uomo particolarmente dotato e potente.

A George si fermò il cuore nel petto. "Descrivimi la donna."

L'amico gli descrisse esattamente la donna con cui George aveva fatto l'amore, persino il vestito di raso. Descrisse anche il letto col baldacchino, gli specchi e tutto il resto. L'amico di George aveva pagato cento dollari per lo spettacolo, ma ne era valsa la pena, visto che era durato per ore.

Povero George. Per mesi diffidò delle donne. Non riusciva a credere a tanta perfidia, a una tale messa in scena. Incominciò a essere ossessionato dall'idea che le donne che lo invitavano nei loro appartamenti nascondessero qualche spettatore dietro a una tenda.

ELENA

Aspettando il treno per Montreux, Elena guardava la gente sul marciapiede. Ogni viaggio le suscitava la stessa curiosità, la stessa speranza che si prova a teatro prima che si alzi il sipario, la stessa ansiosa aspettativa.

Individuò vari uomini coi quali le sarebbe piaciuto parlare, chiedendosi se avrebbero preso il suo stesso treno, o se stavano soltanto salutando altri passeggeri. Aveva delle voglie vaghe, poetiche. Se le avessero chiesto brutalmente che cosa si aspettava, avrebbe probabilmente risposto: "*Le merveilleux.*" Era un desiderio che non le veniva da nessuna ragione precisa del corpo. Era vero quello che una persona aveva detto di lei dopo che aveva criticato uno scrittore appena conosciuto: "Tu non lo vedi com'è veramente, non riesci a vedere nessuno com'è veramente. Rimarrai sempre delusa, perché tu stai aspettando *qualcuno.*"

Stava aspettando qualcuno ogni volta che si apriva una porta, ogni volta che andava a una festa, a una riunione di gente, ogni volta che entrava in un caffè o a teatro.

Nessuno degli uomini che aveva individuato come compagni desiderabili salì sul treno, per cui aprì il libro che aveva con sé. Si trattava di *L'amante di Lady Chatterley.*

In seguito Elena di questo viaggio non ricordò altro che una deliziosa sensazione di grande calore corporeo, come se avesse bevuto una bottiglia intera del migliore Borgogna, e un senso di rabbia alla scoperta di un segreto che le pareva venisse tenuto criminalmente nascosto a tutti quanti. Innanzitutto scoprì di non aver mai provato le sensazioni descritte da Lawrence, in secondo luogo che proprio questa era la natura del suo desiderio. Ma c'era un'altra verità della quale non si rendeva perfettamente conto. C'era qualcosa che aveva creato in lei uno stato di perpetua difesa proprio contro le possibilità dell'esperienza, un impulso a fuggire che la strappava al piacere. Era arrivata fin sull'orlo molte volte, ma poi era scappata. Lei stessa era la prima da biasimare per quel che aveva perso, o ignorato.

La donna sommersa di Lawrence, che giaceva aggrovigliata dentro di lei, era stata finalmente scoperta, sensibilizzata, preparata, come da una moltitudine di carezze, all'arrivo di *qualcuno*.

A Caux emerse dal treno una nuova donna. Non era il posto in cui avrebbe voluto incominciare il suo viaggio. Caux era in cima a una montagna, un posto isolato che dava sul lago di Ginevra. Era primavera, la neve si stava sciogliendo e, mentre il trenino saliva ansimando su per la montagna, Elena provò un senso di irritazione per la sua lentezza, per i gesti lenti degli svizzeri, i movimenti lenti degli animali, il panorama statico, pesante, mentre il suo umore e i suoi sentimenti correvano come torrenti appena nati. Non aveva in mente di fermarsi a lungo. Si sarebbe riposata finché il suo nuovo libro fosse stato pronto per la pubblicazione.

Dalla stazione camminò verso uno chalet che sembrava una casa da fiaba, e la donna che venne ad aprire la porta sembrava una strega. Guardò Elena con occhi neri come il carbone e poi le chiese di entrare. A Elena parve che la casa fosse stata costruita apposta per lei, con porte e mobili più piccini del solito. Non era un'illusione, perché la donna si girò verso di lei e le disse: "Ho tagliato un po' le gambe dei miei tavoli e delle seggiole. Le piace la mia casa? Io la chiamo Casutza, che vuol dire 'casetta' in rumeno."

Elena inciampò in un ammasso di scarponi da neve, giacche a vento, cappelli di pelliccia, mantelle e bastoni vicino all'ingresso. Questa roba era straripata fuori dall'armadio e veniva lasciata lì sul pavimento. I piatti della prima colazione erano ancora sulla tavola.

Le scarpe della strega facevano un rumore di zoccoli di legno mentre saliva per le scale. Aveva una voce mascolina e un po' di peluria nera sopra il labbro, come i baffi di un adolescente. La sua voce era intensa e pesante.

Mostrò a Elena la sua stanza. Dava su una terrazza con dei divisori di bambù, che si estendeva per tutta la lunghezza della casa, dalla parte soleggiata, che guardava sul lago. Ben presto Elena si sdraiò al sole, benché temesse queste esposizioni ai raggi che la rendevano languida e ardentemente consapevole di tutto il suo corpo, che a volte accarezzava. Ora chiuse gli occhi e ripensò alle scene dell'*Amante di Lady Chatterley*.

Nei giorni seguenti fece lunghe passeggiate. Arrivava sempre in ritardo per il pranzo e Madame Kazimir la guardava infuriata senza rivolgerle la parola mentre la serviva. Ogni giorno veniva della gente a chiedere denaro per l'ipoteca sulla casa di Madame Kazimir e minacciavano di vendergliela. Era chiaro che se l'avessero privata della casa, del suo guscio protettivo, della sua corazza di tartaruga, sarebbe morta. Allo stesso tempo però, allontanava degli ospiti che non le piacevano e si rifiutava di accettare uomini.

Alla fine però si arrese di fronte a una famiglia: marito, moglie, e una bambina, che arrivarono una mattina dritti dalla stazione, attratti dall'aspetto fantastico di Casutza. Dopo non molto erano seduti sulla veranda, vicino a Elena, e facevano la prima colazione al sole.

Un giorno Elena incontrò l'uomo che camminava da solo verso la cima della montagna dietro allo chalet. Camminava in fretta e passandole accanto le sorrise, ma continuò alacremente come se fosse inseguito da una banda di nemici. Si era tolto la camicia per prendere più liberamente il sole, ed Elena vide un magnifico torso d'atleta già abbronzato. Aveva un viso giovanile, vivo, ma i capelli erano già grigi. I suoi occhi erano quasi disumani, con lo sguardo fisso e ipnotico del domatore di animali, con qualcosa di autoritario e violento. Elena aveva visto un'espressione del genere sulla faccia dei ruffiani che se ne stavano agli angoli di Montmartre, con i loro berretti e le sciarpe multicolori.

A parte gli occhi, l'uomo aveva un'aria aristocratica. I suoi movimenti erano giovani e innocenti. Camminando ondeggiava come se fosse un po' ubriaco. Tutta la sua forza si concentrò nello sguardo che lanciò a Elena, ma poi sorrise in modo innocente, rilassato, e proseguì. Elena si bloccò di fronte a quell'occhiata, e quasi si arrabbiò per la sua audacia. Ma il sorriso giovane dissolse l'effetto pungente degli occhi e la lasciò con una sensazione che non riusciva a chiarire. Elena tornò indietro.

Quando arrivò a Casutza si sentiva a disagio. Voleva andarsene. Il desiderio di fuga stava trionfando, e proprio questo le diede la sensazione del pericolo. Pensò di tornare a Parigi, ma alla fine rimase.

Un giorno, il pianoforte che stava incominciando ad ammuffire nel silenzio al piano di sotto, riempì la casa di musica. Le note leggermente stonate producevano l'effetto delle pianole nei baretti dimessi. Elena sorrise. Lo sconosciuto si stava divertendo. In realtà suonava forzando la natura del piano, conferendogli un suono piuttosto estraneo alla sua banalità borghese, per niente simile alle note strimpellate prima sullo strumento da ragazzette svizzere dalle lunghe trecce.

La casa divenne improvvisamente gaia e a Elena venne voglia di ballare. Il piano si interruppe, ma non prima di averla caricata come un pupazzo meccanico. Da sola, sulla veranda, piroettò come una trottola. Inaspettatamente, udì la voce di un uomo che le diceva: "Dopo tutto c'è della gente viva in questa casa!" e rise.

L'uomo la stava guardando tranquillamente attraverso il divisorio di bambù, ed Elena vide la sua figura appoggiata alle canne come la sagoma di un animale imprigionato.

"Vuol venire a fare una passeggiata?" le chiese l'uomo. "Penso che questo posto sia una tomba. È la Casa dei Morti, e Madame Kazimir è il Gran Pietrificatore, che ci trasformerà in stalattiti. Ci sarà concessa una lacrima all'ora, che goccio-lerà dal soffitto di qualche caverna, lacrime di stalattite."

Così Elena e il suo vicino si incamminarono. La prima cosa che lui le disse fu: "Lei ha l'abitudine di tornare indie-tro, incomincia a camminare e poi torna indietro, e non va per niente bene. È il primo dei crimini contro la vita. Io cre-do nell'audacia."

"La gente esprime l'audacia in diversi modi," rispose Elena. "Di solito io torno indietro, come dice lei, e torno a casa a scrivere un libro che diventa l'ossessione dei censori."

"Questo è un cattivo impiego di una forza naturale," disse l'uomo.

"Sì, ma poi," disse Elena, "uso il mio libro come dinami-te, lo metto dove voglio che si verifichi l'esplosione e poi mi apro la strada con lui."

Mentre diceva queste parole, si verificò un'esplosione da qualche parte sulla montagna, dove stavano costruendo una strada, ed entrambi risero per la coincidenza.

"Così lei è una scrittrice," disse lui. "Io sono un uomo di molti mestieri, pittore, scrittore, musicista, vagabondo. La moglie e la figlia le ho affittate temporaneamente, per amore delle apparenze. Sono stato costretto a usare il passaporto di un amico, e questo amico è stato costretto a prestarmi moglie e figlia. Senza di loro non sarei arrivato qui. Ho il dono di irritare la polizia francese. Non ho assassinato la mia portinaia, anche se avrei dovuto farlo, visto che mi ha provocato abbastanza spesso. Mi sono limitato, come altri rivoluzionari a parole, a esaltare la rivoluzione a voce troppo alta e per troppe sere allo stesso caffè – e un poliziotto in borghese era uno dei miei seguaci più ardenti, bel seguace davvero! I discorsi migliori li faccio sempre quando sono ubriaco.

"Lei non c'era mai," continuò l'uomo, "lei non va mai ai caffè. La donna più attraente è quella che non riusciamo mai a trovare in un caffè affollato, quando la cerchiamo, è quella a cui si deve dare la caccia, e scovare sotto i travestimenti delle sue storie."

I suoi occhi, sorridenti, non la lasciarono per un solo momento mentre parlava. Erano fissi su di lei e conoscevano perfettamente le sue evasioni e la sua elusività, e agivano su di lei come un catalizzatore, radicandola al punto in cui stava, col vento che le sollevava la gonna come quella di una ballerina, e le gonfiava i capelli, come se stesse per prendere il mare a vele spiegate. Lo sconosciuto si rendeva conto della sua capacità di diventare invisibile, ma la sua forza era più potente, e poteva tenerla radicata lì finché voleva. Solo quando lui girò la testa Elena fu di nuovo libera. Ma non era libera di sfuggirgli.

Dopo tre ore di passeggiata, si lasciarono cadere su un letto di aghi di pino, in vista di uno chalet. Una pianola stava suonando.

Lui le disse sorridendo: "Sarebbe un posto magnifico per passarci un giorno e una notte. Le piacerebbe?"

La lasciò fumare tranquillamente, sdraiata sugli aghi di pino. Elena non rispose. Gli sorrise.

Poi camminarono fino allo chalet e chiesero la cena e una stanza. La cena doveva essere servita in camera. Diede gli ordini con chiarezza, senza lasciare dubbi su quel che voleva. La sua decisione nelle piccole cose le diede la sensazione che l'uomo fosse in grado di spazzar via ogni ostacolo tra sé e i suoi desideri più grandi.

Non le venne la tentazione di tirarsi indietro e di sfuggirgli. Stava nascendo in lei un senso di esaltazione misto alla speranza di raggiungere quell'apice di emozione che l'avrebbe fatta uscire da sé per sempre, che l'avrebbe consegnata nelle mani di uno sconosciuto. Non sapeva neppure il nome dell'uomo, né lui il suo. La nudità dei suoi occhi su di lei era come una penetrazione. Salì le scale tremando.

Quando si trovarono da soli nella stanza, con un letto immenso pesantemente intarsiato, Elena uscì sul balcone, e lui la seguì. Sentì che il gesto che lui avrebbe fatto sarebbe stato di possesso, un gesto a cui non si poteva sfuggire. Attese, ma quel che accadde non se l'era aspettato.

Non era lei che esitava, ma quell'uomo, la cui forza autoritaria l'aveva portata fin lì. Le stava di fronte improvvisamente fiacco, goffo, con lo sguardo impacciato. Con un sorriso disarmante le disse: "Lo sai, vero, che sei la prima donna vera che abbia mai conosciuto, la prima che io possa amare. Ti ho forzato a venire qui, ma ora voglio essere sicuro che tu vuoi essere qui. Io..."

Alla rivelazione della sua timidezza, Elena fu immensamente commossa, e provò per lui una tenerezza che non aveva mai conosciuto. La sua forza si inchinava davanti a lei, esitava davanti alla realizzazione del sogno che era nato tra loro. La tenerezza la invase, e fu lei ad avanzare verso di lui e a offrirgli la bocca.

E allora lui la baciò, con le mani sul suo seno. Elena sentì i suoi denti, sulla gola, dove palpitavano le vene, mentre lui la baciava tenendole le mani intorno al collo come se volesse staccarle la testa dal resto del corpo. Elena fu invasa dal desiderio di essere posseduta interamente. Lui la svestì baciandola e gli abiti le caddero intorno, mentre stavano in piedi a baciarsi. Poi, senza guardarla, la portò sul letto, con la bocca ancora contro il suo viso, la gola, i capelli.

Le sue carezze erano strane, a volte dolci e struggenti, a

volte appassionate, violente, come lei le aveva immaginate quando i suoi occhi l'avevano fissata, le carezze di un animale selvatico. C'era qualcosa di animalesco in quelle mani che percorrevano tutto il suo corpo, che le afferravano sesso e peli insieme, come se volessero strapparglieli a forza dal corpo, come stessero afferrando una manciata di terra e d'erba insieme.

Chiudendo gli occhi, Elena aveva la sensazione che lui avesse molte mani, che la toccavano ovunque, e molte bocche, che scivolavano veloci su di lei, con denti aguzzi come quelli di un lupo che affondavano nelle parti più carnose del suo corpo. Ora nudo, egli si sdraiò in tutta la sua lunghezza sopra di lei, ed Elena gioì nel sentirsi il suo peso addosso, nel sentirsi schiacciata sotto di lui. Voleva congiungersi a lui dalla testa ai piedi, il corpo tutto percorso dai brividi. Di quando in quando lui le sussurrava qualcosa, le diceva di alzare le gambe, come non aveva mai fatto, fino a toccare il mento con le ginocchia; in un bisbiglio le diceva di girarsi, e le allargava le natiche con tutte e due le mani. Riposò dentro di lei, si sdraiò di nuovo e attese.

Allora lei si ritrasse, si sollevò un poco, coi capelli scomposti e gli occhi drogati, e, attraverso una leggera nebbia, lo vide sdraiato sul dorso. Scivolò sul letto, finché la bocca non incontrò il suo pene. Allora incominciò a baciarlo tutt'intorno, ed egli sospirò. Il pene aveva piccole scosse a ogni bacio. Lui la guardava, le aveva messo una mano sulla testa e la spingeva all'ingiù, così che la sua bocca cadesse sul pene. Le tenne la mano sulla testa mentre Elena la muoveva su e giù, poi la lasciò cadere, con un sospiro di piacere quasi intollerabile, la lasciò cadere sul ventre, e giacque a occhi chiusi, assaporando la gioia di lei.

Elena non poteva guardarlo come la guardava lui, perché aveva gli occhi offuscati dalla violenza delle sensazioni. Quando lo guardava si sentiva attratta magneticamente verso di lui, costretta a toccare la sua carne, con la bocca o con le mani, o con tutto il corpo. Gli si strofinava contro con tutto il corpo, con una sensualità animalesca, godendo dell'attrito. Poi giacque sul fianco toccandogli la bocca, come se la stesse modellando e rimodellando, come una cieca che vuol scoprire il taglio delle labbra, del naso, degli occhi, per accertarne la forma, per sentirne la pelle, che vuol scoprire la lunghezza e il volume dei capelli, la loro attaccatura dietro alle orecchie. Le sue dita lo toccavano leggere, poi divenivano frenetiche, premevano a fondo nella carne, fin quasi a fargli male, come per assicurarsi con violenza della sua realtà.

Queste erano le sensazioni esterne dei corpi che si scoprivano a vicenda. Dopo tanto toccarsi, erano come drogati. I loro gesti erano lenti e sognanti, le loro mani pesanti. La bocca di lui sempre dischiusa.

Quanto miele fluiva dal corpo di lei! Egli vi immerse le dita, poi il sesso, poi la girò per farla giacere su di sé con le gambe attaccate alle sue, e mentre la prendeva poteva vedersi entrare in lei, e anche Elena poteva vederlo. Videro i loro corpi ondeggiare all'unisono, in cerca del piacere. Lui l'aspettava, osservando i suoi movimenti.

Vedendo che lei non affrettava i suoi movimenti, le fece cambiare posizione, mettendola sotto di sé. Si accosciò su di lei per prenderla con più forza, toccandola fino in fondo all'utero, toccando senza posa quelle pareti di carne, e allora Elena sentì risvegliarsi nuove cellule dentro al ventre, nuove dita, nuove bocche, che reagivano al suo entrare e si univano al movimento ritmico rendendo sempre più esaltante questo suo succhiarlo, come se lo sfregamento avesse risvegliato nuovi strati di godimento. Elena si mosse più in fretta per giungere all'orgasmo e, quando lui se ne accorse, affrettò i suoi movimenti dentro di lei e la incitò a venire con lui, con le parole, con le mani che l'accarezzavano, e infine con la bocca chiusa sulla sua, con le lingue che si muovevano con lo stesso ritmo della vagina e del pene, e l'orgasmo la invase dalla bocca al sesso, in correnti incrociate di un piacere che crebbe fino a farla urlare, con singhiozzi e risa, con il corpo straripante di gioia.

Quando Elena tornò a Casutza, Madame Kazimir si rifiutò di parlarle. Si portava dietro la sua tempestosa condanna in silenzio, ma con tanta intensità che era palpabile per tutta la casa.

Elena rimandò il ritorno a Parigi. Pierre non poteva tornare, ma si incontravano ogni giorno, stando a volte fuori da Casutza per tutta la notte. Il sogno continuò ininterrotto per dieci giorni, finché non venne una donna a cercare Pierre. Successe una sera in cui Elena e Pierre erano via. La ricevette la moglie e si chiusero in stanza insieme. Madame Kazimir cercò di sentire quel che dicevano, ma le donne videro la sua testa da una delle finestrelle.

La donna era russa. Era bella in modo insolito, con occhi violetti e capelli scuri e lineamenti di taglio egizio. Non parlava molto ed era molto turbata. Quando Pierre arrivò il mattino dopo, la trovò lì. Ne fu evidentemente sorpreso, ed Elena fu presa da un'inspiegabile ansietà. Ebbe immediatamente paura della donna, sentì il pericolo che minacciava il suo amore. Eppure, quando Pierre venne a trovarla più tardi, le spiegò tutto in termini di lavoro. La donna era stata inviata con degli ordini. Pierre doveva spostarsi, gli era stato affidato un lavoro a Ginevra. Era stato salvato dalle complicazioni di Parigi con l'intesa che da quel momento in avanti avrebbe dovuto obbedire agli ordini. Non disse a Elena: "Vieni con me a Ginevra," anche se lei non aspettava che queste parole.

"Quanto starai via?"

"Non lo so."

"Vai con...?" Non riusciva neppure a ripeterne il nome.

"Sì, è compito suo."

"Se non ti rivedrò più, Pierre, dimmi almeno la verità."

Ma né la sua espressione, né le sue parole, parvero venire dall'uomo che aveva conosciuto così intimamente. Sembrava che le stesse dicendo quel che gli avevano detto di dire, niente di più. Aveva perso tutta la sua autorità personale. Parlava come se qualcun altro lo stesse ascoltando. Elena taceva, allora Pierre le si avvicinò e le sussurrò: "Non sono innamorato di nessuna donna, non lo sono mai stato. Sono innamorato del mio lavoro, e con te ho corso un grosso rischio. Perché ci potevamo parlare, perché eravamo così vicini, in molti modi... sono stato con te troppo a lungo. Stavo dimenticando il mio lavoro."

Elena avrebbe ripetuto a se stessa queste parole tante e tante volte. E ricordava il suo viso mentre le parlava, con gli occhi non più fissi su di lei con una concentrazione ossessiva, ma come quelli di un uomo che sta obbedendo a degli ordini, e non alle leggi del desiderio e dell'amore.

Pierre, che più di ogni altro essere umano era riuscito a strapparla dalle caverne della sua vita segreta e protetta, ora la ricacciava nei recessi più profondi della paura e del dubbio. La caduta fu la più terribile che avesse mai sperimentato, perché si era avventurata così lontano nell'emozione e vi si era del tutto abbandonata.

Non mise mai in discussione le parole di Pierre, né prese in considerazione l'idea di seguirlo. Lasciò Casutza prima di lui. Sul treno ricordò il suo viso com'era stato, aperto, imperioso, e tuttavia vulnerabile, arrendevole anche.

L'aspetto più terrificante di tutta l'esperienza era che non riusciva più a ritrarsi come prima, a chiuder fuori il mondo e diventare sorda, cieca, per immergersi in qualche fantasia forzata, come aveva fatto da ragazza, per rimpiazzare la realtà. Era ossessionata dalle preoccupazioni per la sicurezza di lui, dall'ansia per la vita pericolosa che conduceva; si accorse che l'aveva penetrata non solo nel corpo, ma nel suo stesso essere. Ogni volta che ripensava alla sua pelle, ai suoi capelli che il sole aveva striato di riflessi dorati, ai suoi fermi occhi verdi, che si socchiudevano solo nel momento in cui si piegava su di lei per prenderle la bocca tra le labbra forti, la sua carne fremeva, ancora sensibile al ricordo, ed era una tortura.

Dopo ore di dolore così vivo e forte da farle temere che l'avrebbero sconvolta per sempre, cadde in uno strano stato letargico, di dormiveglia. Era come se qualcosa si fosse spezzato dentro di lei. Cessò di sentire dolore e piacere. Era diventata insensibile. Il viaggio divenne irreale. Il suo corpo era morto di nuovo.

Dopo otto anni di separazione, Miguel era venuto a Parigi. Miguel era tornato, ma per Elena non era motivo di alcuna gioia o sollievo, perché era il simbolo stesso della sua prima sconfitta. Miguel era stato il suo primo amore.

La prima volta che l'aveva incontrato erano solo bambini, due cugini persi in un grande pranzo di famiglia, fra molti cugini, zie e zii. Miguel era stato attratto verso Elena magneticamente, la seguiva come un'ombra, ascoltando ogni sua parola, parole che nessuno poteva udire, tanto la sua voce era esile e trasparente.

Da quel giorno prese a scriverle delle lettere e andò a trovarla di quando in quando durante le vacanze scolastiche. Era un attaccamento romantico, in cui ciascuno dei due vedeva l'altro come l'incarnazione di una leggenda, di un racconto, o di un romanzo che avevano letto. Elena era tutte le eroine, Miguel tutti gli eroi.

Quando si incontravano, erano avvolti da un'aura tale di irrealtà, che non riuscivano neppure a toccarsi. Non si prendevano neanche per mano. Erano esaltati dalla presenza reciproca, si levavano in volo insieme, erano presi dalle stesse sensazioni. Lei fu la prima a provare un'emozione più profonda.

Andarono insieme a un ballo, ignari della propria bellezza. Altri invece se ne resero conto. Elena vide tutte le altre ragazze guardare Miguel e cercare di attirare la sua attenzione.

Allora lo vide oggettivamente, al di fuori della calda devozione di cui l'aveva circondato. Era a pochi metri da lei, un giovane molto alto e flessuoso, dai movimenti sciolti, aggraziati e forti, coi muscoli e i nervi simili a quelli di un leopardo, con un'andatura felina e pronta a scattare. I suoi occhi erano verde foglia, fluidi, la pelle luminosa, con un misterioso splendore solare a irrorarla, come quella di alcuni animali marini fosforescenti. La sua bocca era piena, fatta per la sensualità e scopriva denti perfetti, di animale da preda.

E per la prima volta anche lui la vide al di fuori della leggenda in cui l'aveva immersa, la vide corteggiata da tutti gli uomini, con il corpo instancabile, sempre in movimento, leggero, flessibile, quasi evanescente, allettante. La qualità che spingeva tutti a darle la caccia era qualcosa di squisitamente sensuale in lei, vivo, sanguigno; la sua bocca piena era resa ancor più vivida dalla delicatezza del suo corpo, che si muoveva con la fragilità del tulle.

Quella bocca, incastonata in un viso ultraterreno, quelle labbra dalle quali usciva un suono che andava dritto all'anima, attiravano tanto Miguel, che egli non la lasciò ballare con altri ragazzi. Però nessuna parte del suo corpo la sfiorava, salvo quando ballavano. Gli occhi di Elena lo trascinavano dentro di lei, in mondi in cui era intorpidito, drogato.

Ma Elena, ballando con lui, era divenuta consapevole del proprio corpo, come se improvvisamente si fosse incarnato, una carne accesa, in cui ogni movimento della danza scatenava una fiamma. Voleva protendersi verso di lui, verso la carne della sua bocca, e abbandonarsi a un'ebrezza misteriosa.

L'ebrezza di Miguel era di altra natura. Si comportava come se fosse sedotto da una creatura irreale, da una fantasia. Il suo corpo era morto per lei. Più le si avvicinava, più sentiva il tabù che la circondava, e rimaneva impalato come di fronte a un'immagine sacra. Appena si trovava in sua presenza, soccombeva a una specie di castrazione.

Appena il corpo di lei si scaldava per la sua vicinanza, non riusciva a dire altro che il suo nome: "Elena!" Poi le braccia, le gambe e il sesso gli si paralizzavano talmente, che doveva smettere di ballare. Quello di cui era consapevole, quando pronunciava il nome di lei, era sua madre, sua madre come l'aveva vista quando era piccolo; cioè una donna più grande di altre, immensa, abbondante, con le curve della maternità che straripavano dai larghi vestiti bianchi, coi seni ai quali era rimasto attaccato a succhiare il latte anche dopo l'età necessaria, fino al momento in cui era divenuto consapevole del grande mistero oscuro della carne.

Così, ogni volta che vedeva i seni di una donna grande e piena che gli ricordava la madre provava il desiderio di succhiarli, di masticarli, di morderli, di ferirli quasi, di premerseli contro il viso, di soffocare sotto la loro pienezza traboccante, di riempirsi la bocca coi capezzoli, ma non sentiva il desiderio di possedere con la penetrazione sessuale.

Elena invece, quando la incontrò per la prima volta, aveva i seni piccoli di una ragazza di quindici anni, che suscitavano in Miguel un certo disprezzo. Non aveva nessuno degli attributi erotici di sua madre. Non gli venne mai la tentazione di spogliarla, non riusciva a figurarsela come una donna. Era un'immagine, come i santi delle immaginette, le raffigurazioni di donne eroiche nei libri, i ritratti di donne.

Solo le puttane avevano organi sessuali. Miguel aveva visto donne di tal fatta quand'era ragazzino, e i fratelli più vecchi se l'eran portato appresso al bordello. Mentre i fratelli prendevano le donne, lui ne accarezzava i seni. Se ne riempiva la bocca, golosamente. Ma aveva paura di quel che vedeva tra le loro gambe, che gli pareva una grande bocca umida e famelica. Sentiva che non sarebbe mai riuscito a soddisfarla. Aveva paura di quell'apertura allettante, con le labbra turgide sotto le dita che le sfregavano, il liquido che ne usciva come dalla bocca di una persona affamata. Questa fame di donna se la immaginava tremenda, vorace, insaziabile. Gli pareva che il pene sarebbe stato inghiottito per sempre. Le puttane che gli capitò di vedere avevano grossi sessi, dalle labbra grandi e coriacee, e grossi culi.

A chi poteva rivolgersi dunque il desiderio di Miguel? Non gli restavano che i ragazzi, ragazzi senza aperture ingorde, ragazzi con sessi come il suo, che non lo spaventavano e di cui poteva soddisfare il desiderio.

Così, la sera in cui Elena aveva provato quella scintilla di desiderio e di calore dentro al corpo, Miguel aveva scoperto la soluzione intermedia, ovvero un ragazzo che poteva eccitarlo senza tabù, paure o dubbi.

Elena, assolutamente ignara dell'amore tra ragazzi, andò a casa e pianse tutta la notte per il distacco mostrato da Miguel. Non era mai stata più bella; sentiva il suo amore e la sua adorazione. Ma allora, perché non la toccava? La danza li aveva uniti, ma lui non s'era infiammato. Cosa significava? Che tipo di mistero era questo? Perché era geloso quando altri le si avvicinavano? Perché aveva tenuto d'occhio gli altri ragazzi che volevano ballare con lei? Perché non le toccava neppure la mano?

Eppure lui la ossessionava, ed era ossessionato da lei. La sua immagine predominava su tutte le altre donne. La sua poesia era per lei, e anche le sue creazioni, le sue invenzioni, la sua anima. Solo l'atto sessuale si verificava lontano da lei. Quanta sofferenza le sarebbe stata risparmiata se lo avesse saputo, se l'avesse capito. Era troppo delicata per fargli delle domande apertamente, e lui si vergognava troppo a scoprirsi.

E ora Miguel era qui, con un passato noto a tutti quanti, una lunga fila di relazioni amorose con dei ragazzi, mai durature. Era sempre a caccia, sempre insoddisfatto. Miguel con lo stesso fascino, solo intensificato, rafforzato.

Elena sentì ancora il suo distacco, la distanza tra di loro. Non le prendeva neppure il braccio, abbronzato e liscio nel sole estivo di Parigi. Ammirava tutto quel che lei indossava, i suoi anelli, i bracciali tintinnanti, il vestito, i sandali, ma senza toccarla.

Miguel era in analisi da un famoso psicoanalista francese. Ogni volta che si muoveva, che amava, che prendeva qualcuno, gli pareva che i nodi della sua vita gli si stringessero di più intorno alla gola. Voleva la liberazione, la liberazione di vivere apertamente la sua anormalità, e questo non avveniva. Ogni volta che amava un ragazzo, lo faceva con la sensazione di commettere un crimine. E le conseguenze erano i sensi di colpa. E allora cercava di espiare con la sofferenza.

Ora poteva parlarne e, senza vergogna, rivelò a Elena tutta la sua vita. Questo non le causò alcun dolore, le risolse anzi i dubbi che nutriva su se stessa. Miguel, non comprendendo la propria natura, sulle prime aveva dato la colpa a lei, l'aveva oppressa col fardello della sua frigidità verso le donne. Le aveva detto che dipendeva dal fatto che lei era intelligente, e le donne intelligenti mescolavano letteratura e poesia con l'amore, il che lo paralizzava; e poi perché era positiva, mascolina in alcuni aspetti, e questo lo intimidiva. A quell'epoca Elena era così giovane che aveva accettato senza discussione tutto questo ed era giunta a credere che le donne snelle, intellettuali e positive fossero poco desiderabili.

Miguel le diceva: "Se solo tu fossi molto passiva, molto obbediente, molto inerte, io potrei desiderarti. Ma in te sento sempre un vulcano che sta per esplodere, un vulcano di passione, che mi spaventa." Oppure: "Se tu fossi solo una puttana, e io potessi credere che non sei troppo esigente, o critica, potrei desiderarti. Invece so che sentirei la tua testa intelligente pronta a disprezzarmi se fallisco, se, per esempio, divento improvvisamente impotente."

Povera Elena, per anni aveva trascurato gli uomini che la

desideravano. Poiché Miguel era l'unico che voleva sedurre, le pareva che solo lui potesse confermarle il suo potere.

Miguel, nel suo bisogno di confidarsi con qualcun altro oltre l'analista, presentò a Elena il suo amante, Donald. Non appena Elena vide Donald, non poté fare a meno di amarlo, come avrebbe amato un bambino, un *enfant terrible*, perverso e astuto.

Era bellissimo. Aveva un corpo egizio slanciato, capelli scomposti come quelli di un bambino che ha corso. A volte la dolcezza dei suoi gesti lo faceva sembrare piccolo, ma quando si alzava, stilizzato, con le sue linee pure, teso, sembrava alto. I suoi occhi erano come incantati, e parlava incantato, come un medium.

Elena era così attratta da lui, che incominciò a piacerle in modo sottile e misterioso l'atto d'amore che Miguel consumava con lui – al posto suo. Donald come una donna, amata da Miguel, che corteggiava il suo fascino giovane, le sue lunghe ciglia, il suo naso piccolo e dritto, le sue orecchie da fauno, le sue mani forti, da ragazzo.

Riconosceva in Donald un fratello gemello, che usava le sue parole, le sue stesse civetterie, i suoi artifizi. Era ossessionato dalle stesse parole e dalle stesse sensazioni che ossessionavano lei. Parlava continuamente del suo desiderio di essere consumato totalmente dall'amore, del suo desiderio di rinuncia e di protezione degli altri. Era come sentir parlare se stessa. Miguel si rendeva conto che stava amando un gemello di Elena, un'Elena nel corpo di un ragazzo?

Quando Miguel li lasciò al bar da soli per un momento, si guardarono e si riconobbero. Senza Miguel, Donald non era più una donna. Si raddrizzò, la guardò senza esitazione, e le raccontò della sua ricerca di intensità e di tensione, dicendo che Miguel non era il padre che cercava, Miguel era troppo giovane, era un bambino anche lui. Miguel voleva offrirgli un paradiso da qualche parte, una spiaggia dove potessero far l'amore liberamente, abbracciarsi giorno e notte, un paradiso di carezze e di passione. Ma lui, Donald, cercava qualcos'altro. A lui piacevano gli inferi dell'amore, l'amore mischiato a grandi sofferenze e a grandi ostacoli. Voleva uccidere mostri e abbattere nemici e combattere come un Don Chisciotte.

Mentre parlava di Miguel, gli si dipingeva in viso la stessa espressione che hanno le donne quando hanno sedotto un uomo, un'espressione di vana soddisfazione. Una celebrazione interiore, trionfante e incontrollabile, del proprio potere.

Ogni volta che Miguel li lasciava soli per un momento, Donald ed Elena erano acutamente consapevoli del legame di somiglianza che li univa, e di una maliziosa cospirazione femminile per incantare, sedurre, e vittimizzare Miguel.

Con un'occhiata maliziosa, Donald disse a Elena: "Parlare insieme è una forma di rapporto sessuale. Tu e io esistiamo insieme in tutti i paesi deliranti del mondo sessuale. Tu mi trasporti nel meraviglioso. Il tuo sorriso ha una corrente magnetica."

Miguel tornò da loro. Come mai era così inquieto? Andò a comprare le sigarette, poi ancora qualcos'altro.

Ogni volta che tornava, vedeva Donald cambiare, diventare donna di nuovo, invitante. Elena li vide accarezzarsi con gli occhi, toccarsi con le ginocchia sotto la tavola. C'era una tale corrente d'amore tra di loro, che anche lei ne fu avvolta. Vide il corpo femmineo di Donald dilatarsi, la sua faccia aprirsi come un fiore, vide i suoi occhi assetati, le labbra umide. Era come essere ammessa nelle camere segrete di un altro amore sessuale e vedere, sia in Donald, sia in Miguel, quel che altrimenti le sarebbe stato nascosto. Era una strana trasgressione.

Miguel disse: "Voi due siete assolutamente identici."

"Ma Donald è più sincero," disse Elena, pensando alla facilità con cui aveva rivelato di non amare completamente

Miguel, mentre lei lo avrebbe tenuto nascosto, per timore di ferire l'altro.

"Perché lui ama di meno," disse Miguel, "è un narcisista."

Un grande calore infranse il tabù tra Donald ed Elena, tra Miguel ed Elena, e ora l'amore fluiva fra tutti e tre, condiviso, ricambiato, contagioso, e loro erano i fili che lo trasmettevano.

Elena riusciva a vedere con gli occhi di Miguel il corpo ben disegnato di Donald, la vita sottile, le spalle da bassorilievo egizio, i gesti raffinati. Il suo viso esprimeva una dissolutezza così palese che sembrava quasi un atto di esibizionismo. Tutto veniva scoperto, messo a nudo.

Miguel e Donald passavano il pomeriggio insieme, poi Donald cercava Elena. Con lei affermava la sua mascolinità, e sentiva che lei gli trasmetteva la mascolinità che era nella sua natura, la propria forza. Elena se ne accorse e gli disse: "Donald, io ti do la mascolinità della mia anima. "In sua presenza, Donald assumeva una posa eretta, diveniva fermo, puro, serio. Si verificò una fusione, ed egli divenne il perfetto ermafrodita.

Ma Miguel non riusciva ad accorgersene e continuava a trattarlo come una donna. È pur vero che, quando Miguel era presente, il corpo di Donald si ammorbidiva, i fianchi incominciavano a ondeggiare, il suo viso diveniva quello di un'attricetta, della vamp che riceve i fiori sbattendo le ciglia. Saltellava come un uccellino, con una bocca petulante che chiedeva bacini, tutto frizzi e lazzi, una parodia dei piccoli gesti di allarme e di promesse fatti da una donna. Come mai gli uomini amavano questi travestiti eppure sfuggivano le donne?

E, in contraddizione, c'era la rabbia di Donald per essere posseduto come una donna. "Trascura completamente l'aspetto maschile in me," si lamentava, "mi prende da dietro, insiste nel darmelo mettendomelo nel culo, e mi tratta come una donna. Lo odio per questo. Mi trasformerà in una vera checca, ma io voglio qualcos'altro. Voglio esser salvato dal diventare una donna. E Miguel è brutale e maschio con me. Sembra che io lo ecciti. Mi rivolta con la forza e mi prende come fossi una puttana."

"È la prima volta che sei stato trattato come una donna?"

"Sì. Prima non ho fatto altro che succhiare, mai niente del genere. Era solo bocca e pene. Ci si inginocchia davanti all'uomo che si ama e glielo si prende in bocca."

Elena guardò la bocca piccola e infantile di Donald e si chiese come facesse a entrarci. Le venne in mente una notte in cui le carezze di Pierre l'avevano resa così frenetica che gli aveva preso tra le mani il pene, le palle e i peli, con una specie di ingordigia. Voleva prenderlo in bocca, cosa che non aveva mai voluto fare a nessuno prima, ma lui non gliel'aveva permesso perché gli piaceva tanto tenerlo dentro il suo grembo che avrebbe voluto lasciarlo lì sempre.

Ed ora vedeva con chiarezza un grosso pene, forse il pene biondo di Miguel, entrare nella bocca infantile di Donald. I capezzoli le si indurirono a quest'immagine e distolse gli occhi.

"Non fa che possedermi, tutto il giorno, di fronte agli specchi, sul pavimento del bagno, mentre tiene aperta la porta con un piede, sul tappeto. È insaziabile e trascura il maschio in me. Se vede il mio pene, che in verità è più grosso del suo, e anche più bello, davvero, non lo nota. Mi prende da dietro, mi maltratta come una donna, e lascia il mio pene lì a ciondolare. Non si cura della mia mascolinità. Non c'è un'intesa piena tra di noi."

"È come l'amore tra le donne allora. Non c'è una vera realizzazione, né un possesso vero."

Un pomeriggio Miguel chiese a Elena di andare nella sua stanza. Quando Elena bussò alla porta, udì un tramestio, e stava per andarsene quando Miguel venne ad aprirle dicendo: "Entra, entra," ma aveva la faccia congestionata e gli occhi iniettati di sangue, i capelli spettinati, e la bocca segnata dai baci.

"Tornerò più tardi," disse Elena.

Miguel rispose: "No, no, vieni, puoi sederti in bagno per un attimo, Donald se ne andrà."

La voleva lì! Avrebbe potuto mandarla via, invece la condusse attraverso il piccolo corridoio nel bagno adiacente alla camera da letto, e la fece sedere lì, ridendo. La porta rimase aperta ed Elena poté sentire dei gemiti e un ansimare pesante. Era come se stessero lottando nella stanza buia. Il letto scricchiolava ritmicamente e sentì Donald dire: "Mi fai male." Ma Miguel ansimava pesantemente e Donald dovette ripetere ancora: "Mi fai male."

Poi i gemiti continuarono, lo scricchiolio ritmico del letto aumentò e, a dispetto di quanto Donald le aveva detto, lo sentì gemere di gioia. Poi disse: "Mi soffochi."

La scena nel buio la turbò stranamente. Sentì che una parte di lei la condivideva, come donna, come donna nel corpo di Donald, posseduto da Miguel.

Era così turbata che per distrarsi aprì una lettera che aveva trovato nella casella della posta prima di uscire di casa e che non aveva ancora letto.

Quando l'aprì, fu come percossa da un fulmine: "Mia dolce Elena, bella e sfuggente, sono di nuovo a Parigi, per te. Non sono riuscito a dimenticarti, anche se ci ho provato. Donandoti a me totalmente, ti sei anche impadronita di me totalmente e definitivamente. Accetterai di vedermi? Non ti sei rinchiusa in te stessa, non mi hai escluso per sempre? Me lo merito, ma non me lo fare, uccideresti un grande amore, un amore che è ancora più grande perché ho cercato di lottare contro di te. Sono a Parigi..."

Elena scattò in piedi e corse fuori dall'appartamento, sbattendo la porta dietro di sé. Quando giunse all'albergo di Pierre, lui la stava aspettando, impaziente. Non c'era luce nella stanza. Era come se la volesse incontrare al buio, per sentire meglio la sua pelle, il suo corpo, il suo sesso.

La separazione li aveva resi febbrili. A dispetto dell'intensità del loro incontro, Elena non riuscì a raggiungere l'orgasmo. Dentro di lei era profondamente radicata una riserva di paura che non le permetteva di abbandonarsi. Il piacere di Pierre arrivò con una tale violenza, che non poté trattenersi per aspettarla. La conosceva così bene che intuì la ragione della sua segreta reticenza: la ferita che le aveva inferto, la distruzione della fiducia nel suo amore.

Elena era sdraiata sul letto, consumata dal desiderio e dalle carezze, ma ancora insoddisfatta. Pierre si piegò su di lei e le disse dolcemente: "Me lo merito; ti nascondi, anche se vuoi continuare a vedermi. Forse ti ho perso per sempre."

"No," disse Elena, "aspetta. Dammi il tempo di credere ancora in te."

Prima che se ne andasse, Pierre cercò ancora di possederla. Ma ancora una volta si scontrò con quell'essere segreto, intimamente chiuso, mentre era stato proprio lui a portarle la pienezza del piacere sessuale, la prima volta che l'aveva accarezzata. Allora Pierre abbassò la testa e sedette sulla sponda del letto, sconfitto e triste.

"Ma tornerai domani, tornerai vero? Cosa posso fare perché tu ti fidi di me?"

Era in Francia senza documenti, e rischiava l'arresto. Per maggior sicurezza, Elena lo nascose nell'appartamento di un amico che era via, e incominciarono a vedersi ogni giorno. A Pierre piaceva incontrarla al buio, così che, ancor prima di vedersi in viso, le loro mani accertavano la presenza dell'altro. Come dei ciechi, si tastavano il corpo, attardandosi sulle curve più calde, percorrendo ogni volta la stessa traiettoria, riconoscendo al tatto i posti in cui la pelle era più morbida e tenera e quelli in cui era più forte ed esposta alla luce del sole; i punti sul collo, in cui si riverberava l'eco dei battiti del cuore, in cui i nervi tremavano quando la mano si avvicinava al centro, tra le gambe.

Le mani di lui conoscevano la pienezza delle sue spalle, così inaspettata in un corpo snello, il rigoglio dei suoi seni, i peli febbrili delle ascelle, che le aveva chiesto di non radere. La vita di lei era molto sottile e le mani di Pierre amavano quella curva che si allargava sempre più scendendo verso i fianchi. Egli seguiva ogni sua curva amorosamente, cercando di possedere il suo corpo con le mani, immaginandone il colore.

Solo una volta aveva guardato il suo corpo in piena luce, a Caux, il mattino, ed era rimasto incantato ad ammirarne il colore. Era avorio pallido, liscio, e diveniva più dorato solo verso il sesso, come un vecchio ermellino. Chiamava "la piccola volpe" la vulva di Elena, i cui peli si rizzavano quando la sfiorava con le mani.

Le sue labbra seguivano le mani, e anche il naso, affondato negli odori del corpo di lei, alla ricerca dell'oblio, alla ricerca della droga che emanava da quella carne.

Elena aveva un piccolo neo nascosto tra le pieghe segrete della carne tra le gambe, ed era questo che Pierre fingeva di cercare quando le sue dita correvano tra le gambe, e dietro il pelo di volpe, fingeva di voler toccare il piccolo neo e non la vulva; e quando accarezzava il neo, toccava la vulva solo accidentalmente, con leggerezza, con una leggerezza che bastava a sentire la contrazione di piacere, come quella di una pianta, che le sue dita provocavano, le foglie della pianta sensibile che si chiudevano, piegandosi sull'eccitazione, racchiudendo il piacere segreto, di cui egli sentiva la vibrazione.

Baciava il neo e non la vulva, ma ne sentiva la reazione ai baci dati un po' più in là, che viaggiavano sotto la pelle, dal neo alla punta della vulva che si apriva e si chiudeva all'avvicinarsi della sua bocca. Lì affondava la testa, drogato dall'odore di sandalo, di conchiglie, dalle carezze dei suoi peli pubici, il pelo di volpe, un pelo che gli si perdeva in bocca, un altro tra le lenzuola, dove lo ritrovava più tardi, brillante ed elettrico. Spesso i loro peli pubici si mischiavano. Più tardi, facendo il bagno, Elena trovava peli di Pierre, più lunghi, folti e spessi arricciati tra i suoi.

Elena lasciava che la bocca e le mani di lui scoprissero i rifugi e le nicchie più segrete, e riposava, cadendo in un sogno di carezze avviluppanti, piegando la testa su quella di lui, quando le appoggiava la bocca alla gola, baciando le parole che lei non poteva pronunciare. Sembrava che Pierre riuscisse a indovinare dove lei si aspettava un altro bacio, quale parte del corpo chiedeva d'esser scaldata. Elena si guardava i piedi, ed era là che allora andavano i suoi baci, o sotto le braccia, o nella curva della schiena, o dove il ventre sboccava in una vallata, dove iniziavano i peli pubici, piccoli, sottili e radi.

Pierre allungava le braccia come un gatto, per farsi accarezzare. A volte gettava la testa all'indietro, chiudeva gli occhi e lasciava che lei lo coprisse di baci leggeri che erano solo una promessa di quelli più violenti che li avrebbero seguiti. Quando non sopportava più quel tocco serico e leggero, apriva gli occhi e offriva la bocca come un frutto maturo da mordere, e lei vi attingeva vorace, come alla fonte stessa della vita.

Quando il desiderio aveva permeato ogni poro, ogni pelo del loro corpo, allora si abbandonavano a carezze violente. A volte lei sentiva le ossa scricchiolare quando alzava le gambe fin sulle spalle di lui, sentiva il risucchio dei baci, il suono, come di pioggia, di labbra e lingue, lo spandersi degli umori nel calore delle bocche, come se stessero mangiando un frutto che si scioglieva sotto la lingua. Pierre sentiva lo strano tubare sommesso di lei, simile a quello di un uccello esotico in estasi; e lei udiva il suo respiro, più pesante man mano che il sangue gli si faceva più denso, più ricco.

Quando la febbre aumentava, il suo respiro era come quello di un toro leggendario che galoppava furiosamente verso un'incornata delirante, un'incornata senza dolore, un'incornata che sollevava l'amata quasi letteralmente dal letto, le sollevava il pube in aria come se volesse passarle attraverso il corpo e lacerarlo, per lasciarla solo dopo aver aperto la ferita, una ferita d'estasi e di piacere che le trapassava il corpo come un fulmine, e la lasciava ricadere tra i gemiti, vittima di una gioia troppo grande, una gioia che era come una piccola morte, una piccola morte accecante che nessuna droga poteva provocare, che nient'altro poteva provocare se non due corpi innamorati, che si amavano in ogni atomo, fin nel profondo del loro essere, con ogni cellula e nervo, e pensiero.

Pierre era seduto sull'orlo del letto, si era infilato i pantaloni e stava chiudendo la fibbia della cintura. Elena si era infilata il vestito ma era ancora accoccolata vicino a lui, che le sedeva accanto. Egli le mostrò la sua cintura ed Elena si mise a sedere per guardarla. Era stata una pesante cintura di pelle, con una fibbia d'argento, ma ormai era così consunta che pareva sul punto di strapparsi. Il punto in cui si chiudeva la fibbia era fine quasi come un pezzo di tessuto.

"La mia cintura si sta rompendo," disse Pierre, "e mi intristisce perché ce l'ho da dieci anni." E la contemplò pensoso.

Mentre lo guardava seduto lì, con la cintura ancora slacciata, le venne in mente con acutezza quell'attimo che precedeva il suo gesto di slacciarsi la cintura per togliersi i pantaloni. Non la slacciava mai finché una carezza, un contatto tra i loro corpi, non aveva suscitato il suo desiderio al punto che il pene confinato gli doleva.

C'era sempre un momento di suspense prima che si slacciasse i pantaloni e tirasse fuori il pene perché lei lo toccasse. A volte lasciava che fosse lei a estrarlo, e se non riusciva a sbottonargli la biancheria abbastanza in fretta, lo faceva da solo. Il suono lieve della cintura che veniva sganciata la turbava. Era per lei un momento erotico, come per Pierre lo era il momento che precedeva il gesto di lei di togliersi le mutandine e di slacciarsi le giarrettiere.

Benché fosse stata pienamente soddisfatta un momento prima, si eccitò di nuovo. Le sarebbe piaciuto slacciargli la cintura, far scivolare giù i pantaloni e toccargli il pene ancora una volta. Come si raddrizzava prontamente, quando usciva dai pantaloni, puntando verso di lei, quasi la riconoscesse!

Poi, improvvisamente, la consapevolezza che la cintura era vecchia, che Pierre l'aveva sempre portata, le provocò un dolore stranamente acuto. Lo immaginò mentre la slacciava in altri posti, in altre stanze, ad altre ore, per altre donne.

Era gelosa, acutamente gelosa, e questa immagine le si presentava continuamente davanti. Avrebbe voluto dire: "Getta via la cintura. Perlomeno non metterti la stessa che hai messo per loro. Te ne darò io un'altra."

Era come se l'attaccamento alla cintura fosse una forma di attaccamento per il passato, di cui non poteva liberarsi interamente. Per lei, la cintura rappresentava i gesti compiuti nel passato. Si chiese se tutte le carezze erano state uguali.

Per una settimana Elena rispose completamente ai suoi abbracci, perse quasi coscienza nelle sue braccia, una volta singhiozzò per l'intensità della sua gioia. Poi notò un cambiamento nell'umore di lui. Era preoccupato, ma non gli chiese spiegazioni. Interpretò la sua preoccupazione a modo suo. Pensava alla sua attività politica, che aveva abbandonato per lei. Forse soffriva di questa inattività. Nessun uomo poteva consacrare la propria vita solo all'amore, come una donna, nessun uomo poteva farne lo scopo della propria vita e riempirne le sue giornate.

Lei avrebbe potuto vivere solo per questo. In realtà non viveva per altro. Il resto del tempo, quando non era con lui, non sentiva né udiva niente con chiarezza. Era assente, e tornava a una vita piena soltanto nella stanza di lui. Tutto il giorno, mentre faceva altre cose, i suoi pensieri andavano a lui. Nel letto da sola, ricordava le sue espressioni, il riso agli angoli degli occhi, la decisione del mento, lo splendore dei denti, la forma delle labbra quando pronunciava parole di desiderio.

Quel pomeriggio, sdraiata tra le sue braccia, notò il suo viso rannuvolato, gli occhi scuri, e non riuscì a reagire. Di solito avevano lo stesso ritmo, e lui sentiva quando il piacere di lei stava montando, e lo stesso succedeva a Elena. In modo misterioso riuscivano a trattenere l'orgasmo fino al momento in cui erano pronti entrambi. Di solito erano lenti nei loro movimenti ritmici, poi divenivano più veloci, poi ancor più veloci, in accordo con la temperatura del sangue che montava, e con le onde di piacere che li invadevano, e raggiungevano l'orgasmo insieme, il pene di lui tremante mentre il seme scaturiva, il grembo di lei tremante dei dardi che, come lingue di fuoco, vibravano dentro di lei.

Pierre aspettò che fosse pronta. Lei si mosse per andar incontro ai suoi colpi, inarcando la schiena, ma non venne. Lui la pregò: "Vieni, tesoro mio, vieni, ti prego. Non ce la faccio più. Vieni tesoro mio."

Poi si svuotò dentro di lei e le si accasciò sul seno senza una parola. Niente lo feriva di più della sua insensibilità.

"Sei crudele," le disse. "Perché mi sfuggi e non ti dai completamente adesso?"

Elena tacque. Intristiva anche lei che ansia e dubbio potessero chiudere così facilmente il suo corpo a un possesso che desiderava, che voleva quand'anche avesse dovuto essere l'ultimo. Ma poiché temeva che potesse essere l'ultimo, il suo corpo si chiudeva, e lei veniva privata della vera unione con lui. E senza provare l'orgasmo insieme, non c'era unione, non c'era una comunione assoluta tra i due corpi. Sapeva che dopo sarebbe stata torturata come lo era stata altre volte.

Sarebbe rimasta insoddisfatta con l'impronta del corpo di lui sul suo.

Avrebbe rivissuto la scena mentalmente, l'avrebbe visto chinarsi su di lei, avrebbe visto le loro gambe aggrovigliate, il suo pene introdursi in lei, penetrarla, avrebbe rivisto Pierre che cadeva accanto a lei e avrebbe provato di nuovo un violento appetito, sarebbe stata tormentata dal desiderio di sentire l'amante ancora nel suo corpo, fino in fondo. Conosceva la tensione del desiderio insoddisfatto: nervi insopportabilmente svegli, acuti, nudi, sangue in subbuglio, ogni cellula preparata a un orgasmo che non veniva. Dopo non poteva dormire. Le venivano crampi alle gambe, che la scuotevano come un cavallo da corsa. Immagini erotiche ossessive l'avrebbero perseguitata per tutta la notte.

"A cosa stai pensando?" le chiese Pierre guardandola in viso.

"A come sarò triste quando ti lascerò, dopo non esser stata veramente tua."

"Hai in mente qualcos'altro, Elena. Qualcosa che pensavi già quando sei venuta, qualcosa che ora voglio sapere."

"Sono preoccupata per la tua depressione, e mi sono chiesta se rimpiangi la tua attività e se vuoi tornare a occupartene."

"Ah, ecco cos'era. Ti stavi preparando a una mia nuova scomparsa. Ma io non ci pensavo proprio. Al contrario. Ho visto degli amici che mi aiuteranno a dimostrare che ero solo un rivoluzionario da caffè. Ti ricordi il personaggio di Gogol? L'uomo che parlava giorno e notte, ma non si muoveva mai, non agiva? Be', io sono così. E non ho fatto altro che parlare. Se si riesce a dimostrarlo, sono libero e posso restare. Sto lottando per questo."

Che effetto ebbero su Elena queste parole! Un effetto violento quanto quello delle sue paure, che avevano bloccato il suo essere sessuale, arrestando i suoi impulsi e dominandoli. Ne fu quasi spaventata. Ora voleva giacere su Pierre, chiedergli di prenderla ancora. Sapeva che le sue parole bastavano a liberarla. Forse Pierre lo indovinò perché continuò ad accarezzarla a lungo, aspettando che il tocco delle sue dita sulla pelle umida di lei risvegliasse il suo desiderio. E, molto più tardi, mentre giacevano al buio, la prese di nuovo e allora fu lei a dover trattenere l'intensità e la prontezza del suo orgasmo per goderlo insieme a lui, e gridarono entrambi, ed Elena pianse di gioia.

Da allora in poi, il loro amore fu impegnato nella battaglia per sconfiggere la freddezza che dormiva in lei e che una parola, una piccola ferita o un dubbio potevano risvegliare per distruggere il loro possesso reciproco. Per Pierre divenne un'ossessione. Era più occupato a studiare gli umori e gli stati d'animo di lei che non i propri. Persino quando la prendeva, i suoi occhi la frugavano in cerca di un segno del rannuvolamento futuro che pendeva su di loro. Si esauriva aspettando il piacere di lei, e tratteneva il suo. Infuriò contro questo nucleo invincibile del suo essere, che poteva chiudersi contro di lui a suo piacimento. Incominciò a capire la devozione perversa che alcuni uomini dedicavano a donne frigide.

La cittadella: la vergine imprendibile. Il conquistatore in Pierre, che non aveva mai veramente lottato per portare avanti una rivoluzione, si dedicò anima e corpo a questa conquista: abbattere una volta per sempre la barriera che Elena poteva erigere contro di lui. I loro incontri amorosi divennero una battaglia segreta tra due volontà, con l'impiego di ogni astuzia.

Quando litigavano (e Pierre metteva in discussione l'amicizia di Elena con Miguel e Donald, che secondo lui la possedevano facendo l'amore tra di loro), Pierre sapeva che si sarebbe negata l'orgasmo per rivalsa contro di lui. Allora infuriava e cercava di conquistarla con le carezze più selvagge. A volte la trattava brutalmente, come se fosse una puttana di cui poteva pagare la sottomissione. Altre volte cercava di addolcirla con la tenerezza. Cercava di farsi piccolo, come un bambino tra le sue braccia.

La circondava di un'atmosfera erotica. Fece della loro stanza un covo, coperto di tappeti e arazzi, profumato. Cercò di conquistarla facendo presa sulla sua sensibilità alla bellezza, al lusso, ai profumi. Le comprò dei libri erotici, che lessero insieme. Questa era l'ultima carta della sua conquista: suscitare in lei una febbre sessuale così potente che la disarmasse di fronte alle sue carezze. Mentre leggevano insieme, sdraiati sul divano, le loro mani cercavano il corpo dell'altro, nei posti descritti dal libro. Si sfinivano in eccessi di ogni tipo cercando ogni piacere noto agli amanti, infiammati da immagini, parole e descrizioni di nuove posizioni. Pierre era ormai sicuro di aver suscitato in lei una tale passione sessuale, che non avrebbe più potuto controllarsi. Ed Elena sembrava davvero corrotta. I suoi occhi incominciarono a brillare in modo straordinario, non di un fulgore radioso, ma della luce inquietante dei malati di tubercolosi, animati da una febbre intensa che li rendeva profondamente cerchiati.

Ora Pierre non teneva più la stanza al buio. Gli piaceva vederla arrivare con questa febbre negli occhi. Il suo corpo si era fatto più pesante, i capezzoli erano sempre duri, come se fosse stata costantemente in uno stato di eccitazione erotica. La sua pelle era diventata così ipersensibile che, appena lui la toccava, gli si increspava sotto le dita. E un brivido le percorreva la schiena, toccando ogni nervo.

Si sdraiavano sulla pancia, ancora vestiti, aprivano un nuovo libro e leggevano insieme, accarezzandosi a vicenda. Si baciavano sopra raffigurazioni erotiche e le loro bocche, avvinte, cadevano su enormi culi sporgenti di donne, su gambe aperte come compassi, su uomini accovacciati come cani, con membri enormi che quasi sfioravano il pavimento.

C'era il disegno di una donna torturata, impalata su un

enorme bastone che le entrava dalla vagina e le usciva dalla bocca. Dava la sensazione di un possesso sessuale estremo e suscitava in Elena sensazioni di piacere. Quando Pierre la prendeva, le sembrava che la gioia suscitata dal pene che la scuoteva le si comunicasse alla bocca. E allora, l'apriva, tirava fuori la lingua, come nel disegno, come se volesse allo stesso tempo esser penetrata e avere il suo cazzo in bocca.

Per giorni Elena gli rispose con slanci folli, come una donna in procinto di perdere la ragione. Ma Pierre scoprì che un litigio, o una sua parola crudele, potevano ancora bloccarle l'orgasmo e uccidere la fiamma erotica nei suoi occhi.

Quando ebbero esaurito la novità della pornografia, trovarono un nuovo regno: quello della gelosia, del terrore, del dubbio, della rabbia, dell'odio, dell'antagonismo, della lotta che gli esseri umani a volte intraprendono contro i legami che li vincolano all'altro.

Pierre cercò di fare l'amore con gli altri io di Elena, i più sepolti, i più delicati. La osservò mentre dormiva, mentre si vestiva, mentre si spazzolava i capelli davanti allo specchio. Cercò una chiave spirituale al suo essere, un nuovo modo di far l'amore che la conquistasse. Non la spiava più per accertarsi che avesse avuto un orgasmo, per la semplice ragione che Elena aveva deciso di simulare il piacere anche quando non lo provava. Divenne un'attrice consumata. Simulava tutti i sintomi dell'orgasmo, la contrazione della vagina, l'accelerazione del respiro, delle pulsazioni, il languore improvviso, l'allontanamento e la confusione offuscata che seguivano. Poteva simulare tutto: per lei amare ed essere amata erano componenti così inscindibili del suo piacere, che poteva ottenere una risposta emotiva mozzafiato anche se non provava godimento fisico. Tutto poteva simulare, salvo le palpitazioni interne dell'orgasmo. Ma sapeva che non era facile percepirle con il pene. Aveva scoperto che la lotta di Pierre per ottenere sempre un orgasmo da lei era distruttiva e poteva finire col togliergli fiducia nel loro amore e col separarli. Scelse la via della finzione. Così Pierre volse la sua attenzione a un altro tipo di corteggiamento. Appena lei entrava osservava il suo modo di muoversi, di togliersi il cappotto, il cappello, di scuotere i capelli, guardava che anelli aveva e pensava di poter stabilire il suo umore da tutti questi particolari. E l'umore in questione diventava il terreno della sua conquista. Oggi era infantile, arrendevole, coi capelli sciolti, la testa che si piegava facilmente sotto il peso di tutta la sua vita. Aveva un trucco leggero, un'espressione innocente, indossava un vestito vaporoso dai colori chiari. Oggi l'avrebbe accarezzata gentilmente, con tenerezza, indugiando per esempio sulla perfezione delle dita dei piedi, snodate come quelle delle mani, oppure sulle caviglie, che lasciavano trasparire delle vene azzurrine, oppure, ancora, sulla piccola macchia d'inchiostro tatuata per sempre sotto il suo ginocchio, nel punto in cui a quindici anni – quando andava a scuola e portava le calze nere – aveva cercato di nascondere un buchino in una calza coprendolo con l'inchiostro. Il pennino si era rotto durante l'operazione, ferendola e segnandole per sempre la pelle. Oppure avrebbe cercato un'unghia rotta, in modo da poterne deplorare la perdita, compatendo la sua aria pateticamente troncata fra tutte le altre, lunghe e appuntite. Si preoccupava di tutte le sue piccole infelicità. Si teneva stretta la bambina ch'era in lei, che gli sarebbe piaciuto conoscere. Le faceva delle domande: "E così portavi delle calze di cotone nero?"

"Eravamo molto poveri, e poi facevano parte dell'uniforme scolastica."

"Cos'altro portavi?"

"Camicie a tre quarti e gonne blu, che odiavo. Mi piaceva mettermi in ghingheri però."

"E sotto?" le chiese con la stessa innocenza con cui le avrebbe chiesto se si metteva l'impermeabile sotto la pioggia.

"Non ricordo bene in cosa consistesse allora la mia biancheria intima. Mi piacevano le sottogonne con i pizzi, ricordo. Ma temo che mi facessero mettere biancheria di lana. E d'estate sottovesti bianche e mutandoni. I mutandoni non mi piacevano, erano troppo gonfi. Allora io sognavo i pizzi e passavo delle ore a guardare la biancheria intima nelle vetrine dei negozi, incantata, immaginandomi coperta di pizzi e seta. Non avresti trovato niente di affascinante nella mia biancheria intima."

Ma Pierre pensava di sì, anche se gli indumenti erano bianchi e forse informi, non gli era difficile immaginarsi molto innamorato di Elena con le sue calze nere.

Volle sapere quando aveva sperimentato il suo primo turbamento sensuale. Leggendo, disse Elena, poi scendendo una volta da un pendio con la slitta insieme a un ragazzo lungo e disteso su di lei, poi quando si innamorava di uomini che conosceva solo di vista, perché appena le si avvicinavano, scopriva in loro qualche difetto che la allontanava. Aveva bisogno di sconosciuti, un uomo visto alla finestra, un altro visto una volta al giorno per la strada, un altro ancora, incontrato a un concerto. Dopo questi incontri, Elena, coi capelli spettinati e i vestiti stropicciati, se ne stava seduta come una cinese preoccupata solo di piccoli avvenimenti e delicate tristezze.

Poi, sdraiato al suo fianco, tenendole soltanto la mano, Pierre le parlava della sua vita offrendole delle immagini di sé da ragazzo, per pareggiare quelle della bambina che gli portava lei. Era come se i vecchi gusci delle loro personalità mature si dissolvessero, come strutture aggiunte, sovrapposte, rivelando il vero nucleo.

Da bambina, Elena era stata quel che all'improvviso era ridiventata per lui: un'attrice, una simulatrice, una persona che viveva delle sue fantasie e dei suoi ruoli, e non sapeva mai cosa provava veramente.

Pierre era stato un ribelle. Era cresciuto in mezzo alle donne, senza il padre, che era morto in mare. La donna che gli fece da madre era la sua governante, mentre la madre viveva solo per trovare un sostituto dell'uomo che aveva perso. Non aveva alcun senso materno, era nata per essere un'amante. Trattava il figlio come un giovane innamorato. Lo coccolava in modo stravagante, il mattino lo riceveva nel letto, in cui Pierre intuiva ancora la presenza recente di un uomo. Facevano insieme una pigra colazione, portata dalla governante, che si infuriava sempre nel trovare il bambino sdraiato a letto vicino alla madre, dove fino a un momento prima c'era stato il suo amante.

Pierre amava la voluttuosità della madre, la carne che faceva capolino attraverso i pizzi, la linea del suo corpo che si rivelava attraverso le camicie di chiffon; gli piacevano le sue spalle spioventi, le orecchie fragili, gli occhi lunghi e scherzosi, le braccia opalescenti che emergevano da grandi maniche a sbuffo. La sua preoccupazione maggiore era quella di fare di ogni giorno una festa. Eliminava le persone che non erano divertenti, chiunque raccontasse storie di malattie o di disgrazie. Quando andava a far compere lo faceva in modo stravagante, come se fosse Natale, includendo tutti i membri della famiglia, con sorprese per tutti; e per se stessa capricci e cose inutili che le si accumulavano intorno finché non le dava via.

A dieci anni Pierre era già stato iniziato a tutti i preparativi che una vita piena di amanti esigeva. Assisteva alla toilette della madre, la guardava incipriarsi sotto le braccia e infilare il piumino della cipria nel vestito, in mezzo ai seni. La vedeva emergere dal bagno, seminuda nel suo kimono, e la guardava mentre si infilava le calze lunghissime. Le piaceva tenere le giarrettiere molto alte, in modo che le calze le arrivassero quasi ai fianchi. Mentre si vestiva, gli parlava dell'uomo col quale stava per uscire, esaltando a Pierre la natura aristocratica di uno, il fascino di un altro, la naturalezza di un terzo, il genio di un quarto, come se Pierre un giorno o l'altro dovesse diventare tutti loro per lei.

Quando Pierre ebbe vent'anni, la madre cercò di dissuaderlo da ogni amicizia con le donne, e anche dalle sue visite al bordello. Il fatto che Pierre cercasse delle donne che le assomigliavano non le faceva effetto. Nel casino Pierre chiedeva alle donne di vestirsi per lui, in modo lento e deliberato, ed era così che provava un piacere oscuro e indefinibile: la stessa gioia che aveva conosciuto in presenza della madre. Per questa cerimonia voleva molta civetteria e vestiti particolari. Le puttane lo prendevano in giro ridendo. Durante questi giochi, gli si risvegliavano dei desideri sessuali violenti, allora strappava i vestiti e il suo modo di fare l'amore sembrava una violenza carnale.

Al di là di tutto questo, c'erano le ragioni della sua esperienza matura, che quel giorno egli non confessò a Elena. Le rivelò solo il bambino con la sua innocenza e le sue perversità.

C'erano giorni in cui certi frammenti del suo passato, i più erotici, venivano a galla, permeavano ogni suo movimento, davano ai suoi occhi lo sguardo inquietante che Elena aveva subito notato in lui, alla bocca un'espressione rilassata di abbandono, e a tutto il viso l'espressione dell'uomo che non si è lasciato sfuggire alcuna esperienza. Allora Elena riusciva a vedere Pierre insieme a una delle sue puttane, a rincorrere povertà, sporcizia e dissolutezza, come i soli compagni adatti di certi atti. Il guitto, il *voyou*, venivano a galla, l'uomo dedito al vizio che poteva bere per tre giorni e tre notti di fila, abbandonandosi a ogni esperienza come se fosse l'ultima, consumando tutto il suo desiderio con qualche donna mostruosa, che lo attraeva perché non si lavava, perché tanti uomini l'avevano posseduta, e perché il suo linguaggio era carico di oscenità. Era una passione per l'autodistruzione, per la bassezza, per il linguaggio da strada, per le donne di strada, per il pericolo. Era stato preso durante una retata alle fumerie d'oppio e arrestato per aver venduto una donna.

Era la sua tendenza all'anarchia e alla corruzione che gli dava a volte l'aria di un uomo capace di tutto, ed era questo che teneva Elena in guardia contro di lui. Allo stesso tempo Pierre si rendeva perfettamente conto che anche lei aveva un'attrazione per il demoniaco, il sordido, per il piacere della caduta, della dissacrazione, della distruzione dell'io ideale. Ma per l'amore che le portava, le avrebbe impedito di vivere con lui questo tipo di esperienze. Aveva paura di iniziarla a un vizio che prima o poi gliel'avrebbe strappata perché ci sarebbero state sensazioni che lui non poteva darle. Così questa porta sull'elemento corrotto delle loro nature venne aperta raramente. Elena non voleva sapere cosa avevano fatto il corpo di lui, la sua bocca, il suo pene. E lui aveva paura di mettere a nudo le possibilità di lei.

"So," le disse, "che sei capace di molti amori, che io sarò il primo, ma che, d'ora in poi, niente ti impedirà di espanderti. Sei sensuale, troppo sensuale."

"Non è possibile amare tante volte," gli rispose Elena, "io voglio che il mio erotismo sia mescolato con l'amore. E l'amore profondo non lo si prova tanto sovente."

Pierre era geloso del suo futuro, e lei del suo passato. Elena incominciava a rendersi conto che lei aveva solo venticinque anni e lui quaranta, e che lui aveva fatto molte esperienze di cui era già stanco, mentre lei non le aveva ancora conosciute.

Quando i silenzi tra loro divennero più lunghi, ed Elena non vide sul viso di Pierre un'espressione innocente, ma un sorriso vago, un certo disprezzo nella linea delle labbra, allora seppe che stava rievocando il passato. Gli si sdraiò accanto e guardò le sue lunghe ciglia.

Dopo un momento lui le disse: "Prima di incontrarti,

sono stato un Don Giovanni, Elena. Non ho mai voluto conoscere veramente una donna. Non ho mai voluto stare con una. Avevo sempre l'impressione che una donna usasse il suo fascino non per avere un rapporto appassionato, ma per strappare a un uomo una relazione durevole: il matrimonio per esempio, o perlomeno la compagnia, per conquistarsi, infine, una forma di pace, di possesso. Era questo che mi spaventava: che dietro la *grande amoureuse* si nascondesse una piccola borghese che cercava la sicurezza nell'amore. Quel che mi attrae in te è che tu sei rimasta l'amante. Mantieni il fervore e l'intensità. Quando ti senti impari nella grande battaglia dell'amore, allora ti allontani. E poi c'è il fatto che non è il piacere che posso darti che ti attrae a me, infatti lo ripudi quando non sei emotivamente soddisfatta. Ma sei capace di tutto, e io lo sento. Sei aperta alla vita, e ti ho aperto io, e per la prima volta rimpiango la mia capacità di far sbocciare le donne alla vita e all'amore. Come ti amo quando ti rifiuti di comunicare col corpo, cercando altri mezzi per invadere l'intero essere. Eppure all'inizio non sopportavo la capacità che avevi di chiuderti, mi sembrava di perdere il mio potere."

Non sapeva che, quando in una donna l'erotico e il tenero si mescolano, danno origine a un legame potente, quasi una fissazione. Elena poteva pensare a immagini erotiche solo in rapporto a lui e al suo corpo. Se sui boulevard vedeva un film pornografico che la eccitava, al loro incontro successivo sfogava la sua curiosità in un nuovo esperimento. Incominciò a sussurrargli certi suoi desideri nelle orecchie.

Pierre era sempre sorpreso quando Elena voleva dargli piacere senza prenderlo per lei. A volte, dopo i loro eccessi, era stanco, meno potente, e tuttavia voleva riprovare quella sensazione di annientamento. Allora la eccitava con le carezze, masturbandola con mani agilissime. Intanto le mani di lei si chiudevano intorno al suo pene come un ragno delicato con dita sapienti, che toccavano i nervi più nascosti e sensibili. Lentamente, le dita si chiudevano intorno al pene, strofinando leggermente il suo rivestimento di carne, poi sentivano il sangue che lo irrorava, facendolo rizzare, con un leggero rigonfiarsi dei nervi, un improvviso irrigidirsi dei muscoli, e lo toccavano come se stessero suonando uno strumento a corde. Dalla durezza del pene Elena capiva quando Pierre non poteva mantenere un'erezione tanto da penetrarla, sapeva quando poteva reagire soltanto alle sue dita nervose, quando voleva essere masturbato, e allora avveniva che il piacere rallentava l'attività delle sue mani su di lei. Si lasciava drogare dalle mani di lei, chiudeva gli occhi e si abbandonava alle sue carezze. Riprovava, come in sogno, a continuare a titillarla, ma poi giaceva passivo, per sentire meglio la sapiente manipolazione, la tensione crescente. "Ora, ora," mormorava. "Ora." Questo significava che la mano di lei doveva diventare più veloce, per tenere il passo con la febbre che gli pulsava dentro. Allora le dita di lei correvano con il ritmo delle pulsazioni accelerate del sangue, mentre la sua voce implorava: "Ora, ora, ora."

Cieca a tutto, fuorché al piacere di Pierre, Elena si piegava su di lui, coi capelli sciolti che le ricadevano sul viso, la bocca vicino al pene, continuando il movimento delle mani e allo stesso tempo leccando la punta del pene ogni volta che si trovava alla portata della sua lingua. E questo finché il corpo di lui incominciava a tremare e si sollevava per essere consumato dalle sue mani e dalla sua bocca, per essere annientato, e il seme veniva, come piccole onde che si rompono sulla spiaggia, accavallandosi l'una sull'altra, piccole onde di schiuma salata, che si infrangevano sulla spiaggia delle sue mani. Allora Elena gli prendeva teneramente in bocca il pene esausto, per cogliere il prezioso liquido dell'amore.

Il piacere di lui le dava una gioia tale che rimaneva sorpresa quando Pierre incominciava a baciarla con gratitudine, dicendole: "Ma tu, tu non hai provato nessun piacere!"

"Oh sì," diceva Elena, con una voce che escludeva ogni dubbio.

Elena si meravigliava per la persistenza della loro esaltazione. Si chiedeva quando il loro amore sarebbe entrato in un periodo di riposo.

Pierre si stava riconquistando la sua libertà. Era spesso fuori quando gli telefonava. Nel frattempo Elena aveva ripreso a vedere una vecchia amica, Kay, che era appena tornata dalla Svizzera. Sul treno, Kay aveva incontrato un uomo che poteva essere descritto come il fratello minore di Pierre. Kay si era sempre talmente identificata con Elena ed era stata così dominata dalla sua personalità, che ora la sola cosa che poteva soddisfarla era un'avventura che, perlomeno in modo superficiale, assomigliasse a quella di Elena.

Anche quest'uomo aveva una missione. Di che missione si trattasse, non l'aveva confessato, ma la usava come scusa, forse come alibi, quando andava via, o quando doveva passare una giornata intera lontano da Kay. Elena sospettava che Kay dipingesse la copia di Pierre con tinte più forti di quanto l'amante non meritasse. Tanto per incominciare, gli attribuiva una virilità eccezionale, guastata solo dalla cattiva abitudine di addormentarsi prima o subito dopo l'atto, senza aspettare di ringraziarla. Passava dal bel mezzo di una conversazione a un improvviso desiderio di violenza carnale. Odiava la biancheria intima, e le insegnò a non indossare niente sotto il vestito. Il suo desiderio era imperativo, e inaspettato. Non poteva attendere. Con lui, Kay si abituò a frettolose uscite dai ristoranti, a corse selvagge dentro a taxi con le tendine, a strane sedute dietro gli alberi del Bois, a masturbazioni nei cinema: mai in un letto borghese, nel caldo confortevole di una camera da letto. Il suo desiderio era squisitamente ambulante e bohémien. Gli piacevano i pavimenti di moquette, persino il pavimento gelido del bagno, i bagni turchi surriscaldati, le fumerie d'oppio, dove non fumava, ma gli piaceva sdraiarsi con lei su una stuoia, e poi si ritrovavano con le ossa indolenzite per essersi addormentati. Il compito di Kay era di stare all'erta per seguire i suoi capricci, per cercare di afferrare la sua parte di piacere che tendeva a sfuggirle, in queste corse selvagge, che avrebbe potuto essere più facile con un po' più di tempo a disposizione.

E invece no, a lei piacevano questi improvvisi scoppi tropicali. Kay lo seguiva come una sonnambula, dando a Elena la sensazione che gli sbattesse contro, persa in un sogno, come inciampasse in un mobile. A volte, quando la scena avveniva troppo rapidamente perché Kay potesse sbocciare con voluttà al suo stupro, ella gli giaceva accanto mentre dormiva e si inventava un amante più fidato. Chiudeva gli occhi e pensava: Ora la sua mano mi alzerà la gonna, lentamente, molto lentamente. Ma prima mi guarderà. Una mano è sulle mie natiche, e l'altra incomincia a esplorare, a scivolare, a sgusciare qua e là. Ora immerge le dita lì dov'è bagnata. La tocca come una donna che tasta un pezzo di seta, per sentirne la qualità. Molto lentamente.

La copia di Pierre si girava sul fianco, e Kay tratteneva il respiro. Se si fosse svegliato, l'avrebbe trovata con le mani in una strana posizione. Poi, all'improvviso, come se avesse intuito i suoi desideri, le metteva una mano tra le gambe e la lasciava lì, e lei non si poteva muovere. La presenza della sua mano la eccitava ancor di più. Allora chiudeva di nuovo gli occhi e cercava di immaginare che la mano si muovesse. Per creare un'immagine sufficientemente viva, incominciava ad aprire e a contrarre la vagina, ritmicamente, finché non raggiungeva l'orgasmo.

Pierre non aveva nulla da temere dall'Elena che conosceva e che aveva così delicatamente circumnavigato. Ma c'era un'Elena che lui non conosceva: l'Elena virile. Benché non avesse i capelli corti, né portasse abiti maschili, né andasse a cavallo o fumasse sigari, o frequentasse i luoghi in cui donne del genere si riuniscono, c'era un'Elena spiritualmente mascolina, che per il momento era solo addormentata in lei.

In tutto, salvo che in materia d'amore, Pierre era un disastro. Non riusciva a piantare un chiodo nella parete, ad appendere un quadro, a rilegare un libro, a discutere di argomenti tecnici di qualsiasi tipo. Viveva nel terrore dei portinai, dei servitori, dell'idraulico. Non riusciva a prendere una decisione o a firmare un contratto di sorta. Non sapeva quel che voleva.

Le energie di Elena riempivano queste lacune, e la sua mente divenne, delle due, la più feconda. Era lei a comprare libri e giornali, a incitare all'attività, a prendere le decisioni. Pierre la lasciava fare, assecondando la propria natura indolente. Elena guadagnò in audacia.

Si sentiva protettiva nei suoi confronti. Non appena l'aggressione sessuale era finita, Pierre si sdraiava come un pascià e la lasciava comandare. Non si accorse dell'altra Elena che emergeva, con nuovi contorni, nuove abitudini, una nuova personalità. Elena aveva scoperto che le donne erano attratte da lei.

Fu invitata da Kay a conoscere Leila, una nota cantante di night club, di sesso dubbio. Quando andarono a casa di Leila, questa era sdraiata sul letto. La stanza era invasa da un pesante profumo di narciso e Leila era appoggiata alla spalliera del letto in una posa languida ed ebbra. Elena pensò che si stesse riprendendo da una nottata di sbornia, ma si trattava di una posa naturale in Leila. E da questo corpo languido uscì la voce di un uomo. Poi gli occhi violetti si fissarono su Elena, valutandola con un'attenzione tutta maschile.

L'amante di Leila entrò allora nella stanza, con uno stropiccio di seta nella grande gonna gonfiata dai passi spediti. Si gettò ai piedi del letto e prese la mano di Leila. Le due donne si guardarono con tanto desiderio che Elena abbassò gli occhi. Il viso di Leila era acuto, quello di Mary vago; quello di Leila truccato con un pesante ombretto nero intorno agli occhi, come nei dipinti egizi, quello di Mary in colori pastello: occhi pallidi, palpebre verde mare e unghie e labbra color corallo; le sopracciglia di Leila erano naturali, quelle di Mary solo una sottile riga di matita. Quando si guardavano, i lineamenti di Leila sembravano stemperarsi, e quelli di Mary acquistare un po' della precisione di Leila. Ma la sua voce restava egualmente irreale, e le sue frasi incompiute, fluttuanti. Mary era a disagio in presenza di Elena, ma invece di esprimere ostilità o paura, assunse l'atteggiamento di una femmina verso un uomo, e cercò di accattivarsela. Non le piaceva il modo in cui Leila guardava Elena. Sedette vicino a Elena, piegando le gambe sotto di sé, come una bambina, e mentre parlava teneva rivolta verso di lei la bocca, invitante. Ma queste civetterie femminili erano proprio quelle che Elena odiava nelle donne. Si rivolse dunque a Leila, i cui gesti erano maturi e semplici.

Leila disse: "Andiamo insieme allo studio. Mi vestirò subito." Appena scesa dal letto, accantonò il suo languore. Era alta. Parlava il francese dei bassifondi, come un ragazzo, ma con un'audacia regale. Ma nessuno lo poteva usare con lei. Al night club non intratteneva, comandava. Era un centro magnetico per le donne che si consideravano condannate dal loro vizio. Le costringeva a essere fiere delle loro deviazioni, a non soccombere alla morale borghese. Condannava severamente il suicidio e la dissolutezza. Voleva donne che fossero fiere di essere lesbiche, e fu la prima a lanciare l'esempio. Indossava vestiti maschili a dispetto dei regolamenti della polizia, e non veniva mai molestata. Lo faceva con grazia e nonchalance. Cavalcava al Bois con abiti maschili, ed era così elegante, affabile, aristocratica, che chi non la conosceva le si inchinava, quasi inconsciamente. Grazie a lei, altre donne andavano in giro a testa alta. Era una delle poche donne mascoline che gli uomini trattavano come una compagna. Tutto lo spirito tragico che si celava dietro a quella raffinata superficie fluiva nelle sue canzoni, con le quali faceva a brandelli la serenità della gente, suscitando ovunque ansia, e rimpianti e nostalgia.

Seduta accanto a lei nel taxi, Elena non sentì la sua forza, ma la sua ferita segreta. Azzardò un gesto di tenerezza, prese la mano regale e la tenne tra le sue. Leila non la lasciò lì inerte, ma rispose alla pressione con un potere nervoso. Elena sapeva già cosa questo potere non riusciva a darle: la realizzazione completa. Sicuramente, la voce capricciosa di Mary e le sue piccole astuzie banali non potevano soddisfare Leila. Le donne non erano tolleranti come gli uomini verso le altre femmine che si rendevano piccole e deboli per calcolo, pensando di ispirare un amore attivo. Leila doveva soffrire più di un uomo, a causa della sua lucidità sulle donne, della sua impossibilità di essere ingannata.

Quando giunsero allo studio, Elena sentì un odore curioso di cacao bruciato, di tartufo fresco. Entrarono in un luogo che sembrava una moschea araba piena di fumo. Era una grande stanza lungo le cui pareti si apriva una serie di alcove il cui unico arredamento erano delle stuoie e delle luci smorzate. Tutti indossavano dei kimono e ne venne dato uno anche a Elena. Allora Elena capì: era in una fumeria d'oppio, con le luci velate, la gente sdraiata, indifferente ai nuovi venuti; una grande pace; niente conversazioni animate, ma dei sospiri di quando in quando. Pochi, ai quali l'oppio suscitava dei desideri, erano sdraiati in angoli bui, la schiena dell'uno contro il petto dell'altro, come dormendo. Ma il silenzio fu interrotto dalle voce di una donna che diede inizio a quel che sulle prime parve una canzone, ma poi si trasformò nel gorgheggio di un uccello esotico, colto nella stagione dell'accoppiamento. Due ragazzi si tenevano stretti, sussurrando.

Elena di quando in quando sentiva i tonfi dei cuscini sul

pavimento, fruscii di sete e cotoni. Il vocalizzo della donna divenne più chiaro, più deciso, si innalzò in armonia col suo piacere, così limpido che Elena lo accompagnò con un movimento della testa, finché giunse al culmine. Elena vide che questa cadenza irritava Leila. Non voleva sentirla. Era così esplicita, così femminile, così rivelatrice del dolce cuscino d'amore penetrato dal maschio, nel suo emettere a ogni colpo un piccolo grido per la ferita estatica. Qualunque cosa le donne potessero farsi a vicenda, non avrebbero mai potuto produrre questa cadenza crescente, questo canto vaginale. Solo una sequenza di colpi, di ripetuti assalti maschili poteva produrla.

Le tre donne si lasciarono cadere su dei piccoli materassi, una accanto all'altra. Mary voleva sdraiarsi vicino a Leila, ma questa non glielo permise. Furono offerte loro delle pipe d'oppio. Elena rifiutò. Era abbastanza drogata dalle luci velate, dall'atmosfera fumosa, dagli arazzi esotici, dagli odori, dai rumori sommessi delle carezze. Il suo viso era così incantato, che la stessa Leila credette che Elena fosse sotto l'effetto di qualche altra droga. Non si rese conto che la pressione della sua mano nel taxi aveva immerso Elena in uno stato che era diverso da qualsiasi sensazione avesse mai provato con Pierre.

Invece di colpirla dritto nel centro del corpo, la voce di Leila l'aveva avvolta in un voluttuoso mantello di nuove sensazioni, qualcosa di sospeso che non voleva soddisfazione, ma prolungamento. Era come quella stanza, che turbava con le sue luci misteriose, i suoi ricchi odori, le sue nicchie ombrose, le sue forme seminascoste, i suoi misteriosi piaceri. Un sogno. L'oppio non avrebbe potuto darle un senso di gioia più grande.

La sua mano cercò Leila. Mary stava già fumando con gli occhi chiusi. Leila era sdraiata a occhi aperti e guardava Elena. Le prese la mano, la tenne un po' fra le sue, e poi la fece scivolare sotto il suo kimono. Se la mise sui seni, ed Elena incominciò ad accarezzarla. Leila si era aperta il tailleur; non aveva camicetta, ma il resto del corpo era avvolto in una gonna molto stretta. Poi Elena sentì la mano di Leila scivolarle sotto il vestito, in cerca di un'apertura tra la sommità delle calze e le mutandine. Elena si girò piano piano sul fianco sinistro, in modo da mettere la testa sul seno di Leila e baciarglielo.

Temeva che Mary aprisse gli occhi e si arrabbiasse, così di quando in quando la guardava. Leila sorrise, poi si girò per sussurrare a Elena: "Ci incontreremo prima o poi, per stare insieme. Vuoi? Vuoi venire da me domani? Mary non ci sarà."

Elena sorrise, annuì, le rubò ancora un bacio e si sdraiò. Ma Leila non ritrasse la mano. Teneva d'occhio Mary e continuava ad accarezzare Elena. Elena si stava dissolvendo sotto le sue dita.

A Elena pareva che fossero rimaste sdraiate solo pochi minuti, ma poi notò che la stanza era diventata fredda e che s'era fatto giorno. Scattò in piedi, sorpresa. Gli altri parevano addormentati, persino Leila si era sdraiata e ora dormiva. Elena si infilò il cappotto e uscì. L'alba la risvegliò.

Voleva parlare a qualcuno. L'appartamento di Miguel era abbastanza vicino, e ci andò. Miguel dormiva, insieme a Donald. Lo svegliò e sedette ai piedi del letto. Gli parlò. Miguel la seguiva a stento, pensava fosse ubriaca.

"Perché il mio amore per Pierre non è abbastanza forte da trattenermi da una cosa del genere?" continuava a ripetere. "Come mai mi spinge verso altri amori? Verso l'amore di una donna? Come mai?"

Miguel sorrise. "Perché hai così paura di una piccola deviazione? Non è niente, passerà. L'amore di Pierre ha risvegliato la tua vera natura. Sei troppo piena d'amore. Amerai molta gente."

"Non voglio, Miguel. Voglio essere integra."

"Ma non è poi un'infedeltà così grave, Elena. In altre donne stai solo cercando te stessa."

Dopo esser stata da Miguel, tornò a casa, fece un bagno, si riposò e poi andò da Pierre. Pierre fu tenerissimo, così tenero che cullò i suoi dubbi e le sue angosce segrete, ed ella si addormentò tra le sue braccia.

Leila l'attese invano. Per due o tre giorni Elena si negò il pensiero di lei, ottenendo da Pierre prove d'amore ancor più grandi, cercando di essere circondata dal suo amore, protetta dalla tentazione di vagare lontano da lui.

Pierre si accorse subito della sua ansia. Quasi istintivamente la tratteneva quando voleva andarsene prima, le impediva, fisicamente, di andare da qualsiasi parte. Poi, con Kay, Elena conobbe uno scultore, Jean. Aveva un viso dolce, femminile, attraente. Ma amava le donne. Elena era sulla difensiva. Lui le chiese il suo indirizzo, e quando andò a trovarla Elena parlò in modo volubile, per evitare l'intimità con lui.

"Vorrei qualcosa di più amabile e caldo," le disse lo scultore.

Elena si spaventò e divenne ancor più impersonale. Erano entrambi a disagio ed Elena pensò: ora è tutto rovinato. Non tornerà più. E le dispiacque. Sentiva una oscura attrazione che non riusciva a definire.

Lui le scrisse una lettera: "Quando ti ho lasciato, mi sono sentito rinato, ripulito di tutte le falsità. Come hai fatto a creare un nuovo io senza nemmeno volerlo? Ti racconterò quel che mi è successo una volta. Ero all'angolo di una strada a Londra e guardavo la luna. La guardai con tanta insistenza che ne rimasi come ipnotizzato. Non ricordo come arrivai a casa, molte ore più tardi. Ho sempre pensato di aver dato la mia anima alla luna per tutto quel periodo. Questo è quel che tu mi hai fatto durante la mia visita."

Leggendo la lettera le venne in mente con vivezza la sua

voce melodiosa e il suo fascino. Le spedì altre lettere, con pezzi di cristallo di rocca, con uno scarabeo egiziano. Elena non rispose.

Sentiva il suo fascino, ma la notte che aveva passato con Leila le aveva lasciato una strana paura. Quel giorno era andata da Pierre con la sensazione di essere tornata da un lungo viaggio e si era sentita estraniata da lui. Ogni legame aveva dovuto essere rinnovato. Era questo senso di distacco che temeva, la distanza che creava tra lei e il suo amore profondo.

Jean un giorno l'aspettò davanti alla porta di casa sua e la sorprese mentre stava uscendo, tremante, pallida di eccitazione, incapace di dormire. Era arrabbiata per il potere che lui aveva di turbarla.

Per una strana coincidenza, che lui notò, erano entrambi vestiti di bianco. L'estate li avvolse. Il viso di lui era dolce e il turbamento emotivo nei suoi occhi la irretì. Aveva una risata da bimbo, piena di candore. Elena sentì Pierre dentro di sé, che l'afferrava, la tratteneva. Chiuse gli occhi per non vedere quelli dell'altro. Pensò che forse stava soffrendo per una forma di contagio, il contagio del suo fervore.

Si sedettero al tavolino di un caffè senza pretese. La cameriera rovesciò il vermouth. Seccato, egli le chiese di pulire la tavola, come se Elena fosse una principessa.

Elena disse: "Mi sento un po' come la luna, che si impossessò per un momento di te, e poi ti restituì la tua anima. Non dovresti amarmi. Non bisognerebbe amare la luna. Se mi vieni troppo vicino, ti farò male."

Ma dai suoi occhi vide che l'aveva già ferito. Le camminò ostinatamente accanto, quasi fin sulla porta della casa di Pierre.

Elena trovò Pierre con una faccia infuriata. Li aveva visti per strada e li aveva seguiti fin dal caffè. Aveva osservato ogni gesto e ogni espressione che si erano scambiati. Le disse: "Ci son stati un bel po' di gesti significativi tra di voi."

Era come un animale selvatico, con i capelli che gli cadevano sulla fronte e gli occhi stravolti. Per un'ora fu di umor nero, fuori di sé per la rabbia e il dubbio. Elena lo pregò, lo implorò con amore, gli prese la testa sul seno e lo cullò. Sfinito, egli finì per addormentarsi. Allora lei scivolò fuori dal letto e si mise alla finestra. Il fascino dello scultore si era appannato, tutto si appannava di fronte alla gelosia di Pierre. Pensò al corpo di Pierre, al suo sapore, all'amore che si portavano, e allo stesso tempo sentì la risata adolescente di Jean, fiduciosa, sensibile, e vide anche il fascino potente di Leila.

Aveva paura. Aveva paura perché non era più saldamente legata a Pierre, ma a una donna sconosciuta, che giaceva in lei, arrendevole, aperta, in espansione.

Pierre si svegliò. Si stirò le braccia e disse: "È passata adesso."

Allora Elena pianse. Voleva pregarlo di tenerla prigioniera, di non permettere a nessuno di portarla via. Si baciarono appassionatamente e lui esaudì il suo desiderio chiudendola tra le braccia con una forza tale da farle scricchiolare le ossa. Elena rise e disse: "Mi stai soffocando." Poi si sdraiò, sciolta in un sentimento materno, in un desiderio di proteggerlo dal dolore, e lui, dal canto suo, sembrò convinto di poterla possedere una volta per sempre. La gelosia gli suscitava una specie di furia. La linfa gli corse nelle vene con tale vigore che non aspettò il piacere di lei. E lei non lo voleva questo piacere. Si sentiva come una madre che riceveva un bambino dentro di sé, trascinandolo dentro per cullarlo, per proteggerlo. Non provava un'urgenza sessuale, ma l'impulso di aprirsi, di ricevere, di avvolgere.

Nei giorni in cui trovava Pierre debole, passivo, incerto, col corpo fiacco, che evitava persino lo sforzo di vestirsi per uscire in strada, allora si sentiva scattante, attiva. Quando si addormentavano insieme provava strane sensazioni. Nel sogno lui sembrava vulnerabile, e lei sentiva crescere la sua forza. Allora voleva entrare in lui come un uomo, possederlo. Voleva penetrarlo con dei colpi come pugnalate. Giaceva tra il sonno e la veglia e si identificava con la sua virilità, immaginava di diventare lui e di prenderlo come la prendeva lui.

Poi, altre volte, ritornava se stessa, spiaggia, sabbia e umori, e allora nessun abbraccio le sembrava abbastanza violento, abbastanza brutale, abbastanza bestiale.

Ma se dopo la gelosia di Pierre il loro modo di far l'amore fu più violento, allo stesso tempo l'aria era tesa, i loro sentimenti in tumulto, c'era ostilità, confusione, dolore. Elena non sapeva se il loro amore aveva gettato una nuova radice o assorbito un veleno che ne avrebbe affrettato la rovina.

C'era forse in tutto questo una gioia oscura che le sfuggiva, come le sfuggiva altre volte la passione malata, masochista, che altra gente aveva per la sconfitta, l'infelicità, la povertà, l'umiliazione, la schiavitù, i fallimenti? Pierre una volta aveva detto: "Quel che ricordo di più sono le grandi sofferenze della mia vita. I momenti piacevoli li ho dimenticati."

Poi Kay venne a trovare Elena, una nuova Kay, raggiante. La sua voglia di vivere tra molti amanti si era finalmente avverata. Era venuta a raccontare a Elena come avesse equilibrato la sua esistenza tra un amante frettoloso e una donna; sedettero sul letto di Elena a fumare e chiacchierare.

Kay disse: "La donna la conosci. È Leila."

Elena non poté far a meno di pensare: E così Leila ama di nuovo una donnetta. Non amerà mai una sua eguale? Qualcuno forte quanto lei? Era ferita dalla gelosia. Voleva essere al posto di Kay ed essere amata da Leila.

Chiese: "Che effetto fa essere amata da Leila?"

"È meraviglioso, Elena. Una cosa incredibile. Prima di tutto sa sempre quel che una desidera, capisce sempre di che umore sono, cosa voglio. È sempre attenta. Mi guarda quando ci incontriamo, e sa. Ci mette tanto tempo a far l'amore! Ti rinchiude in qualche posto meraviglioso: dev'essere un posto meraviglioso innanzitutto, dice. Una volta fummo costrette a usare una stanza d'albergo perché Mary era a casa sua. La luce era troppo forte e lei la coprì con la sottoveste. Prima fa l'amore col seno; passiamo delle ore a baciarci soltanto. Aspetta finché siamo ubriache di baci. Vuole che ci togliamo tutti i vestiti, poi ci sdraiamo incollate l'una all'altra, rotolando sui nostri corpi, baciandoci ancora. Poi si siede su di me a cavalcioni e mi si struscia contro. Non mi lascia venire per molto tempo. Diventa quasi una tortura, un amplesso così lungo e protratto. Ti lascia fremente, col desiderio di ricominciare daccapo."

Dopo un po' aggiunse: "Abbiamo parlato di te. Leila voleva sapere qualcosa della tua vita. Le ho detto che eri ossessionata da Pierre."

"E lei che ha detto?"

"Ha detto che Pierre le era noto solo come l'amante di donne del tipo di Bijou, che è una prostituta."

"Pierre ha amato Bijou?"

"Oh, solo per pochi giorni."

L'immagine di Pierre che faceva l'amore con la tanto celebrata Bijou cancellò quella di Leila che faceva l'amore con Kay. Era il giorno delle gelosie. L'amore era forse destinato a diventare una lunga serie di gelosie?

Ogni giorno Kay le forniva nuovi dettagli. Elena non poteva fare a meno di ascoltarli. E proprio attraverso questi pettegolezzi, Elena finiva con l'odiare la femminilità di Kay e amare la mascolinità di Leila. Intuiva la lotta di Leila per sentirsi piena e soddisfatta e la sua sconfitta. Vedeva Leila con indosso la sua camicia di seta da uomo, e i gemelli di argento. Voleva chiedere a Kay com'era la sua biancheria intima. Voleva vedere Leila mentre si vestiva.

A Elena pareva che le donne che si sottomettevano all'amore di lesbiche dominanti finissero con l'accentuare le caratteristiche più stupide della personalità femminile, allo stesso modo in cui i maschi omosessuali passivi si trasformavano nella caricatura di una donna per l'omosessuale maschio attivo. E Kay glielo stava confermando con l'esagerazione dei suoi capricci, con il suo modo di amarsi solo attraverso Leila. E anche tormentando Leila, come non avrebbe mai osato tormentare un uomo, intuendo che la donna in Leila sarebbe stata indulgente.

Elena era sicura che Leila soffrisse della mediocrità delle donne con cui poteva fare l'amore. Il rapporto non poteva mai essere meraviglioso, con queste tinte di infantilismo. Kay arrivava, mangiando cioccolatini che toglieva dalla tasca come una ragazzina appena uscita da scuola. Le faceva il broncio. Al ristorante esitava prima di ordinare, poi cambiava l'ordinazione, per atteggiarsi a *cabotine*, a donna dai capricci irresistibili. Ben presto Elena incominciò a eluderla, incominciò a capire la tragedia che si nascondeva dietro tutte le relazioni amorose di Leila. Leila aveva acquisito un nuovo sesso, spingendosi al di là dell'uomo e della donna. Pensò a Leila come a una figura mitica, ingigantita, esaltata. Leila la ossessionava.

Spinta da un'oscura intuizione, Elena decise di andare in una sala da tè inglese, sopra una libreria in Rue de Rivoli, dove omosessuali e lesbiche amavano darsi convegno. Sedevano in gruppi separati. Uomini solitari di mezza età erano alla ricerca di ragazzi giovani; lesbiche mature di ragazzine. La luce era smorzata, il tè fragrante, la torta, com'era giusto, decadente.

Entrando, Elena vide Miguel e Donald seduti allo stesso tavolino e si unì a loro. Donald era alle prese col suo ruolo di puttana. Gli piaceva far vedere a Miguel come gli era facile attrarre gli uomini ed essere pagato per i suoi favori. Era tutto eccitato perché un inglese dai capelli grigi, estremamente distinto, un uomo famoso per pagare sontuosamente per il suo piacere, li stava guardando. Donald stava sciorinando tutto il suo fascino davanti a lui, lanciandogli occhiate oblique, come quelle di una donna da sotto il velo. Miguel era seccato e gli disse: "Se solo sapessi cosa pretende quest'uomo dai suoi ragazzi, smetteresti di flirtare con lui."

Con morbosa curiosità Donald chiese: "Cosa pretende?"

"Vuoi davvero che te lo dica?"

"Sì, voglio saperlo."

"Vuole solo che i ragazzi si sdraino sotto di lui mentre lui si accuccia sulle loro facce e le copre di... puoi immaginare cosa."

Donald fece una smorfia e guardò ancora l'uomo dai capelli grigi. Non riusciva a crederci, vedendo il portamento aristocratico del gentiluomo, la delicatezza dei suoi lineamenti. Vedendo con quanta grazia reggeva il bocchino della sigaretta, osservando l'espressione romantica e sognante dei suoi occhi, Donald si chiese come potesse fare una cosa del genere. Comunque questo mise fine alle sue civetterie.

Poi entrò Leila, vide Elena, e andò a sedersi al loro tavolo. Conosceva Miguel e Donald, e le piacevano i pavoneggiamenti di quest'ultimo: la mostra di colori immaginari, di piume non possedute; senza i capelli tinti, le ciglia dipinte, le unghie dipinte, che avevano le donne. Rise con Donald e ammirò la grazia di Miguel, poi si rivolse a Elena e immerse i suoi occhi neri in quelli verdissimi di lei.

"Come sta Pierre? Perché non lo porti allo studio ogni tanto? Io ci vado tutte le sere, prima di cantare. Non sei mai venuta a sentirmi cantare. Sono al night club tutte le sere, verso le undici."

Più tardi le disse: "Vuoi che ti accompagni da qualche parte?"

Uscirono insieme e salirono dietro sulla limousine nera di Leila. Leila si piegò su Elena e le coprì la bocca con le sue labbra piene, in un bacio interminabile in cui Elena si perse completamente. I capelli caddero mentre le teste si appoggiavano contro i sedili. Leila la abbracciò. La bocca di Elena si posò sul suo collo, sulla scollatura del vestito nero, che le si apriva tra i seni. Le bastò spingere via la seta con le labbra per sentire l'inizio dei seni.

"Cercherai ancora di sfuggirmi?"

Elena le premette le dita contro i fianchi coperti di seta, sentendo la ricchezza delle anche, la pienezza delle cosce, accarezzandola. L'allettante sericità della pelle e della seta del vestito si scioglievano l'una nell'altra. Elena sentì la leggera sporgenza della giarrettiera e avrebbe voluto aprire le ginocchia di Leila, subito, lì in macchina. Leila diede all'autista un ordine che Elena non sentì. La macchina cambiò direzione. "Questo è un rapimento," disse Leila, con una risata profonda.

Senza cappello, coi capelli sciolti, entrarono nell'appartamento di Leila in penombra, con le tende chiuse contro la calura estiva. Leila condusse Elena per mano nella sua camera e caddero insieme sul grande letto lussuoso. Di nuovo seta, seta sotto le dita, seta tra le gambe, spalle, collo, capelli serici. Labbra di seta, tremanti sotto le dita. Era come la notte alla fumeria d'oppio; le carezze prolungate, la suspense trattenuta preziosamente. Ogni volta che si avvicinavano all'orgasmo, osservando l'accelerarsi dei movimenti, Leila ed Elena riprendevano a baciarsi, un bagno d'amore, come in un sogno interminabile, con gli umori che creavano un lieve ticchettio di pioggia tra i loro baci. Il dito di Leila era deciso e imperioso come un pene; la sua lingua sapeva spingersi lontano, sapiente, nelle nicchie più riposte a toccarne i nervi.

Invece di un solo centro sessuale, il corpo di Elena sembrava avere milioni di aperture sessuali, ugualmente sensibili, ogni cellula della pelle dotata della sensibilità di una bocca. La carne stessa delle sue braccia si apriva e si contraeva al passaggio della lingua o delle dita di Leila. Elena gemeva, e Leila le mordeva la carne come per strapparle gemiti più forti. La sua lingua tra le gambe di Elena era come un pugnale, agile e affilato. Quando venne l'orgasmo, fu così vibrante che scosse i loro corpi dalla testa ai piedi.

Elena sognò Pierre e Bijou; Bijou dalla carne abbondante, la puttana, l'animale, la leonessa, una dea lussuriosa dell'abbondanza, la sua carne un letto di sensualità: in ogni suo poro, in ogni sua curva. Nel sogno le sue mani erano avide, il suo corpo si sollevava in montagne frementi di carne in fermento, saturate di umori, piegate in molti strati voluttuosi. Bijou era sempre sdraiata, inerte e si risvegliava solo al momento dell'amore. Tutti i fluidi del desiderio gocciolavano lungo le ombre argentate delle sue gambe, intorno ai fianchi a forma di violino, scendendo e salendo con rumore di seta bagnata intorno alle infossature dei seni.

Elena la vedeva dappertutto, nelle gonne attillate delle "passeggiatrici", sempre in attesa di adescare. Pierre aveva amato la sua andatura oscena, le sue occhiate ingenue, la sua cupezza ubriaca, la sua voce virginale. Per poche notti egli aveva amato quel sesso a passeggio, quell'utero ambulante, aperto a tutti.

E ora forse l'amava di nuovo.

Pierre mostrò a Leila una fotografia di sua madre, la madre lussuriosa. La somiglianza con Bijou era sconcertante, erano simili in tutto, fuorché negli occhi. Quelli di Bijou avevano occhiaie violette. La madre di Pierre aveva un'aria più sana. Ma il corpo!

Allora Elena pensò: Sono perduta. Non aveva creduto alla storia di Pierre, secondo il quale ora Bijou lo respingeva. Incominciò a frequentare il caffè in cui si erano incontrati Pierre e Bijou, sperando di scoprire qualcosa che ponesse fine ai suoi dubbi. Non scoprì niente, salvo che a Bijou piacevano dei ragazzi molto giovani, col viso e le labbra freschi, col sangue fresco. Questo la calmò un poco.

Mentre Elena cercava di incontrare Bijou e smascherare un nemico, Leila cercava di incontrare Elena, con mille astuzie.

E le tre donne si incontrarono, spinte nello stesso caffè in un giorno di pioggia insistente: Leila profumata e ostentatamente elegante, a testa alta, con una stola di volpe argentata che le ondeggiava sulle spalle sopra un impeccabile abito nero; Elena vestita di velluto color vino; e Bijou nel suo abbigliamento da passeggiatrice, che non abbandonava mai, con un vestito nero aderente e tacchi a spillo. Leila sorrise a Bijou, poi riconobbe Elena. Tremando, le tre donne sedettero davanti agli aperitivi. Quel che Elena non si era aspettata era di essere completamente travolta dal fascino voluttuoso di Bijou. Alla sua destra sedeva Leila, decisa, brillante, e alla sua sinistra Bijou, come un letto di sensualità in cui Elena avrebbe voluto lasciarsi cadere.

Leila la osservava e soffriva. Poi si accinse a corteggiare Bijou, cosa che sapeva fare molto meglio di Elena. Bijou non aveva mai conosciuto donne come Leila, ma solo le donne che facevano il suo mestiere e che, quando non c'erano gli uomini, indulgevano con Bijou in orge di baci, per rifarsi della brutalità maschile. Sedevano a baciarsi in uno stato ipnotico, ma questo era tutto.

Bijou era sensibile alla sottile adulazione di Leila, ma allo stesso tempo era incantata da Elena. Elena era una novità assoluta per lei. Rappresentava per gli uomini un tipo di donna che era l'opposto della puttana, una donna che sembrava fatta di un'altra sostanza, una donna che sembrava inventata dalla leggenda. Inoltre Bijou conosceva gli uomini abbastanza bene da sapere che Elena era il tipo di donna che suscitava in loro il desiderio di iniziarla alla sensualità, che amavano vedere schiavizzata dalla sensualità. Più la donna era leggendaria, più era grande il piacere di dissacrarla ed erotizzarla. Anche lei, sotto sotto, al di là di tutti i sogni, era un'altra cortigiana, che viveva per il piacere dell'uomo.

A Bijou, che era la puttana delle puttane, sarebbe piaciuto cambiare posto con Elena. Le puttane invidiano sempre le donne che hanno la facoltà di suscitare il desiderio e l'illusione, insieme all'appetito sessuale. A Bijou, organo sessuale a passeggio senza travestimenti, sarebbe piaciuto avere l'aspetto di Elena. Ed Elena stava giusto pensando a quanto le sarebbe piaciuto far cambio con Bijou, per le molte volte in cui gli uomini si stancavano del corteggiamento, e volevano il sesso puro e semplice, bestiale e diretto. Elena moriva dalla voglia di essere violentata ogni giorno, senza riguardo per i suoi sentimenti; Bijou desiderava essere idealizzata. Soltanto Leila era soddisfatta d'essere nata libera dalla tirannia maschile, libera dagli uomini. Ma non si rendeva conto che imitare l'uomo non significava essersene liberata.

Fece la sua corte amabilmente, con tutte le adulazioni, alla puttana delle puttane. Dato che nessuna di loro abdicò, alla fine uscirono tutte insieme dal caffè. Leila invitò Elena e Bijou nel suo appartamento.

Quando arrivarono, lo trovarono profumato di incensi ancora accesi. L'unica fonte di illuminazione proveniva da un globo di vetro illuminato, pieno d'acqua e di pesci iridescenti, di coralli e di cavallucci marini di vetro. Questo dava alla stanza un aspetto sottomarino, come in un sogno, un posto in cui tre donne, belle in modo diverso, esalavano un'aura talmente sensuale che un uomo ne sarebbe stato sopraffatto.

Bijou aveva paura di muoversi. Le sembrava tutto così fragile! Si sedette a gambe incrociate, come una donna araba, e si mise a fumare. Elena sembrava irradiare luce come il globo di vetro. I suoi occhi brillavano febbrili nella semioscurità. Leila emanava un fascino misterioso per entrambe le donne, dava il senso dell'ignoto.

Si sedettero tutte e tre sul divano bassissimo, su una pila di cuscini. La prima a muoversi fu Leila, che fece scivolare la mano ingioiellata sotto la gonna di Bijou e rimase senza fiato per la sorpresa di toccare la pelle dove si era aspettata di trovare della biancheria di seta. Bijou si sdraiò e porse la bocca a Elena, la sua forza tentata dalla fragilità di Elena, e per la prima volta sperimentò quello che sente un uomo, che vede la leggerezza di una donna piegarsi sotto il peso di una bocca, la piccola testa reclinata dalle sue mani pesanti, i capelli leggeri che fluttuano. Le mani forti di Bijou circondarono con delizia il collo delicato. Tenne la testa tra le sue mani come una coppa per bere dalla bocca lunghe sorsate di nettare lieve, con la lingua ondulata.

Leila ebbe un attimo di gelosia, ogni carezza che faceva a Bijou, Bijou la trasmetteva a Elena: esattamente la stessa carezza. Dopo che Leila ebbe baciato la bocca generosa di Bijou, questa prese le labbra di Elena tra le sue. Quando la mano di Leila scivolò più in basso sotto il vestito di Bijou, questa infilò la sua mano sotto l'abito di Elena. Elena non si mosse, lasciandosi invadere dal languore. Allora Leila si mise in ginocchio e accarezzò Bijou con entrambe le mani. Quando le sollevò il vestito, Bijou si lasciò andare e chiuse gli occhi per sentire meglio i movimenti delle mani calde e decise. Elena, vedendo Bijou che si offriva, osò toccarle il corpo voluttuoso e seguire ogni contorno delle curve ricche, un letto di piume, morbido, con una carne soda, senza ossa, profumato di legno di sandalo e muschio. Toccando i seni di Bijou le si indurirono i capezzoli. Quando accarezzò le natiche di Bijou, la sua mano incontrò quella di Leila.

Poi Leila incominciò a svestirsi, rimanendo con una piccola guaina morbida di raso nero, che le reggeva le calze con sottili giarrettiere nere. Le sue cosce, bianche e sottili, brillavano, il pube rimaneva nell'ombra. Elena le slacciò le giarrettiere per veder emergere le gambe lisce. Bijou si tirò il vestito sopra la testa, poi si piegò in avanti per liberarsene, e così facendo mise a nudo la pienezza del suo sedere, la fossetta alla fine della colonna vertebrale, la schiena inarcata. Allora anche Elena si tolse il vestito. Indossava biancheria di pizzo nero, con delle aperture davanti e dietro che mostravano solo le pieghe ombrose dei suoi segreti sessuali.

Ai loro piedi c'era una grande pelliccia bianca e su di essa si lasciarono andare, i tre corpi in accordo, che si muovevano l'uno contro l'altro per sentire seno contro seno, ventre contro ventre. Cessarono di essere tre corpi. Divennero tutte bocche e dita, e lingue e sensi. Le loro labbra cercavano altre labbra, un capezzolo, un clitoride. Giacevano avvinghiate e si muovevano con grande lentezza. Si baciarono finché baciarsi divenne una tortura e il corpo si fece inquieto. Le loro mani trovavano sempre una carne arrendevole, un'apertura. La pelliccia sulla quale giacevano esalava un odore animale, che si mescolava con gli odori del sesso.

Elena cercò il corpo pieno di Bijou. Leila fu più aggressiva. Fece sdraiare Bijou al suo fianco, con una gamba sulla sua spalla, e incominciò a baciarla tra le gambe. Di quando in quando, Bijou balzava indietro, lontano dai baci e dai morsi brucianti, da quella lingua dura come un sesso maschile.

Quando si muoveva così, il suo sedere finiva completamente sul viso di Elena, che lo aveva accarezzato amandone la forma. Ora inserì un dito nella piccola apertura posteriore. Lì sentiva ogni contrazione causata dai baci di Leila, come se toccasse le pareti contro le quali Leila muoveva la lingua. Bijou, ritraendosi dalla lingua che la frugava, si muoveva contro un dito che le dava piacere. Esprimeva la sua voluttà con gorgoglii melodiosi e in certi momenti, come una selvaggia che viene tormentata, scopriva i denti e cercava di mordere la sua persecutrice.

Quando stava per venire e non riusciva più a difendersi dal piacere, Leila smise di baciarla, lasciandola a mezza strada, sull'orlo di una sensazione struggente, quasi impazzita. Elena smise nello stesso momento.

Ormai incontrollabile, come una splendida maniaca, Bijou

si gettò sul corpo di Elena, le aprì le gambe, le si mise sopra, incollò il suo sesso a quello di Elena e incominciò a muoversi, con disperazione. Come un uomo, cadeva su Elena per sentire i due sessi incontrarsi, saldarsi. Poi, sentendo l'orgasmo arrivare, si interruppe, per prolungare il piacere, si lasciò cadere di fianco e aprì la bocca sui seni di Leila, che erano in cerca di una carezza.

Anche Elena era in preda alla frenesia che precede l'orgasmo. Sentì una mano sotto di sé, una mano contro la quale poteva strusciarsi. Voleva gettarsi su questa mano perché la facesse venire, ma voleva anche prolungare il suo piacere. Così smise di muoversi. La mano continuava a cercarla, allora si alzò e la mano continuò a spostarsi verso il suo sesso. Poi sentì Bijou appoggiata alla sua schiena, ansimante. Ne sentì i seni appuntiti, lo struscio dei peli pubici contro le sue natiche. Bijou le si strusciò contro, scivolando su e giù lentamente, sapendo che la frizione avrebbe costretto Elena a girarsi in modo da sentirsela sui seni, sul sesso, sul ventre. Mani, mani dappertutto, contemporaneamente. Le unghie appuntite di Leila affondarono nelle parti più morbide delle spalle di Elena, tra il seno e l'ascella, facendole male, un dolore delizioso, la tigre che prendeva la sua preda, lacerandola. Il corpo di Elena bruciava talmente che ella temette che un solo tocco avrebbe scatenato l'esplosione. Leila, lo sentì, e si separarono.

Tutte e tre caddero sul divano. Smisero di toccarsi, e si guardarono, ammirando il loro disordine, vedendo il fluido brillare sulle gambe bellissime.

Ma non riuscivano a tener le mani lontane dai corpi delle altre, e ora Elena e Leila insieme attaccarono Bijou, intente a strapparle la sensazione estrema. Bijou venne circondata, abbracciata, coperta, leccata, baciata, morsa, spinta di nuovo sul tappeto di pelliccia, tormentata con un milione di mani e di lingue. Ormai implorava di essere soddisfatta, spalancava le gambe, cercava di darsi piacere da sola strusciandosi contro i corpi delle altre, ma queste non glielo permettevano. La saccheggiavano con le lingue e le dita, davanti e di dietro, interrompendosi a volte per toccarsi le lingue; Elena e Leila, bocca a bocca, con le lingue intrecciate, sulle gambe aperte di Bijou. Bijou si sollevò per ricevere un bacio che mettesse fine alla sua attesa. Elena e Leila, dimentiche di lei, stavano concentrando tutte le loro sensazioni nella lingua, leccandosi a vicenda. Bijou impaziente, follemente eccitata, incominciò ad accarezzarsi da sola, ma Leila ed Elena allontanarono la sua mano e ricaddero su di lei. L'orgasmo di Bijou arrivò come un tormento squisito. A ogni spasimo si muoveva come se la stessero pugnalando. Quasi gridò perché cessasse.

Sopra il suo corpo abbandonato, Elena e Leila, ripresero il loro lingua a lingua, con le mani che frugavano ebbre dappertutto, penetravano ogni orifizio, finché Elena gridò. Le dita di Leila avevano trovato il suo ritmo ed Elena le si aggrappò, desiderando che il piacere esplodesse, mentre le sue mani cercarono di dare a Leila lo stesso godimento. Cercarono di venire all'unisono, ma Elena venne prima, cadendo stupefatta, lontano dalla mano di Leila, colpita dalla violenza del suo orgasmo. Leila le cadde accanto, offrendo il sesso alla bocca di Elena. Quando il piacere di Elena si affievolì, si allontanò, estinguendosi, ella diede a Leila la sua lingua, leccò la bocca del sesso finché Leila non si contrasse gemendo. Morse la carne tenera di Leila che, nel parossismo del piacere, non sentì i denti affondati nella vulva.

Elena ora capiva perché alcuni mariti spagnoli si rifiutavano di iniziare le mogli a tutte le possibilità dell'amplesso: per evitare il rischio di risvegliare in loro una passione insaziabile. Invece di essere appagata, pacificata dall'amore di Pierre, era divenuta più vulnerabile. Più desiderava Pierre, più aumentava il suo appetito per altri amori. Le pareva che le interessasse poco il radicamento dell'amore, il suo stabilizzarsi, voleva soltanto il momento di passione da tutti.

Non aveva neanche voglia di rivedere Leila. Voleva vedere lo scultore Jean perché era divorato da quel fuoco che ella amava. Voleva essere bruciata. Pensò tra sé: Parlo quasi come una santa, bruciare d'amore, non per un amore mistico, ma per un inquietante incontro sessuale. Pierre ha risvegliato in me una donna che non conoscevo, una donna insaziabile.

Come se avesse ordinato al suo desiderio di realizzarsi, trovò Jean che l'aspettava alla porta. Come al solito le aveva portato un piccolo dono in un pacchettino che teneva goffamente. Il modo di muoversi del suo corpo, il modo di tremare del suo sguardo quando lei si avvicinava, tradivano la forza del suo desiderio. Elena era già posseduta dal suo corpo ed egli si muoveva come se già le fosse dentro.

"Non sei mai venuta a trovarmi," le disse umilmente. "Non hai mai visto il mio lavoro."

"Andiamo adesso," rispose Elena, e con passo lieve e danzante camminò al suo fianco. Arrivarono in una parte strana e squallida di Parigi, vicino a una delle porte, una città di baracche trasformate in studi, porta a porta con le case degli operai. E qui Jean viveva con le statue al posto dei mobili, statue massicce. Lui era fluido, mutevole, ipersensibile, eppure aveva creato solidità e potere con le sue mani tremanti.

Le sculture erano come monumenti, cinque volte più grandi del vero, le donne incinte, gli uomini indolenti e sensuali, con mani e piedi come radici di un albero. Un uomo e una donna erano talmente plasmati insieme, che non si riusciva a distinguere la differenza tra i loro corpi. I contorni erano totalmente saldati. Legati dai loro genitali, torreggiavano su Elena e Jean.

All'ombra di questa statua, si vennero incontro, senza una parola, senza un sorriso. Persino le loro mani non si mossero.

Quando si incontrarono, Jean spinse Elena contro la statua. Non si baciarono, né si toccarono con le mani. Solo il loro torso si incontrò, quasi a ripetere, nella calda carne umana, la saldatura della statua sopra di loro. Egli premette i genitali contro quelli di lei, con un ritmo leggero, estasiato, come se volesse entrare così nel suo corpo.

Scivolò giù, come per inginocchiarsi ai suoi piedi, ma solo per alzarsi di nuovo, questa volta sollevandole con l'attrito il vestito, che si ammucchiò in un groviglio sotto le braccia di lei. E di nuovo le si premette contro, a volte muovendosi da destra a sinistra o da sinistra a destra, a volte in cerchio, a volte spingendo con violenza compressa. Elena sentì il groppo del desiderio di lui strofinarla come se stesse accendendo un fuoco con due pietre, che sprizzava scintille appena si muoveva, e alla fine scivolò sul pavimento, come in un sogno leggero. Cadde scomposta, presa tra le gambe di lui, che ora voleva fissare questa posizione, eternarla, inchiodarle il corpo con i colpi della sua virilità rigogliosa. Si mossero di nuovo, lei per offrire i recessi più profondi della sua femminilità, lui per unirli. Elena si contrasse per sentire di più la sua presenza, muovendosi con un ansito di gioia insostenibile, come se avesse toccato il punto più vulnerabile del suo essere.

Jean chiuse gli occhi per sentire meglio il prolungamento del suo essere in cui si era concentrato tutto il suo sangue e che ora giaceva nella voluttuosa oscurità di lei. Non poteva più trattenersi e spinse ancor di più per invaderla, per riempirle il grembo fino all'orlo col suo sangue, e mentre lo riceveva, il piccolo passaggio in cui si muoveva gli si chiuse ancor più strettamente intorno, inghiottendo l'essenza del suo essere dentro il grembo di lei.

La statua proiettava la sua ombra sul loro amplesso che non si scioglieva. Giacevano immobili, come pietrificati, sentendo svanire il piacere fino all'ultima goccia. Elena stava già pensando a Pierre. Sapeva che non sarebbe tornata da Jean.

Pensò: Domani sarebbe meno bello. Pensò con una paura superstiziosa che se fosse rimasta con Jean, Pierre avrebbe intuito il tradimento e l'avrebbe punita.

Si aspettava di essere punita. In piedi, davanti alla porta di Pierre, si aspettava di trovare Bijou lì, nel suo letto, con le gambe spalancate. Perché Bijou? Perché Elena si aspettava una vendetta per il tradimento del suo amore.

Il cuore le batteva all'impazzata quando aprì la porta. Pierre le sorrise con innocenza. Ma non era innocente anche il proprio sorriso? Per accertarsene, si guardò nello specchio. Si aspettava forse che il demone che la possedeva facesse capolino nei suoi occhi verdi?

Osservò la sua gonna stazzonata, i granelli di polvere sui sandali. Sentì che Pierre, se avesse fatto l'amore con lei, si sarebbe accorto che il seme di Jean scorreva insieme al suo fluido. Evitò le sue carezze e propose di andare a vedere la casa di Balzac a Passy.

Era un pomeriggio dolce e piovigginoso, tinto di quella malinconia parigina che faceva stare in casa la gente, che creava un'atmosfera erotica perché calava come una cappa sulla città, racchiudendo tutti in un'atmosfera fiacca, come in un'alcova, e dappertutto c'era un particolare che ricordava la vita erotica: un negozio seminascosto, che esponeva biancheria e giarrettiere nere e stivali neri; l'andatura provocante delle donne parigine; taxi che trasportavano amanti abbracciati.

La casa di Balzac era in cima a una strada che saliva in collina a Passy, e dava sulla Senna. Prima dovettero suonare alla porta di un appartamento, poi scendere una rampa di scale che sembrava sboccare su una cantina e si apriva invece su un giardino. Poi dovettero attraversare il giardino e suonare a un'altra porta. E questa era la porta della sua casa, nascosta nel giardino del condominio, una casa segreta e misteriosa, così nascosta e isolata nel cuore di Parigi.

La donna che venne ad aprire era come un fantasma del passato: il viso sbiadito, capelli e vestiti sbiaditi, senza sangue. A furia di vivere con i manoscritti di Balzac, con le fotografie, gli epitaffi per le donne che lui aveva amato, le prime edizioni, la donna era permeata di un passato svanito, e tutto il sangue era defluito da lei. La sua stessa voce era distante, spettrale. Dormiva in quella casa piena di ricordi morti, ed era diventata egualmente morta al presente. Era come se ogni notte scendesse nella tomba di Balzac, a dormire con lui.

Li guidò attraverso le stanze e poi sul retro della casa. Arrivò a una botola, infilò le lunghe dita ossute nell'anello e la sollevò perché Elena e Pierre potessero vedere. Dava su una piccola scaletta.

Era la botola che Balzac aveva costruito perché le donne che venivano a trovarlo potessero sfuggire alla sorveglianza e ai sospetti dei mariti. Lui stesso la usava per sottrarsi ai creditori. La scaletta sbucava su un sentiero che portava a un cancello aperto su una strada isolata che finiva poi sulla Senna. Si poteva scappare prima che la persona alla porta principale avesse il tempo di attraversare la prima stanza.

Per Elena e Pierre, quella botola evocò talmente la vita amorosa di Balzac, che ebbe su di loro l'effetto di un afrodisiaco. Pierre le sussurrò: "Mi piacerebbe prenderti proprio qui, sul pavimento."

La donna fantasma non udì queste parole, pronunciate con la franchezza di un uomo da bassifondi, ma catturò l'occhiata che le accompagnava. L'umore dei visitatori non armonizzava con la santità del luogo, ed ella li spinse fuori alla svelta.

L'alito di morte aveva sferzato i loro sensi. Pierre fermò un taxi. E nella macchina non poté aspettare. Fece sedere Elena sopra di sé, di schiena, con tutto il corpo contro il suo, a nasconderlo. Le sollevò la gonna.

Elena disse: "No, Pierre, aspetta che arriviamo a casa. La

gente ci può vedere. Per piacere, aspetta. Oh Pierre, mi fai male! Guarda, il poliziotto ci ha guardato, e adesso siamo fermi, e la gente ci può vedere dal marciapiede, per carità Pierre, smettila!"

Ma per tutto il tempo, mentre si difendeva debolmente, e cercava di sfuggirgli, era conquistata dal piacere. I suoi sforzi per star seduta immobile la rendevano ancor più cosciente di ogni movimento di Pierre. Ora temeva che lui potesse affrettare i suoi gesti, spinto dalla velocità del taxi e dalla paura che presto si sarebbe fermato di fronte alla casa, e che il conducente si sarebbe girato verso di loro. E invece lei voleva godersi Pierre, rinsaldare il loro legame, l'armonia dei loro corpi. Dalla strada li osservavano, tuttavia non riusciva a strapparsi da lui, che ora l'aveva circondata con le braccia. Poi, un sobbalzo violento del taxi su una buca in mezzo alla strada li separò. Era troppo tardi per riprendere l'abbraccio. Il taxi si era fermato e Pierre ebbe appena il tempo di allacciarsi i pantaloni. Elena sentiva che dovevano avere entrambi un'aria ebbra, stravolta; il languore del suo corpo le rendeva difficile muoversi.

Pierre era pervaso da un piacere perverso per questa interruzione. Gli piaceva sentire le sue ossa mezze sciolte nel corpo, il riflusso quasi doloroso del sangue. Elena assecondò questo nuovo capriccio, e più tardi si sdraiò con lui sul letto a scambiare carezze e a chiacchierare. Poi Elena raccontò a Pierre una storia che aveva udito il mattino da una ragazza francese che cuciva per lei:

"Madeleine lavorava per un grande magazzino. Veniva dalla famiglia di straccivendoli più povera di tutta Parigi. Sia il padre sia la madre vivevano raccattando le immondizie e vendendo i pezzi di latta, di pelle e di carta che trovavano. Madeleine fu assegnata al sontuoso reparto camere da letto, sotto la supervisione di un affabile caporeparto tutto impomatato e inamidato. Madeleine non aveva mai dormito in un letto, ma solo su una pila di stracci e di giornali in una baracca. Quando la gente non la guardava, tastava il raso dei copriletti, i materassi, i cuscini di piume, come se si fosse trattato di ermellino o cincillà. Aveva la capacità tutta parigina di vestirsi con grazia coi soldi che altre spendevano per le calze. Era attraente, con occhi spiritosi, capelli neri ricciuti, e curve pronunciate. Aveva due passioni: una era quella di rubare qualche goccia di profumo nel reparto cosmetici, l'altra di aspettare che il magazzino chiudesse per sdraiarsi su uno dei letti più soffici fingendo che avrebbe dormito lì. Preferiva quelli col baldacchino, si sentiva più sicura sdraiata dietro le tende. Il supervisore di solito aveva una fretta tale di andarsene, che Madeleine poteva rimanere sola qualche minuto a indulgere nelle sue fantasie. Sdraiata su questi letti, pensava di avere un fascino mille volte più forte e sognava che certi uomini eleganti che aveva visto agli Champs Elysées potessero vederla sdraiata lì e rendersi conto di quanto poteva esser bella in una camera da letto sontuosa.

"La sua fantasia divenne poi più complicata. Fece in modo da avere un tavolo da toilette con lo specchio di fronte al letto per potersi ammirare quando si sdraiava. Poi un giorno, dopo aver completato tutti i particolari della cerimonia, vide che il supervisore era rimasto a guardarla pieno di stupore. Mentre stava per saltar giù dal letto, lui la fermò.

"'Madame,' le disse (di solito la chiamavano Mademoiselle), "sono felice di fare la sua conoscenza. Spero le sia piaciuto il letto che ho fatto per lei, secondo i suoi ordini. Lo trova abbastanza soffice? Pensa che il signor conte lo apprezzerà?'

"'Fortunatamente il signor conte è via per una settimana e io potrò godermi il mio letto con qualcun altro,' rispose Madeleine. Poi si mise a sedere e offrì la mano all'uomo. 'Ora la baci come bacerebbe la mano a una signora in un salotto.' Sorridendo, egli la assecondò con soave eleganza. Poi udirono un suono ed entrambi svanirono in direzioni diverse.

"Ogni giorno rubavano cinque o dieci minuti dopo l'ora di chiusura. Fingendo di riordinare, di spolverare, di rettificare i prezzi sui cartellini, organizzavano le loro scenette. Il supervisore aggiunse il tocco più efficace di tutti: un paravento. E lenzuola bordate di pizzo prese da un altro reparto. Poi fece il letto e ripiegò le coperte. Dopo che lui le aveva baciato le mani, chiacchieravano. La chiamava Nana, e poiché Madeleine non aveva il libro omonimo, lui glielo regalò. Quel che lo preoccupava adesso, era l'effetto assurdo del vestitino nero e attillato di lei sul copriletto color pastello. Allora prendeva un négligé trasparente, che durante il giorno stava su un manichino, e con questo copriva Madeleine. Anche se passava di lì qualche addetto alle vendite, non vedeva la scena che si svolgeva dietro il paravento.

"Dopo averle baciato la mano, il sorvegliante le dava un bacio più su, sul braccio, nell'incavo del gomito. La pelle lì era sensibile, e quando Madeleine piegava il braccio aveva l'impressione che il bacio vi restasse racchiuso. Lo lasciava lì, come un fiore tra le pagine di un libro, e più tardi, quando era sola, apriva il braccio e lo baciava nello stesso punto, come a divorarlo più intimamente. Questo bacio, deposto con tanta delicatezza, era più potente di tutti i pizzicotti grossolani che aveva ricevuto per la strada come tributi al suo fascino o delle oscenità sussurratele dagli operai: '*Viens que je te suce.*'

"Sulle prime il supervisore sedeva ai piedi del letto, poi incominciò ad allungarsi di fianco a lei e a fumare una sigaretta con tutte le cerimonie di un fumatore d'oppio perso in sogni. Il suono allarmante di passi al di là del paravento conferiva ai loro incontri la segretezza e il pericolo di un convegno amoroso. Madeleine diceva: 'Se solo potessimo evitare la sorveglianza gelosa del conte! Mi sta dando ai nervi.' Ma il suo ammiratore era troppo saggio per proporle: 'Vieni con me in qualche alberghetto.' Sapeva che tutto questo non poteva aver luogo in una stanza squallida, con un letto di ottone con coperte logore e lenzuola grigiastre. Lasciò cadere un bacio nella nicchia più calda del suo collo, sotto i riccioli neri, poi sulla punta dell'orecchio, là dove Madeleine non poteva assaggiarlo più tardi, dove poteva solo toccarlo con le dita. L'orecchio le bruciò tutto il giorno dopo questo bacio, perché lui aveva incominciato a morderglielo.

"Appena Madeleine si sdraiava, si lasciava andare a un certo languore, il che era forse dovuto al suo concetto del comportamento aristocratico, o ai baci che ora le piovevano come una collana sul collo, sulla gola, e più giù, all'attaccatura dei seni. Non era una vergine, ma la brutalità degli attacchi che aveva subito, spinta contro un muro in stradine buie, gettata sul pavimento di un camion, o arrovesciata dietro le baracche degli straccivendoli, dove la gente si accoppiava senza neanche prendersi la briga di guardarsi in faccia, non l'aveva mai turbata come questo corteggiamento dei sensi graduale e cerimonioso. Per tre o quattro giorni lui si gingillò amorosamente con le sue gambe, le fece indossare pianelle orlate di pelliccia, le sfilò le calze e le baciò i piedi tenendoli come se stesse possedendo tutto il suo corpo. Quando fu finalmente pronto a sollevarle la sottana aveva già infiammato così totalmente il resto del suo corpo, che Madeleine era matura per il possesso finale.

"Dato che avevano poco tempo a disposizione e dovevano sempre lasciare il negozio insieme agli altri, quando si decise a prenderla egli dovette lasciar perdere le carezze. E così ora lei non sapeva più cosa preferire. Se le sue carezze si protraevano troppo, non gli restava il tempo di prenderla. Se procedeva direttamente, lei provava meno piacere. Ora, dietro il paravento si svolgevano scene recitate nelle più lussuose camere da letto, solo con più fretta, perché ogni volta dovevano rivestire il manichino e rifare il letto. Eppure non si incontrarono mai, salvo che in questi momenti. Questo era il loro sogno quotidiano. Lui disprezzava le avventure squallide dei suoi compagni in alberghi da cinque franchi. Si comportava invece come se andasse a far visita alla prostituta più corteggiata di Parigi, e fosse *l'amant de coeur* di una donna mantenuta da uomini ricchissimi."

"E il sogno non venne mai distrutto?" chiese Pierre.

"Sì. Ti ricordi lo sciopero con occupazione del grande magazzino? Gli impiegati lo occuparono per due settimane e in questo periodo tutte le coppie scoprirono la morbidezza dei letti della miglior qualità, dei divani e delle agrippine, e scoprirono le variazioni che si potevano aggiungere alle posizioni amorose quando i letti sono grandi e bassi, e stoffe ricche accarezzano la pelle. Il sogno di Madeleine divenne di dominio pubblico, una caricatura volgare del piacere che aveva sperimentato. L'unicità dei suoi incontri con l'amante cessò. Lui la chiamò di nuovo Mademoiselle, e lei lo chiamò Monsieur. Lui cominciò a trovare dei difetti nel suo modo di vendere, e alla fine Madeleine lasciò il lavoro."

Elena affittò una vecchia casa di campagna per i mesi estivi, una casa che aveva bisogno di essere ridipinta. Miguel aveva promesso di aiutarla. Incominciarono con l'attico, che era pittoresco e complicato, con una serie di stanzette irregolari, a volte una stanza dentro l'altra, come un ripensamento.

C'era anche Donald ma non era interessato a imbiancare, per cui uscì a esplorare il grande giardino e il villaggio e la foresta che si estendeva oltre la casa. Elena e Miguel lavorarono da soli, coprendo di pittura se stessi, oltre che le pareti. Miguel teneva il pennello come se stesse facendo un ritratto, e si staccava dal muro per contemplare i suoi progressi. Lavorare insieme li riportò all'atmosfera della loro giovinezza.

Per sconcertarla, Miguel le parlò della sua "collezione di culi", fingendo che fosse la bellezza di questo particolare ad affascinarlo e a tenerlo attaccato a Donald, che la possedeva al massimo grado: l'arte di trovare un culo che non fosse troppo tondo, come quello della maggioranza delle donne, e non troppo piatto, come quello degli uomini, ma una via di mezzo, qualcosa che valesse la pena di palpare.

Elena rideva. Pensava che quando Pierre le girava la schiena le sembrava una donna, e le faceva venir voglia di violentarlo. Non faceva fatica a immaginarsi i sentimenti di Miguel quando giaceva contro la schiena di Donald.

"Ma allora, se il culo è abbastanza rotondo e sodo, e se il ragazzo non ha un'erezione," disse Elena, "non c'è una gran differenza con una donna. Oppure devi ancora tastare per trovare delle differenze?"

"Ma certo! Pensa a come sarebbe terribile non trovarci niente, laggiù, e anche trovare troppo più in su, quei rigonfiamenti mammari, seni da latte, una cosa da paralizzare ogni appetito sessuale."

"Alcune donne hanno dei portalatte molto piccoli," disse Elena.

Ora toccava a lei stare in piedi sulla scala per raggiungere un cornicione e l'angolo obliquo della stanza. Alzando il braccio sollevò anche la gonna; le due gambe erano snelle, senza "rotondità esagerate", come le aveva detto Miguel, per farle un complimento che si poteva permettere ora che il loro rapporto era al sicuro da ogni speranza sessuale da parte di Elena.

Il desiderio di Elena di sedurre un omosessuale era un errore comune fra le donne. Di solito era un punto d'onore femminile, un desiderio di dimostrare il proprio potere contro ogni stranezza, la sensazione, forse, che tutti gli uomini stavano sfuggendo al loro controllo e che dovevano sedurli di nuovo. Miguel era tormentato ogni giorno da tentativi del genere. Non era effeminato, aveva un bel portamento e gesti maschili. Appena una donna incominciava a circuirlo con le sue civetterie, veniva preso dal panico. Prevedeva immediatamente tutto il dramma: l'aggressione della donna, l'interpretazione della sua passività come semplice timidezza, le avances, l'odio di lui per il momento in cui avrebbe dovuto respingerla. Non riusciva mai a farlo con calma indifferenza. Era troppo tenero e comprensivo. A volte soffriva più della donna di cui era in gioco solo la vanità. Aveva con le donne un rapporto così familiare, che aveva sempre l'impressione di far del male alla madre, o a una sorella, o, di nuovo, a Elena, nelle sue nuove trasformazioni.

Ormai sapeva quanto male aveva fatto a Elena, essendo stato il primo a instillarle il dubbio di non saper amare o di non poter essere amata. Ogni volta che sventava un approccio da parte di una donna, aveva la sensazione di commettere un crimine minore, di uccidere per sempre una fede e una sicurezza.

Com'era bello essere con Elena e poter apprezzare le sue doti femminili senza pericolo! Dell'Elena sensuale si occupava Pierre. Eppure, com'era geloso di Pierre! Proprio come lo era stato del padre quand'era bambino. Sua madre lo faceva sempre uscire dalla stanza appena arrivava il padre, e questi era ansioso che lui se ne andasse. Non riusciva a sopportare che loro due si chiudessero in camera per delle ore. Appena suo padre se ne andava, l'amore della madre, i suoi baci, i suoi abbracci, tornavano a essere per lui.

Quando Elena diceva: "Vado a trovare Pierre," era lo stesso. Niente poteva trattenerla. Per quanto si divertissero insieme, per quanta tenerezza Elena potesse mostrargli, quando era il momento di stare con Pierre, niente poteva trattenerla.

Anche il mistero della mascolinità di Elena lo affascinava. Ogni volta che era con lei, sentiva questa qualità vitale, positiva, attiva, della sua natura. In sua presenza veniva scossa dalla sua pigrizia, dalla sua vaghezza, dalle sue procrastinazioni. Elena era il catalizzatore.

Le guardò le gambe. Le gambe di Diana, Diana cacciatrice, il ragazzo-donna. Gambe per correre e saltare. Fu preso da una curiosità incontrollabile di vedere il resto di quel corpo. Si fece più sotto alla scala. Le gambe slanciate sparivano dentro a un paio di mutandine di pizzo. Voleva vedere di più.

Elena abbassò lo sguardo verso di lui e lo vide lì in piedi che la guardava con gli occhi dilatati.

"Elena, mi piacerebbe vedere come sei fatta."

Lei gli sorrise.

"Mi lasci guardare?"

"Mi stai già guardando."

Egli le sollevò l'orlo della sottana che si aprì su di lui come un ombrello estivo, nascondendogli la testa alla vista di Elena. Questa incominciò a scendere dalla scala, ma le mani di lui la fermarono. Aveva afferrato l'elastico delle mutandine e l'aveva teso per togliergliele. Elena rimase a metà strada sulla scala, con una gamba più su dell'altra, che impediva a Miguel di tirar giù del tutto le mutandine. Egli tirò la gamba in basso, verso di sé, in modo da eliminare del tutto l'indumento. Le mise affettuosamente le mani sul sedere. Come uno scultore, accertò i contorni esatti di quel che aveva tra le mani, sentendone la fermezza, la rotondità, come se si trattasse semplicemente del frammento di una statua che aveva appena dissotterrato, di cui era andato perso il resto. Trascurò le altre forme e le altre curve e accarezzò soltanto il sedere, facendolo scendere pian piano verso il suo viso, impedendo a Elena di girarsi mentre scendeva la scaletta.

Ella si abbandonò al suo capriccio, pensando che sarebbe stata solo un'orgia degli occhi e delle mani. Quando arrivò sul tappeto, Miguel aveva una mano su entrambi i promontori tondeggianti, e li palpava come fossero seni, riportando le carezze dove le aveva cominciate, ipnoticamente.

Ora Elena gli stava di fronte, appoggiata alla scala. Sentì che stava cercando di prenderla. Dapprima la toccò dove l'apertura era troppo piccola per lui e le fece male, tanto che gridò, poi si spostò in avanti, e trovò il vero orifizio femminile, scoprì che poteva scivolare in questo canale, ed ella fu stupita nel sentirlo così forte, mentre rimaneva dentro di lei e si muoveva. Benché si muovesse con forza, non accelerava i movimenti per raggiungere l'orgasmo. Stava forse rendendosi conto con maggior consapevolezza che era dentro a una donna e non a un ragazzo? Pian piano si ritrasse, la lasciò presa a metà, e nascose il viso in modo che lei non potesse vedere la sua delusione.

Elena lo baciò per dimostrargli che questo episodio non gettava nubi sul loro rapporto, che lo capiva.

A volte, per la strada o in un caffè, Elena rimaneva ipnotizzata dalla faccia da *souteneur* di un uomo, da un grosso operaio con stivaloni al ginocchio, da una testa brutale, da criminale. Sentiva un tremito sensuale di paura, un'oscura attrazione. La femmina in lei rimaneva affascinata. Per un secondo si sentiva come una puttana che teme una pugnalata nella schiena per qualche infedeltà. Si sentiva angosciata. Era in trappola. Dimenticava di essere libera. Un oscuro strato fungoso veniva risvegliato, un primitivismo sotterraneo, un desiderio di sentire la brutalità dell'uomo, la forza che poteva spalancarla e saccheggiarla. Essere violata era un desiderio della donna, un desiderio segreto, erotico. Dovette scuotersi dal dominio di queste immagini.

Si ricordò che quel che aveva subito amato in Pierre era la luce pericolosa nei suoi occhi, gli occhi di un uomo senza colpa e senza scrupoli, che si prendeva quel che voleva, ne godeva, e non si curava dei rischi e delle conseguenze.

Cos'era successo a questo indomabile, ostinato selvaggio che aveva incontrato su una strada di montagna in un mattino accecante? Ora era addomesticato. Viveva per fare l'amore. Elena sorrise a questo pensiero; era una qualità rara in un uomo. Ma era ancora un uomo della natura. A volte gli chiedeva: "Dove hai lasciato il cavallo? Hai sempre l'aria di chi ha lasciato il cavallo alla porta, pronto a ricominciare a galoppare."

Dormiva nudo e odiava pigiama, vestaglie e pantofole. Gettava i mozziconi sul pavimento. Si lavava con acqua gelata, come i pionieri. Rideva delle comodità. Sceglieva sempre le sedie più dure. Una volta il suo corpo era così caldo e inzaccherato e l'acqua che usava così gelida, che dai pori della sua pelle uscirono nubi di vapore. Lui sollevò le mani verso di lei e lei disse: "Sei il dio del fuoco."

Non riusciva ad arrendersi al tempo. Non sapeva cosa si poteva fare, o non fare, in un'ora. Metà del suo essere era perennemente addormentato, raggomitolato nell'amore materno che lei gli dava, raggomitolato nel sogno, nella pigrizia, a parlare di viaggi che avrebbe fatto, di libri che avrebbe scritto.

Era anche puro, in strani momenti. Aveva la reticenza del gatto. Benché dormisse nudo, non camminava per casa nudo.

Pierre toccava tutte le regioni della comprensione con l'intuizione. Ma non viveva lì, non dormiva e non mangiava in quelle regioni superiori, come faceva lei. Spesso litigava, lottava, beveva, in compagnia di amici ordinari, passava le serate con gente ignorante. Lei non lo poteva fare. Le piaceva l'eccezionale, lo straordinario, e questo li separava. Le sarebbe piaciuto essere come lui, vicino a tutti, a chiunque, ma non ci riusciva. Ciò la rendeva triste. Spesso, quando uscivano insieme, lei lo lasciava.

Ebbero il loro primo litigio serio proprio a proposito del tempo. Pierre le telefonava e diceva: "Vieni a casa mia alle otto." Lei aveva la sua chiave, entrava e si metteva a leggere un libro. E lui arrivava alle nove. Oppure la chiamava quando era già lì ad aspettarlo e le annunciava: "Sarò lì a minuti," e poi veniva due ore dopo. Una sera dopo aver aspettato troppo a lungo (e l'attesa le era penosa perché lo immaginava a far l'amore con qualcun'altra), lui arrivò e scoprì che Elena se n'era andata. E allora toccò a lui arrabbiarsi. Ma questo non modificò il suo vizio. Un'altra volta lo chiuse fuori. Rimase accanto alla porta ad ascoltarlo. Sperava già che non se ne sarebbe andato, le spiaceva enormemente che la loro serata si rovinasse così. Ma attese. E lui suonò di nuovo il campanello, con grande delicatezza. Se avesse suonato con rabbia non si sarebbe smossa, ma suonò così gentilmente, con un tono così colpevole, che gli aprì la porta. Era ancora arrabbiata, lui invece la desiderava. Gli oppose resistenza, e questo lo eccitò ancor di più. Ma Elena fu intristita dallo spettacolo del suo desiderio.

Aveva la sensazione che Pierre provocasse di proposito questa scena. Più lui si eccitava, più lei si ritraeva. Si chiudeva sessualmente. Ma il miele le usciva dalle labbra chiuse e Pierre era in estasi. Divenne più appassionato, le aprì le ginocchia a forza con le sue gambe forti, riversandosi dentro di lei con impeto e venne con un'intensità tremenda.

Mentre altre volte se non aveva provato piacere l'aveva simulato, per non ferire Pierre, questa volta Elena non finse per niente. Quando la passione di Pierre fu soddisfatta, lui le chiese: "Sei venuta?" "No," rispose lei, e Pierre ne soffrì. Sentiva tutta la crudeltà della sua mancanza di abbandono, e le disse: "Io ti amo più di quanto non mi ami tu." Eppure sapeva quanto lei l'amasse, e si sentiva perso.

Poi Elena rimase sdraiata a occhi aperti, pensando che il suo ritardo era innocente; si era già addormentato quando Elena se ne andò. Per la strada la travolse una tale ondata di tenerezza che dovette tornare nell'appartamento. Si gettò su di lui dicendo: "Ho dovuto tornare, ho dovuto tornare."

"E io volevo che tu tornassi," le rispose lui. La toccò e la trovò così bagnata, così bagnata! Scivolando dentro e fuori di lei, le disse: "Mi piace vedere come ti penetro, come ti pugnalo lì, nella tua piccola ferita." Poi si immerse in lei, per strapparle gli spasmi che prima aveva trattenuto.

Quando lo lasciò, Elena era felice. L'amore poteva dunque diventare un fuoco che non brucia, come il fuoco dei santoni indù? Stava forse imparando a camminare sui carboni ardenti?

IL BASCO E BIJOU

Era una notte piovosa, le strade come specchi, a riflettere ogni cosa. Il Basco, con trenta franchi in tasca, si sentiva ricco. La gente aveva incominciato a dirgli che, alla sua maniera ingenua e cruda, era un grande pittore. Non si rendevano conto che copiava dalle cartoline illustrate. Gli avevano dato trenta franchi per il suo ultimo quadro, e questo lo aveva reso euforico, bisognava festeggiare. Stava cercando una di quelle lucine rosse che promettevano piacere. Una donna materna gli aprì la porta, ma una di quelle donne materne che guardavano subito le scarpe del nuovo arrivato, per capire quanto poteva permettersi di spendere per il suo piacere. Poi, solo per togliersi una soddisfazione, indugiava con lo sguardo sulla patta dei pantaloni. Le facce non la interessavano. La sua vita era dedicata soltanto alle contrattazioni con queste parti dell'anatomia maschile. I suoi occhioni, ancora vispi, avevano un modo penetrante di trapassare i pantaloni, come se fossero in grado di calcolare la misura e il peso degli attributi dell'uomo. Era un'occhiata professionale. Le piaceva accoppiare la gente con più acume di altre madri della prostituzione. Era lei a suggerire certe unioni, ed era più esperta di una venditrice di guanti. Le bastava guardare nei pantaloni per misurare il cliente e organizzarsi per trovargli un guanto perfetto, che gli stesse a pennello. Non dava piacere se c'era troppo spazio, e non dava piacere se il guanto era troppo stretto. Maman pensava che la gente moderna aveva dimenticato l'importanza di una misura esatta. Le sarebbe piaciuto diffondere la sua conoscenza, ma agli uomini e alle donne pareva importare sempre meno, erano meno maniaci dell'esattezza di quanto non lo fosse lei. Se un uomo oggi si trovava a navigare in un guanto troppo largo, muovendosi come in un appartamento vuoto, si accontentava lo stesso. Lasciava che il suo membro sbatacchiasse in giro come una bandiera e se ne uscisse senza un vero e proprio abbraccio avviluppante che gli scaldasse le viscere. Oppure lo ficcava dentro bagnandolo di saliva, spingendo come se stesse cercando di infilarsi sotto una porta chiusa, intrappolato da uno spazio troppo ristretto, rattrappendosi ancor di più per rimanerci. E se per caso la ragazza rideva di piacere, o per simularlo, veniva espulso immediatamente, perché non c'era la possibilità di espansione per i sussulti di una risata. La gente stava perdendo ogni conoscenza di una buona unione.

Solo dopo aver guardato i calzoni del Basco, Maman lo riconobbe e gli sorrise. Il Basco, bisogna dirlo, condivideva con Maman questa passione per le sfumature, ed ella sapeva che non si accontentava tanto facilmente. Aveva un cazzo capriccioso. Di fronte a una vagina che era come una casella postale, si ribellava. Di fronte a un tubo astringente, si ritraeva. Era un intenditore, un gourmet del piccolo forziere delle donne. Gli piacevano vellutate e accoglienti, espansive e aderenti. Maman si attardò a guardarlo più a lungo di quanto non facesse con altri clienti. Il Basco le piaceva, e non per il suo profilo classico, il naso corto, gli occhi a mandorla, i lucidi capelli neri, il passo armonioso e felino, e i gesti disinvolti. Non era per la sua sciarpa rossa o per il berretto appoggiato in testa di sghimbescio. Non era per i suoi modi seducenti con le donne. Era per il suo *pendentif* regale, la sua nobile mole, la sua disponibilità sensibile e infaticabile, la sua cordialità, la sua espansività. Non ne aveva mai visto uno simile. A volte lo metteva sulla tavola, come se depositasse una borsa di denaro, e lo usava per battere, come per attirare l'attenzione. Lo tirava fuori con naturalezza, come altri uomini si tolgono il cappotto quando fa caldo. Si aveva l'impressione che non stesse bene chiuso dentro, confinato, che avesse bisogno di prendere aria, di farsi ammirare.

Maman si lasciava andare continuamente al suo vizio di guardare i beni maschili. Quando gli uomini uscivano dai vespasiani, e finivano di abbottonarsi, Maman aveva la buonasorte di catturare l'ultimo balenio di un membro dorato, o di uno bruno, o di uno ben appuntito, che era il suo genere preferito. Sui boulevard veniva spesso gratificata dalla vista di pantaloni mezzo sbottonati, e i suoi occhi, dotati di una visione molto acuta, riuscivano a penetrare le ombrose aperture. Meglio ancora se riusciva a sorprendere un vagabondo che si "alleggeriva" contro il muro di un casamento, tenendo pensosamente il cazzo in mano, come se fosse il suo ultimo soldo d'argento.

Si potrebbe pensare che a Maman mancasse un possesso più intimo di questo piacere, ma non era così. I clienti della sua casa la trovavano appetitosa, e conoscevano le sue virtù e i suoi vantaggi rispetto alle altre donne. Maman riusciva a produrre un succo veramente apprezzabile per le feste amorose, che la maggior parte delle donne dovevano confezionare artificialmente. Maman riusciva a dare a un uomo l'illusione completa di un pasto tenero, qualcosa di molto morbido sotto i denti e abbastanza innaffiato da soddisfare la sete di chiunque.

Tra di loro parlavano spesso delle delicate salse con cui Maman sapeva servire i suoi bocconcini di conchiglia rosata, l'aderenza e la tensione delle sue offerte. Qualche colpetto a questa conchiglia rotonda, uno o due, era sufficiente. I piacevoli succhi di Maman comparivano, qualcosa che le ragazze riuscivano raramente a produrre, un miele che sapeva di conchiglia marina e rendeva il passaggio nell'alcova tra le cosce della femmina, una delizia per il maschio che la visitava.

Al Basco piaceva, era emolliente, saturante, caldo e riconoscente: una festa. Per Maman era una vacanza, e dava il massimo di sé.

Il Basco sapeva che non le ci voleva una lunga preparazione. Maman si era nutrita per tutta la giornata con le spedizioni dei suoi occhi, che non viaggiavano mai sopra o sotto la metà del corpo di un uomo. Erano sempre al livello della patta dei pantaloni. Sapeva giudicare quelli raggrinziti, rimessi via in fretta dopo una seduta veloce. Quelli deliziosamente compressi, non ancora accartocciati. Le macchie, oh, le macchie dell'amore! Macchie strane, che riusciva a identificare come se avesse una lente d'ingrandimento. Là, dove i pantaloni non erano stati calati abbastanza, o dove, nel suo affannarsi, un pene era tornato al suo posto naturale al momento sbagliato, là c'era un gioiello di macchia, perché aveva dei piccoli frammenti brillanti, come un minerale che si fosse sciolto, e una qualità zuccherina che irrigidiva il tessuto. Una macchia bellissima, la macchia del desiderio, a volte spruzzata come un profumo dalla fontana dell'uomo, oppure incollata lì da una donna troppo fervente e appiccicata. A Maman sarebbe piaciuto incominciare dove c'era già stato un amplesso. Era sensibile al contagio. Quella macchiolina la rimescolava tra le gambe mentre camminava. Un bottone caduto le faceva sentire l'uomo in suo potere. A volte, in mezzo a grandi folle, aveva il coraggio di allungare le mani e di toccare. La sua mano si muoveva come quella di un ladro, con un'agilità incredibile. Non annaspava né toccava mai il posto sbagliato, andava dritta sotto la cintura, dove c'erano morbide prominenze ondulate e, a volte, inaspettatamente, un bastone insolente.

Nei sottopassaggi, in notti scure e piovose, sui boulevard affollati, o nelle sale da ballo, Maman si dilettava nel far le sue stime e passare in rassegna. Quante volte la sua chiamata veniva accolta e le venivano mostrate le armi al passaggio della sua mano. Le sarebbe piaciuto un esercito schierato in questo modo, a presentare le sole armi che potessero conquistarla. Lo vedeva nei suoi sogni a occhi aperti questo esercito, e lei ne era il generale, che lo passava in rivista per decorare i più lunghi, i più belli, e fermarsi di fronte agli uomini che ammirava. Oh, essere Caterina la Grande, e poter ricompensare la parata con un bacio della sua bocca avida, un bacio proprio sulla punta, solo per estrarre quella prima lacrima di piacere!

La più grande avventura di Maman era stata la parata delle Guardie Scozzesi, in un mattino di primavera. Mentre era al bar a bere, aveva sentito una conversazione sugli scozzesi.

Un uomo stava dicendo: "Li reclutano da giovani e li allenano a camminare a quel modo. È un passo speciale. Difficile, molto difficile. C'è un *coup de fesse*, una oscillazione che deve far dondolare i fianchi e la borsa sul gonnellino quel tanto che basta. Se la borsa non dondola, il passo è sbagliato. È più complicato dei passi di un balletto."

Maman pensava: Caspita, ogni volta che dondola la borsa e oscilla il gonnellino, devono dondolare anche altri pendagli. E il suo vecchio cuore si commuoveva. Dondola, dondola. Tutto allo stesso tempo. Quello era un esercito ideale. Le sarebbe piaciuto seguire un esercito del genere, in qualsiasi veste. Un, due, tre. Era già abbastanza turbata al pensiero del dondolio dei pendagli, quando l'uomo al bar aggiunse: "E per di più non portano niente di sotto."

Non portavano niente di sotto! Questi uomini tutti d'un pezzo, così eretti, vigorosi. Teste alte, gambe forti e nude, e sottane – oddio, questo li rendeva vulnerabili come donne. Uomini grossi e vigorosi, allettanti come una donna, e nudi di sotto. Maman si sarebbe trasformata volentieri in un ciottolo perché le camminassero sopra, purché le fosse concesso di guardare sotto le corte gonnelle per vedere la "borsa" nascosta, che dondolava a ogni passo. Maman si sentì tutta congestionata, il bar era troppo caldo, aveva bisogno d'aria.

Attese la parata. Ogni passo degli scozzesi fu come un passo dentro al suo corpo, che la faceva vibrare tutta. Un, due, tre. Una danza sul suo addome, selvaggia e cadenzata, con la borsa di pelliccia che ondeggiava con i peli pubici. Maman era calda come un giorno di luglio. La sua unica speranza era di farsi largo a colpi di gomito tra quella folla sino alla prima fila e lì lasciarsi cadere sulle ginocchia, simulando uno svenimento. Ma anche così riuscì a vedere soltanto delle gambe nude sotto a gonne scozzesi. Poi, sdraiata a terra, appoggiandosi contro il ginocchio del poliziotto, rivoltò gli occhi, come se fosse prossima a un attacco. Se solo la parata avesse fatto dietro front e le avesse camminato sopra!

Così la linfa di Maman non appassiva mai. Veniva nutrita appropriatamente. Di notte, la sua carne era tenera come se fosse stata a sobbollire tutto il giorno a fuoco lento.

I suoi occhi andavano dai clienti alle donne che lavoravano per lei. Neanche le facce di queste ultime attiravano la sua attenzione, solo le loro figure, dalla vita in giù. Le faceva girare davanti a sé e dava loro delle pacche leggere per sentire quanto era salda la loro polpa, prima che indossassero le camicie.

Conosceva Melie, che si arrotolava intorno all'uomo come un nastro dandogli la sensazione di essere abbracciato da più donne contemporaneamente. Conosceva la pigra, che fingeva di essere addormentata e suscitava nell'uomo timido delle audacie che nessun'altra poteva ispirargli, lasciando che la toccasse, la manipolasse, la frugasse, come se la cosa non comportasse pericolo alcuno. Il suo grande corpo nascondeva bene i suoi segreti in ricche pieghe, ma la sua pigrizia consentiva che venissero messi a nudo, da dita ansiose di indagare.

184

Maman conosceva la magra focosa, che attaccava gli uomini, facendoli sentire vittime delle circostanze. Era una grande favorita degli uomini con sensi di colpa. Questi si lasciavano violentare, e la loro coscienza era a posto. Avrebbero potuto raccontare alle mogli: Si è gettata su di me, mi si è messa sopra a forza, e via dicendo. Essi si sdraiavano e la donna sedeva su di loro, come su un cavallo, spronandoli a movimenti inevitabili con la sua pressione, galoppando su una virilità rigida, o trottando dolcemente, o andando a passo lungo. Premeva ginocchia potenti contro i fianchi delle sue vittime passive e, come una nobile cavallerizza, si sollevava e si lasciava ricadere elegantemente, con tutto il peso concentrato al centro del corpo e, di quando in quando, dava delle pacche al suo partner perché aumentasse la velocità e le convulsioni, e lei potesse sentirsi tra le gambe un vigore animale più gagliardo. E come lo cavalcava questo animale sotto di lei! Le sue gambe lo speronavano, il suo corpo sollevato dava grandi colpi, finché l'animale incominciava a schiumare, allora lo incitava ancor di più con grida e schiaffi, perché galoppasse sempre più in fretta.

Maman conosceva le grazie ardenti di Viviane, donna del Sud. La sua carne era di brace, contagiosa, persino il sangue più freddo si sarebbe riscaldato al suo tocco. Conosceva l'arte delle interruzioni, dei tempi lunghi. Le piaceva sedersi innanzitutto sul bidet, per la cerimonia delle abluzioni. Con le gambe aperte sul piccolo sedile, aveva natiche traboccanti, due enormi fossette alla base della schiena, due fianchi bruno-dorati, grandi e sodi, come il di dietro di un cavallo da circo. Quando si sedeva, le curve le si rigonfiavano. Se l'uomo si stancava di guardarla da dietro, poteva mettersi di fronte e osservarla mentre si gettava l'acqua sul pelo pubico e tra le gambe, e, meglio ancora, mentre apriva con cura le grandi labbra e si insaponava. Prima coperta di schiuma bianca, poi ancora acqua, e le labbra emergevano di un rosa luccicante. A volte si esaminava con calma le grandi labbra. Se quel giorno si erano fermati da lei troppi uomini, le vedeva leggermente gonfie. Era allora che al Basco piaceva guardarla. Si asciugava più dolcemente, per non aumentare l'irritazione.

Il Basco venne in uno di quei giorni e intuì che avrebbe potuto trarre vantaggio dall'irritazione. Altre volte Viviane era letargica, pesante e indifferente. Si sdraiava sul letto come in un dipinto classico, in modo da accentuare le sue incredibili sinuosità. Si adagiava sul fianco, con la testa appoggiata a un braccio, la carne, dai toni ramati, tesa a volte quasi stesse lievitando sotto le carezze erotiche di una mano invisibile. Era così che ella si offriva, sontuosa e pressoché impossibile da eccitare. Per lo più gli uomini non ci provavano nemmeno. Viviane allontanava la sua bocca dalla loro con disprezzo, offrendo ancor più il suo corpo, ma con distacco. Potevano aprirle le gambe e guardare per tutto il tempo che volevano, ma non potevano estrarre da lei alcuna linfa. Però, una volta che l'uomo era dentro di lei, si comportava come se la stesse riempiendo di lava bollente, e le sue contorsioni erano più violente di quelle delle donne che provavano piacere, perché erano un'esagerata simulazione di quelle reali. Si inarcava come un pitone, scattava in tutte le direzioni come se l'avessero bruciata o morsa. Muscoli potenti conferivano ai suoi movimenti una forza che suscitava i desideri più bestiali. Gli uomini lottavano per fermare le contorsioni, per calmare la danza orgiastica che lei ballava intorno a loro, come se fosse inchiodata a qualcosa che la torturava. Poi all'improvviso, a suo capriccio, Viviane si fermava. E questo cambiamento, che avveniva perversamente nel bel mezzo della loro furia crescente, li raffreddava e ritardava il loro soddisfacimento. Viviane diveniva una massa di carne immota. Poi si metteva a succhiarli gentilmente, come se poppasse un pollice prima di addormentarsi. Gli uomini cercavano di eccitarla di nuovo, toccandola dappertutto, baciandola, e lei li lasciava fare, per niente turbata.

Il Basco aspettava il suo momento, osservando le cerimoniose abluzioni di Viviane. Quel giorno era gonfia per i molti assalti. Tuttavia di lei si sapeva che, per quanto misera fosse la somma che veniva messa sul suo tavolino, non aveva mai impedito a un uomo di soddisfarsi.

Le labbra grandi e ricche, troppo strofinate, erano un po' gonfie, e una leggera febbre le bruciava. Il Basco fu molto gentile. Depositò il suo piccolo dono sul tavolino, si svestì, e le promise un balsamo, del cotone, un impacco efficace. Queste delicatezze le tolsero ogni difesa, in più il Basco la toccò come avrebbe fatto una donna. Solo un tocco lieve laggiù, per attenuare la febbre, per calmarla. La pelle di lei era scura come quella di una zingara, molto liscia e pulita, incipriata persino. Le mani del Basco erano sensibili, la toccavano come per caso, passando via veloci, e il suo pene venne appoggiato sul ventre di lei, come un giocattolo messo lì solo perché lei lo ammirasse. Rispondeva solo se interpellato. Il ventre di lei vibrava sotto il suo peso, sollevandosi leggermente per sentirlo. Poiché il Basco non sembrava impaziente di spostarlo dentro al suo naturale riparo, la donna si permise il lusso di esprimersi, di lasciarsi andare.

L'ingordigia di altri uomini, il loro egoismo, la loro impazienza di soddisfare solo il loro piacere senza curarsi di lei, la rendevano ostile. Ma il Basco era galante. Paragonò la sua pelle alla seta, i suoi capelli al muschio, il suo odore al profumo di legno pregiato. Poi mise il pene vicino all'apertura di lei e disse teneramente: "Fa male? Non lo spingerò dentro se ti fa male."

Tanta delicatezza commosse Viviane. Ed ella rispose: "Mi fa un pochino male, ma prova."

Egli avanzò soltanto di un centimetro alla volta, continuando a dire che l'avrebbe tolto se le faceva male. Alla fine

Viviane stessa lo incoraggiò: "Prova di nuovo, solo con la punta."

Così la punta scivolò dentro, solo di pochi centimetri, e poi si arrestò. Questo diede a Viviane tutto il tempo di sentirne la presenza, tempo che gli altri uomini non le concedevano. In questo modo, Viviane poteva sentire quanto era piacevole quella presenza tra le pareti di carne soffice, come ci stava bene, né troppo largo né troppo stretto. Di nuovo, il Basco attese, poi avanzò ancora un po', e Viviane ebbe il tempo di sentire quant'era bello essere riempita, di sperimentare quanto la fessura femminile fosse adatta a tenere e a trattenere. Il piacere di aver qualcosa lì dentro, a scambiare calore, a mischiare due fluidi. Egli si mosse di nuovo. E ci furono l'attesa, la consapevolezza del vuoto quando lui si ritirava, la carne di lei che si inaridiva quasi istantaneamente. Viviane chiuse gli occhi. L'entrata graduale di lui si portava dietro uno scatenamento di radiazioni, delle correnti invisibili, premonitrici di una grande esplosione nelle regioni più profonde del suo ventre, di qualcosa fatto per avvenire in quel tunnel dalle morbide pareti, per essere divorato dalle sue avide profondità, dove nervi inquieti erano ad attenderlo. La sua carne si abbandonò sempre più, e lui entrò più a fondo.

"Ti fa male?" chiese il Basco togliendolo. Ed ella ne fu delusa e allo stesso tempo non volle confessare come si sentiva inaridire dentro, senza quella presenza che si espandeva.

Fu costretta a pregarlo: "Infilalo ancora dentro." Allora lui lo fece entrare solo a metà, in modo che lei potesse sentirlo senza tuttavia poterlo stringere, senza poterlo trattenere. E finse di volerlo lasciare così a mezza strada per sempre. La donna voleva muoverglisi incontro, e avvolgerlo tutto, ma si trattenne. Avrebbe voluto urlare. La carne che lui non toccava bruciava alla sua vicinanza. In fondo al ventre c'era carne che chiedeva di essere penetrata, si incurvava, si apriva per succhiare. Le pareti di carne si muovevano come anemoni di mare cercando di risucchiare il sesso di lui, che però si avvicinava solo quel tanto che bastava a scatenare correnti di un piacere torturante. L'uomo si mosse di nuovo, guardandola in viso, e vide che apriva la bocca. La donna avrebbe voluto sollevarsi col corpo e prendere il sesso di lui completamente dentro di sé, ma aspettò. Con questa lenta tortura, il Basco la portò sull'orlo dell'isteria. Viviane aprì la bocca come a rivelare la disponibilità del suo grembo, la sua fame, solo allora egli spinse fino in fondo e sentì le sue contrazioni.

Ed ecco come il Basco trovò Bijou.

Un giorno, arrivando alla casa, si vide venire incontro Maman melliflua, a dirgli che Viviane era occupata. Poi si offrì di consolarlo, neanche fosse stato un marito tradito. Il Basco le disse che avrebbe aspettato, e Maman continuò le sue provocanti carezze. Poi il Basco le chiese: "Posso guardare?"

Ogni stanza era studiata in modo che gli amatori potessero guardar dentro attraverso un'apertura segreta. Talvolta al Basco piaceva vedere come si comportava Viviane con i suoi visitatori. E così Maman lo portò verso la parete divisoria, dove lo nascose dietro a una tenda e lo lasciò guardare.

Nella stanza c'erano quattro persone: uno straniero e una donna, vestita con discreta eleganza, che osservavano due donne su un letto matrimoniale. Viviane, pesante e dalla pelle scura, era sdraiata sul letto, e sopra di lei, appoggiata alle mani e alle ginocchia, c'era una donna spettacolosa, con una pelle color avorio, occhi verdi, e lunghi capelli, folti e ricciuti. Aveva seni all'insù, una vita che si assottigliava fino a un'estrema snellezza, e poi si allargava di nuovo, mettendo in risalto la ricchezza dei fianchi. Sembrava fosse stata forgiata dentro a un corsetto. Aveva un corpo sodo, liscio come il marmo. In lei non c'era nulla di flaccido, di rilasciato, c'era invece una forza nascosta, come quella di un puma, e nei suoi gesti una stravaganza e una veemenza che ricordavano le donne spagnole. E questa era Bijou.

Le due donne erano splendidamente assortite, senza nessuna reticenza, nessun sentimentalismo. Donne d'azione, entrambe con un sorriso ironico e un'espressione corrotta.

Il Basco non riusciva a decidere se stessero solo fingendo o se davvero se la godevano, tanto erano perfetti i loro gesti. I forestieri probabilmente avevano chiesto di vedere un uomo e una donna insieme, e questo era il compromesso di Maman. Bijou si era legata addosso un pene di gomma, che aveva il vantaggio di non appassire mai. Così, qualsiasi cosa facesse, questo pene sporgeva dal suo ciuffo di peli femmineo, come inchiodato da un'erezione perpetua.

Accosciandosi, Bijou infilava questa falsa virilità non dentro a Viviane, ma tra le gambe, come se stesse agitando il latte nella zangola, e Viviane contraeva le gambe come se fosse un uomo vero a tormentarla. Ma Bijou aveva solo incominciato a stuzzicarla. Sembrava intenzionata a far sentire il pene a Viviane solo dall'esterno. Lo maneggiava come il batacchio di una porta, bussando gentilmente sul ventre e l'inguine di Viviane, stuzzicando gentilmente i peli, poi il clitoride. Viviane sussultò un poco, e Bijou lo rifece, e Viviane sussultò di nuovo. Allora la forestiera si piegò su di loro, facendosi più vicina, come fosse stata miope, per carpire il segreto di questa sensibilità. Viviane si rigirò con impazienza e offrì il sesso a Bijou.

Dietro la tenda, il Basco sorrideva dell'eccellente esibizione di Viviane. L'uomo e la donna ne erano affascinati. Ormai erano in piedi accanto al letto, con gli occhi dilatati. Bijou disse loro: "Volete vedere come facciamo l'amore quando ci sentiamo pigre?"

"Girati," ordinò a Viviane. Viviane si girò sul fianco destro, e Bijou le si sdraiò accanto, imprigionandole i piedi. Viviane chiuse gli occhi. Allora Bijou si aprì un varco per entrare con tutte e due le mani, allargando la carne bruna delle natiche di Viviane in modo da potervi infilare il pene, e incominciò a spingere. Viviane non si mosse, la lasciò spingere, dar colpi. Poi, inaspettatamente, fece uno scarto come di un cavallo che scalcia. Bijou, quasi a mo' di punizione, si ritrasse. Ma il Basco vide che il pene di gomma ora luccicava, quasi come uno vero, ancora trionfalmente eretto.

Bijou ricominciò a stuzzicare Viviane, con la punta del pene le toccò la bocca, poi le orecchie, poi il collo, infine lo appoggiò tra i seni e Viviane li strinse per trattenerlo. Poi si mosse per unirsi al corpo di Bijou, per strusciarsi contro di lei, ma Bijou le sfuggiva, ora che Viviane stava diventando più sfrenata. L'uomo, piegato su di loro, incominciava a scalpitare. Si sarebbe gettato volentieri sulle due donne, ma la sua compagna non glielo avrebbe permesso, benché ormai fosse tutta rossa in viso.

Il Basco aprì la porta all'improvviso. Si inchinò e disse: "Volevate un uomo, bene, eccomi qua." Si spogliò, mentre Viviane lo guardava con gratitudine. Il Basco si accorse che la donna era in calore. Due virilità l'avrebbero soddisfatta meglio di una, tormentatrice ed elusiva. Si gettò tra le due donne e da quel momento, ovunque i due forestieri guardassero, succedeva qualcosa che li affascinava. Una mano apriva delle natiche e vi infilava un dito inquisitore. Una bocca si chiudeva su un pene guizzante, alla carica. Un'altra bocca imprigionava un capezzolo. Le facce erano coperte da seni o sepolte nei peli pubici. Le gambe si richiudevano su mani che frugavano. Un pene umido e lucente appariva per rituffarsi nella carne. La pelle d'avorio e la pelle di zingara erano aggrovigliate col corpo muscoloso dell'uomo. Poi successe una cosa strana. Bijou era sdraiata sotto il Basco, e Viviane era stata abbandonata per un momento. Il Basco si stava piegando su questa donna che si apriva sotto di lui come un fiore di serra, odoroso, rugiadoso, con occhi erotici e labbra umide, una donna sbocciata, matura e voluttuosa; però il suo pene di gomma restava eretto tra di loro, e il Basco venne assalito da una strana sensazione. Il pene di gomma urtava contro il suo e difendeva l'apertura della donna come una lancia. Fu quasi con rabbia che le ordinò: "Toglilo!" La donna fece scivolare le mani dietro la schiena, slacciò la cintura e tolse il pene. Allora il Basco le si gettò sopra e lei, senza lasciare il pene, lo tenne sopra le natiche dell'uomo, che ormai era sepolto nel suo grembo. Quando questi si sollevò, per ripiombarle dentro, ella gli spinse nelle natiche il pene di gomma. L'uomo scattò come un animale imbizzarrito, solo per attaccarla più furiosamente. Ogni volta che si sollevava, si trovava assalito da dietro. Sentiva i seni della donna, schiacciati contro di lui, che ondeggiavano sotto il suo petto, il ventre dalla pelle d'avorio che si sollevava sotto il suo, i fianchi di lei contro i suoi, la sua vagina umida che lo sommergeva; e ogni volta che la donna immergeva il pene dentro di lui, egli sentiva non solo il suo turbamento, ma anche quello di lei. Pensava che questa sensazione raddoppiata l'avrebbe fatto impazzire. Viviane giaceva accanto a loro, guardandoli ansimante. I due forestieri, ancora vestiti, si erano gettati su di lei, e le si strusciavano contro freneticamente, troppo confusi da sensazioni violente per cercare un'apertura.

Il Basco scivolava avanti e indietro. Il letto oscillava sotto i loro sussulti, mentre si abbracciavano, si accarezzavano, riempiendo tutte le curve, e la macchina del corpo voluttuoso di Bijou produceva miele. Il loro corpo era percorso dai brividi dalla punta dei piedi alla radice dei capelli. Le dita dei piedi si cercavano e si intrecciavano, le loro lingue si protendevano come pistilli. Ora le grida di Bijou montavano in spirali interminabili, ah, ah, ah, ah, ingrandendosi, espandendosi, divenendo sempre più selvagge. Il Basco rispondeva a ogni grido solo con un'immersione più profonda. Erano completamente dimentichi degli altri corpi intrecciati accanto a loro. Ormai il Basco doveva possederla fino all'annientamento: Bijou, questa puttana col corpo dai mille tentacoli, che giaceva prima sotto di lui, e poi sopra, e che pareva essere ovunque dentro di lui, con le dita dappertutto, i seni nella sua bocca.

Bijou gridò come se lui l'avesse uccisa, e ricadde sul letto. Il Basco si sollevò, ubriaco, bruciante. La sua lancia ancora eretta, rossa, infiammata. I vestiti in disordine della donna forestiera lo attirarono. Non riusciva a vederle la faccia, che era nascosta sotto la sottana sollevata. L'uomo era sopra Viviane e se la lavorava, e la donna giaceva su entrambi, con le gambe che scalciavano nell'aria. Il Basco la tirò giù per le gambe per prenderla, ma la donna si mise a gridare e si alzò in piedi. "Volevo solo guardare," disse, riassettandosi i vestiti. L'uomo abbandonò Viviane e, conciati com'erano, si inchinarono e uscirono in fretta e furia.

Bijou si era messa a sedere ridendo, con gli occhi obliqui lunghi e stretti. "Gli abbiamo regalato un bello spettacolo," disse il Basco, "ora vestiti e seguimi. Ti porto a casa mia. Ti farò dei ritratti. Pagherò a Maman tutto quel che vuole."

E se la portò a casa, a vivere con lui.

Se Bijou sperava che il Basco l'avesse portata a casa per averla tutta per sé, dovette presto ricredersi. Il Basco la usava come modella quasi in continuazione, ma di sera aveva sempre a cena i suoi amici artisti, e Bijou doveva cucinare. Dopo cena la faceva sdraiare sul letto dello studio mentre chiacchierava con gli amici. Si limitava a tenersela al fianco e accarezzarla. Gli amici non potevano fare a meno di guardarli. Le mani di lui incominciavano meccanicamente a tracciare dei cerchi sui suoi seni maturi. Bijou non si muoveva, ma si lasciava andare a una posa languida. Il Basco toccava la stoffa del suo vestito come se fosse la sua pelle. I vestiti le aderivano sempre perfettamente al corpo. Le mani di lui la tastavano, le davano buffetti, l'accarezzavano, vagavano sul suo ventre, poi le facevano il solletico per farla dimenare. Le apriva il vestito, ne estraeva un seno e diceva agli amici: "Avete mai visto un seno del genere? Guardate!" E loro guardavano. Uno fumava, uno faceva degli schizzi di Bijou, l'altro parlava, però guardavano. Contro il nero del vestito, il seno, così perfetto nei contorni, aveva il colore dell'avorio vecchio. Il Basco le pizzicava i capezzoli, che si arrossavano.

Poi le richiudeva il vestito e le sfiorava le gambe finché non sentiva la prominenza delle giarrettiere. "Non è troppo stretta per te? Fa' vedere. Ti hanno lasciato il segno?" Sollevava la gonna e le toglieva con cura le giarrettiere. Mentre Bijou sollevava la gamba verso di lui, gli uomini potevano vedere la linea dolce e lucida delle cosce al di sopra delle calze. Poi si copriva di nuovo e il Basco continuava ad accarezzarla. A Bijou si annebbiavano gli occhi come se fosse ubriaca. Ma, dato che ormai era come la moglie del Basco, e in compagnia dei suoi amici, ogni volta che lui la scopriva lottava per coprirsi di nuovo, nascondendo ogni suo segreto nelle pieghe nere del vestito.

Allungava le gambe. Scalciava via le scarpe, e la luce erotica che brillava nei suoi occhi, una luce che le sue ciglia folte non riuscivano ad offuscare, attraversava il corpo degli uomini come un fuoco.

In serate come quella, sapeva che il Basco non intendeva darle piacere, ma solo torturarla. Non sarebbe stato soddisfatto finché non avesse visto le facce degli amici alterate, sconvolte. Le apriva la cerniera laterale del vestito e vi infilava le mani. "Non hai le mutandine oggi, Bijou." E gli amici vedevano la sua mano sotto il vestito, che le accarezzava la pancia e scendeva lungo le gambe. Poi si interrompeva e ritraeva la mano, e loro guardavano la mano che usciva dal vestito nero e richiudeva la cerniera.

Una volta egli chiese a uno dei pittori la sua pipa calda. L'uomo gliela allungò, ed egli la fece scivolare su per la gonna di Bijou, e gliela appoggiò al sesso. "È calda," le disse, "calda e liscia." Bijou allontanò la pipa perché non voleva che gli altri sapessero che tutte le carezze del Basco l'avevano fatta bagnare. Ma la pipa uscì rivelandolo, come se l'avessero immersa in succo di pesca. Il Basco la restituì al proprietario, che ricevette così un po' dell'odore sessuale di Bijou. Bijou temeva quel che il Basco sarebbe riuscito a escogitare ancora, e strinse le gambe. Il Basco fumava. I tre amici sedevano intorno al letto, parlando sconnessi, come se quel che avveniva sotto il loro naso non avesse niente a che vedere con la conversazione.

Uno di loro parlava della pittrice che riempiva le gallerie di fiori giganteschi coi colori dell'arcobaleno. "Non sono fiori," disse il fumatore di pipa. "Sono vulve. Se ne può accorgere chiunque. È la sua ossessione: dipinge vulve grandi come una donna. Sulle prime sembrano petali, cuori di fiore, poi si vedono le due labbra irregolari, la sottile linea centrale, i bordi ondulati delle labbra, quando vengono aperte. Che donna è mai questa, che esibisce sempre questa vulva gigantesca che svanisce allusivamente ripetendosi in un tunnel che va dalla più grande alla più piccola, fino alla sua ombra, come se vi si entrasse veramente. Si ha l'impressione di stare davanti a quelle piante di mare, dai bordi orlati, che si aprono solo per risucchiare qualsiasi tipo di cibo riescono a catturare."

A questo punto, il Basco ebbe un'idea. Chiese a Bijou di portare il pennello da barba e il rasoio. Bijou gli obbedì, contenta per una volta di doversi muovere e scuotersi di dosso il letargo erotico che il Basco le aveva intessuto intorno con le sue mani. Finalmente lui aveva la testa altrove. Le prese pennello e sapone dalle mani e cominciò a mescolare la schiuma. Mise una lama nuova nel rasoio. Poi le disse: "Sdraiati sul letto."

"Che vuoi fare?" gli chiese lei. "Non ho peli sulle gambe."

"Lo so che non li hai. Fammele vedere." Bijou allungò le gambe. Erano talmente lisce che pareva le avessero lucidate. Brillavano come un pregiato legno chiaro tirato a lucido, e su di esse non si vedevano peli, né vene, né irregolarità, né ferite, né difetti. I tre uomini si piegarono su quelle gambe. Quando lei le agitò, il Basco le bloccò contro i pantaloni, poi le sollevò la gonna, mentre Bijou lottava per tirarla giù.

"Cosa vuoi fare?" gli chiese di nuovo.

Lui le sollevò la gonna e scoprì un ciuffo di peli ricciuti così folti che i tre uomini fischiarono. Bijou tenne le gambe strette strette, coi piedi contro i pantaloni del Basco, là dove egli all'improvviso sentì un formicolio, come se mille formiche gli stessero salendo su per il sesso.

Il Basco chiese ai tre uomini di tenerla ferma. Bijou sulle prime si dimenò, poi si rese conto che era meno pericoloso restare immobile, dato che lui le stava radendo con cura i peli pubici, incominciando dal bordo esterno, dov'erano più radi e brillanti sul suo ventre vellutato. Lì il ventre scendeva in una curva morbida. Il Basco insaponava, poi radeva gentilmente, togliendo peli e schiuma con un asciugamano. Bijou teneva ancora le gambe strette, e gli uomini non vedevano altro che i peli, ma quando il Basco, continuando la rasatura, raggiunse il centro del triangolo, mise a nudo un monte, un liscio promontorio. Il contatto con la lama fredda, proprio lì, mise in agitazione Bijou. Era un po' arrabbiata, un po' eccitata, decisa a non mostrare il suo sesso, ma la rasatura metteva a nudo il punto in cui il piano discendeva in una dolce linea curva e rivelava il bocciolo dell'apertura, le dolci pieghe di carne che racchiudevano il clitoride, la punta delle labbra dal colore più intenso. Ora avrebbe voluto allontanarsi, ma temeva di rimanere ferita dalla lama. I tre uomini la tennero ferma e si piegarono su di lei per guardare. Pensavano che il Basco si sarebbe fermato lì, ma egli le ordinò di aprire le gambe. Bijou scalciò contro di lui, ma questo servì solo a eccitarlo di più. "Apri le gambe," le ripeté, "ci sono altri peli lì in fondo." Fu costretta ad aprirle, e lui incominciò a raderle gentilmente i peli, di nuovo più radi, delicatamente arricciati, su ciascun lato della vulva.

Ora era tutta scoperta: la lunga bocca verticale, una seconda bocca, che non si apriva come quella del viso, ma solo se decideva di spingere un pochino all'infuori. Ma Bijou non avrebbe spinto, ed essi videro soltanto le due labbra chiuse, che sbarravano la strada.

Il Basco disse: "Ora assomiglia proprio ai quadri di quella donna, non è vero?"

Ma nei quadri la vulva era aperta, le labbra separate, a mostrare lo strato interno più pallido, come quello delle labbra della bocca. Ma Bijou questo non voleva farlo vedere. Una volta rasata, aveva chiuso di nuovo le gambe.

Il Basco disse: "Ti farò aprire anche lì."

Aveva sciacquato via il sapone dal pennello, ed ora incominciò a spennellare le labbra della vulva, su e giù, gentilmente. All'inizio Bijou si contrasse ancor di più. Le teste degli uomini si fecero più vicine. Il Basco, tenendo le gambe di lei contro la sua erezione, toccava attentamente la vulva e la punta del clitoride. Allora gli uomini videro che Bijou non riusciva più a contrarre le natiche e il sesso, e che, col muoversi del pennello, le sue natiche si spingevano leggermente in avanti, e le labbra della vulva si aprivano, dapprima impercettibilmente. La nudità rivelava ogni minimo movimento. Le labbra ora si aprirono e rivelarono una seconda aura, di un tono più pallido, poi una terza, e ormai Bijou spingeva, spingeva, come se volesse aprirsi, e il ventre si muoveva in accordo, gonfiandosi e ricadendo. Il Basco si appoggiò ancor più fermamente alle gambe di lei.

"Basta," lo pregò Bijou, "basta!" Gli uomini potevano vedere il fluido colare lentamente dal suo corpo. Poi il Basco si fermò, non volendo darle quel piacere che voleva riservare a se stesso, più tardi.

Bijou ci teneva a fare una distinzione tra la sua vita al bordello e la sua vita come compagna e modella di un artista. Il Basco intendeva fare solo una piccola distinzione, per quanto riguardava il possesso effettivo. Ma gli piaceva esporla, e deliziare i suoi ospiti con la vista di lei. Li faceva assistere al suo bagno e a loro piaceva guardare i suoi seni fluttuare nell'acqua, smossa dal ventre che si gonfiava, amavano osservarla quando si alzava per insaponarsi tra le gambe. Amavano asciugare il suo corpo bagnato, ma se uno di loro cercava di vedere Bijou in privato, e di possederla, il Basco diventava un demonio, un uomo da temere.

Come rivincita per questi giochi, Bijou si sentiva in diritto di andare dove voleva. Il Basco la teneva sempre in una condizione di estremo erotismo, ma non sempre si prendeva il disturbo di soddisfarla. Allora incominciarono le infedeltà, ma vennero praticate in modo così elusivo che il Basco non riuscì mai a scoprirla. Bijou trovava i suoi amanti alla Grande Chaumière, dove posava per la lezione di disegno. Nelle giornate invernali, non si svestiva in fretta come facevano le altre modelle, vicino alla stufa accanto alla pedana, di fronte a tutti. Bijou aveva una sua arte anche in questo.

Prima di tutto si scioglieva i capelli, scuotendoli come una criniera. Poi si sbottonava il cappotto. Le sue mani erano lente e carezzevoli. Non si trattava con distacco, ma come una donna che valuta con le mani le esatte condizioni del proprio corpo, dandogli dei buffetti pieni di gratitudine per la sua perfezione. Il vestito perennemente nero le stava addosso come una seconda pelle ed era pieno di misteriose aperture. Un gesto bastava ad aprire le spalle e a lasciar cadere il vestito sopra i seni, ma non oltre. A questo punto, decideva di guardarsi in uno specchietto per esaminarsi le ciglia. Poi apriva la cerniera che mostrava le costole e l'inizio dei seni, l'inizio della curva del ventre. Tutti gli studenti la guardavano attentamente da dietro i loro cavalletti. Persino le donne fermavano gli occhi sulle parti più rigogliose del corpo di Bijou, che esplodevano dal vestito in modo abbacinante. La pelle senza un difetto, i contorni morbidi, la carne soda li affascinavano tutti quanti. Bijou aveva un modo tutto suo di stirarsi, come per sciogliersi i muscoli, come i gatti prima di spiccare un salto. Questa scossa, che le attraversava tutto il corpo, dava l'impressione che i suoi seni fossero maneggiati con violenza. Poi prendeva delicatamente l'orlo del vestito e lo sollevava con lentezza sopra le spalle. Arrivata lì, si arrestava sempre un momento. I suoi lunghi capelli si impigliavano in qualcosa. Nessuno l'aiutava, erano tutti pietrificati. Il corpo che emergeva, senza peli, ora completamente nudo, mentre lei se ne stava a gambe divaricate per mantenere l'equilibrio, li lasciava senza fiato con la sensualità di ogni sua curva, con la sua femminilità piena. Le grandi giarrettiere nere erano infilate alte sulle cosce, le calze erano nere e, se era un giorno piovoso, erano corredate di stivali di pelle alti, da uomo. Mentre era alle prese con gli stivali, Bijou era alla mercé di chiunque le si avvicinasse. Gli studenti erano terribilmente tentati. Qualcuno fingeva di volerla aiutare, ma, come le si avvicinava, lei gli tirava dei calci, intuendo le sue vere intenzioni. Continuava a lottare col vestito impigliato, dimenandosi come in uno spasmo amoroso. Alla fine, riusciva a liberarsi, dopo che gli studenti s'erano fatti gli occhi. Liberava il seno rigoglioso e i capelli impigliati. A volte le chiedevano di tenere gli stivali, i pesanti stivali dai quali, come un fiore, sbocciava il corpo femmineo color dell'avorio. Allora tutta la classe era percorsa da una ventata di desiderio.

Una volta sulla pedana diventava una modella, e gli studenti si rammentavano di essere artisti. Se ne vedeva uno che le piaceva, gli metteva gli occhi addosso. Aveva solo questo momento per prendere degli appuntamenti, perché il Basco veniva a prenderla alla fine del pomeriggio. Lo studente in questione sapeva cosa significavano le sue occhiate: che

avrebbe accettato di bere qualcosa con lui al caffè lì vicino.
Gli iniziati sapevano anche che questo caffè aveva due piani.
Il piano di sopra la sera era occupato da giocatori di carte,
ma il pomeriggio era assolutamente deserto. Solo gli amanti lo sapevano. Lo studente e Bijou andavano lì, salivano la
stretta rampa di scale che portava un cartello con su scritto *lavabos*, e si ritrovavano in una stanza semibuia piena di
specchi, di tavoli e sedie.

Bijou ordinava al cameriere qualcosa da bere, poi si sdraiava sul banchetto di pelle, e si rilassava. Il giovane studente che aveva scelto tremava tutto, mentre dal corpo di lei
emanava un calore che egli non aveva mai sentito prima. Le
prendeva la bocca e con la pelle fresca e i bei denti la indu-
ceva ad aprirla completamente ai suoi baci e a rispondergli
con la lingua. Si aggrovigliavano sul banchetto di pelle lungo
e stretto, e lui cercava di sentirle quante più parti del corpo
poteva, temendo che in qualsiasi momento lei potesse dirgli:
"Smetti, potrebbe salire qualcuno dalle scale."

Gli specchi riflettevano la loro lotta, il disordine dei vestiti
e dei capelli di lei. Le mani dello studente erano agili e auda-
ci. Egli scivolò sotto il tavolo e le sollevò la gonna. Allora sì
che ella disse: "Smetti, potrebbe salire qualcuno." Ma lui le
rispose: "Lascia che vengano, tanto non mi vedranno." Era
vero che non avrebbero potuto vederlo sotto il tavolo. Allora
lei spostò la seggiola in avanti, appoggiando il viso tra le mani
come se stesse sognando, e lasciò che lo studente, in ginocchio, le affondasse la testa sotto la gonna.

Bijou divenne languida e si abbandonò ai suoi baci e alle
sue carezze. Là dove aveva sentito il pennello da barba del
Basco, ora sentiva la lingua del giovane. Ricadde in avanti,
travolta dal piacere. Poi sentirono dei passi, e lo studente
si alzò in fretta e si mise a sedere accanto a lei, e per coprire la sua confusione si mise a baciarla. Il cameriere li trovò
abbracciati e se ne andò in fretta e furia, dopo aver portato

l'ordinazione. Le mani di Bijou ora frugavano freneticamente i vestiti dello studente e questi la baciava con tanta furia che Bijou cadde di fianco sul banchetto e lui sopra di lei. Egli le sussurrò: "Vieni nella mia stanza. Ti prego, vieni nella mia stanza. Non è lontano."

"Non posso," rispose Bijou, "il Basco verrà a prendermi tra poco." Allora l'uno prese la mano dell'altro e la mise dove poteva dare il piacere più grande. Seduti davanti alle bibite, come se stessero conversando tra loro, si accarezzarono a vicenda. Gli specchi li riflettevano con un'espressione prossima al pianto, con i lineamenti contratti, le labbra tremanti, le palpebre palpitanti. Dai loro visi si potevano indovinare i movimenti delle mani. In certi momenti pareva che il giovane studente fosse stato ferito e annaspasse in cerca d'aria. Salì un'altra coppia mentre le loro mani erano ancora al lavoro, così dovettero riprendere a baciarsi, come due innamorati romantici.

Lo studente, incapace di nascondere la condizione in cui versava, se ne andò da qualche parte a calmarsi, mentre Bijou ritornò alla lezione, col corpo in fiamme. Quando il Basco venne a prenderla all'ora di chiusura, era di nuovo calma.

Bijou aveva sentito parlare di un chiaroveggente e andò a consultarlo. Era un uomo grande, un negro dell'Africa occidentale. Tutte le donne del quartiere andavano da lui. La sala d'attesa era piena e Bijou si trovò di fronte a una grande tenda di seta cinese nera, ricamata in oro. L'uomo comparve da dietro quella tenda. Nonostante il vestito di tutti i giorni, aveva un'aria da mago. Lanciò a Bijou un'occhiata pesante con i suoi occhi lustri, e scomparve dietro alla tenda con l'ultima donna che era arrivata prima di lei. La seduta durò mezz'ora. Poi l'uomo sollevò la tenda nera e accompagnò gentilmente la donna all'ingresso.

Era il turno di Bijou. L'uomo la fece passare sotto la tenda e Bijou si ritrovò in una stanza quasi buia, piena di tende cinesi, e illuminata solo da una sfera di cristallo con sotto una luce. Questa brillava sul viso e sulle mani del chiaroveggente lasciando il resto della stanza nell'oscurità. Gli occhi dell'uomo erano ipnotici.

Bijou decise di opporre resistenza all'ipnosi per essere perfettamente cosciente di quanto succedeva. L'uomo le disse di sdraiarsi sul divanetto e di rimanere assolutamente tranquilla per un momento, mentre lui, seduto al suo fianco, concentrava la sua attenzione su di lei. Egli chiuse gli occhi, e allora Bijou decise di chiudere i suoi. Per un minuto intero egli rimase in questo stato di astrazione, poi le mise una mano sulla fronte. Era una mano calda, secca ed elettrica.

Poi la sua voce disse come in un sogno: "Tu sei sposata a un uomo che ti fa soffrire."

"Sì," disse Bijou, pensando al Basco che la metteva in mostra davanti ai suoi amici.

"Ha delle strane abitudini."

"Sì," disse Bijou stupita. Con gli occhi chiusi, riviveva le scene con estrema chiarezza. Sembrava che anche il chiaroveggente riuscisse a vederle.

Egli aggiunse: "Sei infelice, e trovi una compensazione nell'essere molto infedele."

"Sì," disse ancora Bijou.

Poi riaprì gli occhi, vide che il negro la guardava intensamente, e li chiuse di nuovo.

Egli le posò una mano sulla spalla.

"Dormi," le disse.

Bijou si calmò alle sue parole, nelle quali le parve di scorgere un'ombra di pietà. Ma non riuscì a dormire. Il suo corpo era irrigidito, però sapeva come cambiano nel sonno il respiro e i movimenti del seno. Così finse di addormentarsi. Per tutto il tempo sentì la mano sulla spalla e il suo calore le passava attraverso i vestiti. L'uomo incominciò ad accarezzarle la spalla. Lo faceva con tanta calma che Bijou temeva di addormentarsi e non voleva perdersi la piacevole sensazione che le percorreva la spina dorsale al tocco circolare della mano di lui. Alla fine si rilassò completamente.

Egli le toccò la gola e attese. Voleva essere sicuro che dormisse. Poi le toccò i seni e Bijou non si mosse.

Con cautela e destrezza le accarezzò il ventre e con la pressione del dito spinse la seta nera del vestito in modo da sottolineare la forma delle gambe e lo spazio tra di loro. Dopo aver dato forma a questa valle, continuò ad accarezzarle le gambe, senza però toccargliele sotto il vestito. Poi si alzò silenziosamente dalla seggiola, andò ai piedi del divanetto, e si inginocchiò. Bijou sapeva che, in questa posizione, poteva guardarle sotto il vestito e vedere che non portava niente. L'uomo guardò a lungo.

Poi sentì che le sollevava leggermente l'orlo della gonna, per poter vedere di più. Bijou si era allungata tutta sul divano con le gambe leggermente divaricate. E ora si scioglieva sotto il tocco e gli sguardi di lui. Com'era bello sentirsi guardare, mentre fingeva di dormire, e sentire che l'uomo era completamente libero. Sentì che la seta veniva sollevata, le gambe scoperte. E lui le guardava.

Con una mano gliele accarezzava dolcemente, lentamente, godendosele senza problemi, sentendo le linee armoniose, i lunghi passaggi serici che salivano sotto il vestito. Era difficile per Bijou rimanere assolutamente immobile. Avrebbe voluto aprire di più le gambe. Come si muoveva lenta la mano di lui. La sentiva seguire i contorni delle gambe, soffermarsi sulle curve, fermarsi sul ginocchio, poi continuare. Poi si interruppe, proprio prima di toccarle il sesso. L'uomo probabilmente le aveva guardato il viso per vedere se era profondamente ipnotizzata. Poi, con due dita, incominciò a toccarle il sesso, a palparlo.

Quando sentì il miele che affluiva lentamente, egli nascose la testa sotto la gonna, si nascose tra le sue gambe, e incominciò a baciarla. La sua lingua era lunga e agile, penetrante. Bijou dovette trattenersi dallo spostarsi verso la sua bocca vorace.

La piccola lampada emanava una luce così tenue, che Bijou si azzardò a socchiudere gli occhi. L'uomo aveva ritirato la testa da sotto la gonna e si stava togliendo lentamente i vestiti. Era in piedi accanto a lei, magnifico, alto, simile a un re africano, con gli occhi brillanti, i denti scoperti, la bocca umida.

Non muoverti, non muoverti, se vuoi che faccia tutto quel che vuole. Cos'avrebbe fatto un uomo a una donna ipnotizzata, che non doveva intimorire o compiacere in alcun modo?

Nudo, egli torreggiò su di lei e, circondandola con entrambe le braccia, la rigirò delicatamente. Ora Bijou gli offriva le sue natiche sontuose. Egli le sollevò il vestito e le allargò i due monti. Fece una pausa, per riempirsi gli occhi. Le sue dita erano sicure, calde, mentre le apriva la carne. Si piegò su di lei e incominciò a baciarle la fessura. Poi le fece scivolare le mani intorno al corpo e la sollevò verso di sé, in modo da poterla penetrare da dietro. All'inizio trovò solo l'apertura del culo, troppo piccola e stretta per potervi entrare, poi trovò l'apertura più larga. Ondeggiò dentro e fuori di lei per un momento, poi si interruppe.

La rivoltò di nuovo, in modo da potersi vedere mentre la prendeva da davanti. Le sue mani cercarono i seni sotto il vestito e li schiacciarono con carezze violente. Il suo sesso era grosso e la riempiva completamente. Lo introdusse con tanta violenza che Bijou temette di avere un orgasmo e di tradirsi. Voleva prendersi il suo piacere senza che lui lo sapesse. Lui la eccitò talmente con il suo ritmo sessuale incalzante che, quando scivolò fuori per accarezzarla, lei sentì arrivare l'orgasmo.

Ora tutto il suo desiderio era teso a provare un nuovo

orgasmo. Egli cercò di spingerle il sesso nella bocca semiaperta e Bijou si trattenne dal reagire e aprì solo un po' di più la bocca. Impedire alle sue mani di toccarlo, impedire a se stessa di muoversi, era per lei un grande sforzo. E tuttavia voleva provare ancora quello strano piacere di un orgasmo rubato, come lui provava il piacere di quelle carezze rubate.

La passività di Bijou lo spinse all'orlo del parossismo. Ormai aveva toccato il suo corpo dappertutto, l'aveva penetrata in tutti i modi possibili, ed ora si sedette sul ventre di lei e le spinse il sesso tra i due seni, stringendoseli intorno mentre si muoveva. Bijou sentiva i suoi peli che strusciavano contro di lei.

E finalmente perse il controllo. Aprì contemporaneamente la bocca e gli occhi. L'uomo grugnì di piacere, le premette la bocca contro la sua e si strusciò contro di lei con tutto il corpo. La lingua di Bijou batteva contro la bocca di lui, mentre le morsicava le labbra.

All'improvviso egli si interruppe per chiederle: "Vuoi fare una cosa per me?"

Bijou annuì.

"Io mi sdraierò sul pavimento e tu verrai ad accucciarti sopra di me, e mi lascerai guardare sotto il vestito."

Egli si allungò sul pavimento e Bijou si accovacciò sopra di lui, reggendo il vestito in modo che poi cadesse coprendogli la testa. Egli le prese le natiche tra le mani come un frutto e le passò la lingua tra i due monti, più volte. Poi le accarezzò il clitoride, il che fece ondeggiare Bijou avanti e indietro. La lingua di lui sentiva ogni reazione, ogni contrazione. Piegandosi su di lui, ella vide il suo pene eretto vibrare a ogni gemito di piacere.

Bussarono alla porta. Bijou si alzò in fretta, tutta confusa, con le labbra ancora umide di baci e i capelli scompigliati.

Il chiaroveggente invece rispose con tutta calma: "Non sono ancora pronto." Poi si voltò verso di lei con un sorriso.

Bijou rispose al sorriso, mentre lui si rivestiva in fretta. Ben presto tutto fu di nuovo in perfetto ordine. I due si accordarono per rivedersi. Bijou voleva portargli le sue amiche Leila ed Elena. Gli sarebbe piaciuto? Lui la pregò di farlo e le disse: "Per lo più le donne che vengono qui non mi tentano. Non sono belle, ma tu... Vieni quando vuoi, ballerò per te."

La sua danza per le tre donne ebbe luogo una sera, dopo che tutte le clienti se ne furono andate. Egli si spogliò, rivelando il suo corpo bruno dorato e lucente. Alla vita si era legato un pene finto, modellato sulla forma del suo e dello stesso colore.

Disse loro: "Questa è una danza del mio paese d'origine. La eseguiamo per le donne nei giorni di festa." Nella stanza illuminata debolmente, dove la luce brillava sulla sua pelle come un piccolo fuoco, egli incominciò a muovere il ventre, facendo ondeggiare il pene in modo estremamente allusivo. Spingeva il corpo in avanti, come se stesse penetrando una donna e simulava gli spasmi di un uomo in preda alle svariate sensazioni di un orgasmo. Uno, due, tre. Lo spasmo finale fu incontrollabile, come quello di un uomo che dà la vita nell'atto sessuale.

Le tre donne osservavano. All'inizio risaltava solo il pene finto, ma poi, nella foga della danza, quello vero incominciò a competere con l'altro in lunghezza e dimensioni, e ormai entrambi si muovevano in sincronia coi gesti dell'uomo. Egli chiuse gli occhi e pensò che non aveva bisogno delle donne. L'effetto su Bijou fu potente. Si tolse il vestito e incominciò a ballargli intorno allettandolo. Ma l'uomo si limitò a toccarla di quando in quando con la punta del sesso, ogni volta che le passava accanto, e continuò a piroettare e a lanciare il corpo nello spazio come un selvaggio che danza contro un corpo invisibile.

L'esibizione turbò anche Elena, che si tolse a sua volta il vestito e si inginocchiò accanto a loro, solo per essere nell'orbita della loro danza sessuale. All'improvviso desiderò di essere presa sino a sanguinare da questo pene grande, forte, saldo, che ondeggiava davanti a lei mentre l'uomo eseguiva una danza del ventre maschile, con i suoi movimenti tentatori.

Anche Leila, che non desiderava gli uomini, venne trascinata dallo stato d'animo delle altre due donne e cercò di abbracciare Bijou, ma questa non volle saperne. Era affascinata dai due peni.

Leila cercò di baciare anche Elena, poi strusciò i capezzoli contro entrambe le donne, cercando di sedurle. Si attaccò a Bijou, cercando di approfittare della sua eccitazione, ma Bijou continuò a concentrarsi sugli organi maschili che le oscillavano davanti agli occhi. Aveva la bocca aperta e, anche lei, sognava di essere posseduta da un mostro dai due sessi, capace di soddisfare in un sol colpo i suoi due centri di piacere.

Quando l'Africano cadde sul pavimento, esausto per la danza, Elena e Bijou balzarono su di lui simultaneamente. Bijou inserì in fretta un pene nella sua vagina e uno nel retto, poi si contorse sul ventre di lui selvaggiamente, senza interruzione, finché cadde soddisfatta, con un lungo grido di piacere. Elena la spinse via ed assunse la stessa posizione. Ma vedendo che l'Africano era stanco, non si mosse, aspettando che recuperasse le forze.

Il pene rimase eretto dentro di lei, e mentre ella attendeva incominciò a contrarsi, molto lentamente e dolcemente, temendo di avere un orgasmo troppo in fretta, che mettesse fine al suo piacere. Dopo un momento, egli l'afferrò per le natiche e la sollevò in modo che ella potesse sentire la pulsazione rapida del suo sangue. Poi la piegò, la modellò, la spinse, la tirò, per assecondare il suo ritmo, finché non arrivò a gridare, e allora Elena si mosse in cerchi intorno al pene gonfio, finché l'uomo non venne.

Poco dopo egli fece accucciare Leila sopra la sua faccia, come aveva fatto prima con Bijou, e le nascose il viso tra le gambe.

Benché Leila non avesse mai desiderato un uomo, sperimentò una nuova sensazione, mai provata prima, mentre la lingua dell'Africano la titillava. Desiderava essere presa da dietro. Cambiò posizione e gli chiese di introdurle il pene finto. Si mise sulle mani e sulle ginocchia e l'uomo fece quel che gli aveva chiesto.

Elena e Bijou osservarono stupite che mostrava le natiche con evidente eccitazione, e l'Africano graffiò e morse mentre muoveva il pene falso dentro di lei. Dolore e piacere si mescolavano nel suo corpo, perché il pene era grosso, ma Leila rimase sulle mani e sulle ginocchia, con l'Africano saldato a lei, e si mosse convulsamente finché non ottenne il suo piacere.

Bijou andò spesso a trovare l'Africano. Un giorno, mentre erano sdraiati insieme sul divano, egli le affondò il viso sotto le ascelle, inalò il suo odore e, invece di baciarla, incominciò ad annusarla dappertutto, come un animale. Prima sotto le braccia, poi tra i capelli, poi tra le gambe. E annusandola si eccitò, ma non la prese.

Le disse: "Sai Bijou, ti amerei di più se ti facessi il bagno meno spesso. Amo l'odore del tuo corpo, ma è debole, si attenua con tutti i tuoi lavacri. È per questo che desidero raramente le donne bianche. A me piace l'odore forte di donna. Per piacere, lavati un po' meno."

Per compiacerlo, Bijou si lavò meno. Egli amava soprattutto l'odore tra le sue gambe, quando non si era lavata, lo splendido odore di conchiglia marina, di sperma e di seme. Poi le chiese di tenergli da parte la sua biancheria intima. Di indossarla per qualche giorno e poi di portargliela.

Per prima cosa gli portò una camicia da notte che aveva indossato spesso, nera e raffinata, coi bordi di pizzo. Con Bijou sdraiata al suo fianco, l'Africano si coprì il viso con la camicia da notte e ne inalò gli odori. Poi si sdraiò di nuovo, estasiato e silenzioso. Bijou vide che sotto i pantaloni il desiderio incominciava a premere. Si piegò leggermente su di lui e incominciò a slacciare un bottone, poi un altro, poi un terzo, infine gli aprì i pantaloni e cercò il sesso che era puntato verso il basso, imprigionato dalle mutande strette. Dovette di nuovo slacciare dei bottoni.

Alla fine vide il baluginio del pene, tutto scuro e liscio. Infilò la mano dolcemente, come se si accingesse a rubarlo. L'Africano, con la testa coperta dalla camicia da notte, non la guardava. Bijou tirò lentamente il pene verso l'alto sciogliendolo dalla sua posizione costretta e lo liberò. Ed eccolo balzar su, dritto, liscio e duro. Ma l'aveva appena toccato con la bocca che l'Africano lo allontanò da lei e, presa la camicia da notte, tutta stropicciata, la stese sul letto e vi si gettò con tutto il suo corpo, affondandovi il sesso e muovendosi su e giù contro di essa, come se fosse Bijou.

Ella lo osservò affascinata dal modo in cui si buttava sulla camicia da notte ignorando lei. I suoi movimenti la eccitavano. Egli era in preda a una frenesia tale che sudava e dal suo corpo emanava un odore animale intossicante. Bijou gli si gettò sopra ma l'uomo sopportò il suo peso sulla schiena senza curarsi di lei e continuò ad agitarsi contro la camicia da notte.

Lo vide affrettare i movimenti, poi interrompersi. Si girò e la spogliò molto dolcemente. Bijou pensava che ormai avesse perso l'interesse per la camicia da notte e che avrebbe fatto l'amore con lei. Le tolse le calze, lasciandole le giarrettiere sulla pelle nuda. Poi le sfilò il vestito, ancora caldo del contatto col suo corpo. Per fargli piacere, Bijou aveva messo delle mutandine nere. E anche queste gliele tolse lentamente, fermandosi a metà strada per guardare la carne d'avorio che ne emergeva, un pezzo del culo, l'inizio della valle delle fossette. E qui la baciò, facendo scorrere la lingua su e giù per la deliziosa fessura, mentre continuava a toglierle le mutandine.

Non lasciò un solo punto senza baci, mentre gliele faceva scivolare lungo le cosce, e la seta era come un'altra mano sulla carne di Bijou.

Alzando una gamba per liberarsi delle mutandine, offrì all'amante la vista completa del suo sesso, e lui la baciò anche lì. Poi Bijou alzò l'altra gamba e gliele mise entrambe sulle spalle.

Egli continuò a baciarla, tenendo le mutandine tra le mani, e la lasciò bagnata e ansimante. Poi si staccò da lei per affondare la faccia nelle mutandine e nella camicia da notte, si avvolse il pene nelle calze e si mise il vestito di seta nera sul ventre. Pareva che i vestiti avessero su di lui lo stesso effetto di una mano. Era sconvolto dall'eccitazione.

Bijou cercò di nuovo di toccargli il pene con la bocca, con le mani, ma lui la respinse ed ella rimase sdraiata al suo fianco nuda e smaniosa, testimone del suo piacere. Era provocante e crudele. Poi cercò di baciare il resto del suo corpo, ma lui non reagì alle sue carezze.

Continuò ad accarezzare, a baciare e ad annusare i vestiti, finché il suo corpo non incominciò a tremare. Si abbandonò di nuovo, col pene che si agitava nell'aria, senza niente che lo circondasse, che lo tenesse. Fu scosso da un brivido di piacere dalla testa ai piedi, morse le mutandine, le masticò, con il pene eretto vicino alla bocca di Bijou, e tuttavia a lei inaccessibile. Finalmente il pene ebbe un tremito violento e, appena sulla punta apparve la schiuma bianca, Bijou gli si gettò sopra a raccogliere gli ultimi spruzzi.

Un pomeriggio in cui Bijou e l'Africano erano insieme e Bijou non riusciva a suscitare nell'amante il desiderio del suo corpo, gli disse esasperata: "Senti, mi sta venendo una vulva ipersviluppata grazie ai tuoi baci e morsi costanti. Tiri le labbra come se fossero capezzoli. Tra un po' mi diventeranno più lunghe."

Allora egli prese le labbra tra il pollice e l'indice e le esaminò. Le spalancò come i petali di un fiore e disse: "Si potrebbe bucarle e attaccarci un orecchino, come si fa da noi in Africa. Mi piacerebbe fartelo."

Continuò a giocare con la vulva che gli si irrigidì sotto le dita, mentre un fluido bianco appariva ai bordi, simile alla schiuma delicata di un'ondina. Egli si eccitò e la toccò con la punta del pene. Ma non la penetrò. Era ossessionato dall'idea di bucare quelle labbra come fossero state i lobi delle orecchie e appendervi un piccolo orecchino d'oro, come aveva visto fare alle donne del suo paese.

Bijou non pensava che facesse sul serio e si godeva le sue attenzioni. Ma sul più bello egli si alzò e andò a prendere un ago. Bijou dovette lottare per allontanarlo e scappò via.

E fu così che rimase senza amante. Il Basco continuava a tormentarla, suscitando i suoi desideri di vendetta. Quando lo tradiva era più che contenta.

Camminava per la strada e frequentava i caffè piena di appetiti e di curiosità; voleva qualcosa di nuovo, qualcosa che non aveva ancora sperimentato. Sedeva ai caffè e rifiutava gli inviti.

Una sera scese per le scale che portavano al lungo fiume. Questa zona della città era illuminata debolmente da lampioni sospesi e i rumori del traffico si udivano appena.

Le chiatte ormeggiate non avevano luce e gli occupanti a quell'ora della notte dormivano già. Bijou arrivò a un muro di pietra molto basso e si fermò a guardare il fiume. Si sporse, affascinata dalle luci che si riflettevano nell'acqua. Poi udì la più straordinaria delle voci che le parlava all'orecchio, una voce che la incantò immediatamente.

Le diceva: "Ti prego, non muoverti, non ti farò male, ma resta dove sei."

La voce era così profonda, ricca, raffinata, che Bijou obbedì e si limitò a girare la testa. Si trovò accanto un uomo alto, bello, ben vestito, in piedi dietro di lei. Sorrideva nella luce tenue, con un'espressione amichevole, disarmante, galante.

Poi anche lui si sporse sul muretto e le disse: "Trovarti qui in questo modo è stata l'ossessione della mia vita. Non sai come sei bella con i seni schiacciati contro il muretto e il vestito che si rialza dietro. Come sono belle le tue gambe."

"Ma dovresti avere un sacco di amiche," rispose Bijou sorridendo.

"Nessuna che abbia mai desiderato come desidero te. Solo non muoverti, ti prego."

Bijou era incuriosita. La voce dello sconosciuto l'affascinava e la teneva come in trance al suo fianco. Sentì la sua mano che le toccava gentilmente la gamba e si infilava sotto il vestito.

Accarezzandola, le disse: "Un giorno ho guardato due cani che giocavano. Uno dei due era alle prese con un osso che aveva trovato, e l'altro approfittò della situazione per fare il suo approccio da dietro. Avevo quattordici anni e guardandoli provai una violenta eccitazione. Era la prima scena sessuale alla quale mi fosse dato di assistere e con essa scoprii anche il mio primo turbamento sessuale. Da allora, solo una donna che si sporge come te adesso riesce a suscitare il mio desiderio."

La sua mano continuava ad accarezzarla, mentre lui si stringeva più addosso, e, vedendola arrendevole, cominciava a muoversi dietro a lei come a coprirla col suo corpo. Bijou ebbe improvvisamente paura e cercò di sottrarsi al suo abbraccio. Ma l'uomo era forte e Bijou era già sotto di lui, e non gli restava che piegarle ancor di più il corpo. Le spinse testa e spalle contro il muretto e le sollevò la gonna.

Bijou non aveva biancheria intima, e l'uomo rimase senza fiato. Incominciò a sussurrarle parole di desiderio per blandirla, ma nello stesso tempo se la teneva sotto, completamente in sua balia. Bijou lo sentiva contro la sua schiena, ma non stava cercando di prenderla, le si schiacciava addosso più stretto che poteva. Sentì la forza delle sue gambe, udì la voce che l'avvolgeva, ma nient'altro. Poi si sentì addosso qualcosa di morbido e caldo, qualcosa che non la penetrava. E in un attimo fu coperta di sperma tiepido. L'uomo l'abbandonò e scappò via.

Leila portò Bijou a cavalcare al Bois. Leila era molto bella sul cavallo, snella, mascolina e altera. Bijou appariva più opulenta, ma meno composta in sella.

Cavalcare al Bois fu una bella esperienza. Passarono accanto a gente elegante, poi trottarono per lunghi tratti lungo sentieri isolati in mezzo agli alberi. Di quando in quando arrivavano a un caffè, dove ci si poteva riposare e mangiare qualcosa.

Era primavera. Bijou aveva preso molte lezioni di equitazione ed ora usciva da sola per la prima volta.

Cavalcarono lentamente, chiacchierando tutto il tempo. Poi Leila si lanciò al galoppo e Bijou la seguì. Dopo aver galoppato per un po', rallentarono di nuovo, con i visi arrossati.

Bijou sentiva una piacevole irritazione tra le gambe e un certo calore su per le natiche. Si chiese se Leila provasse la stessa sensazione. Dopo un'altra mezz'ora di cavalcate, la sua eccitazione crebbe ancor più. Aveva gli occhi brillanti, le labbra umide. Leila la guardò con ammirazione.

"Cavalcare ti dona," le disse.

La sua mano reggeva un frustino con sicurezza regale, i guanti aderivano perfettamente alle lunghe dita, portava una camicia maschile con gemelli ai polsini. Il suo completo da cavallerizza sottolineava la snellezza della vita, dei seni, delle natiche. Bijou riempiva i vestiti con maggiore abbondanza. I seni erano alti e puntati provocantemente all'insù. I lunghi capelli erano sciolti al vento.

E che calore su per le natiche e in mezzo alle gambe! Era come esser state strofinate con alcool, o con vino, e leggermente sculacciate da una massaggiatrice esperta. Ogni volta che si sollevava e ricadeva sulla sella, Bijou sentiva un formicolio delizioso. A Leila piaceva cavalcarle dietro e contemplare la sua figura che si muoveva sul cavallo. Bijou, non ancora esperta, si sporgeva in avanti sulla sella e mostrava le natiche, rotonde e tese nei pantaloni da cavallerizza, e le gambe ben fatte.

I cavalli erano accaldati e cominciavano a schiumare. Emanavano un odore molto forte che passava nei vestiti delle donne. Il corpo di Leila sembrava farsi sempre più leggero. Teneva la frusta nervosamente. Galopparono di nuovo, fianco a fianco ora, con le bocche semiaperte e il vento sul viso. Mentre le sue gambe stringevano i fianchi del cavallo, Bijou si ricordò di come una volta avesse cavalcato sullo stomaco del Basco. Poi si era alzata, coi piedi sul suo torace e i genitali dritti sulla linea della sua visione, e lui l'aveva tenuta in questa posizione per la gioia degli occhi. Un'altra volta, il Basco si era messo ginocchioni sul pavimento e lei aveva cavalcato sulla sua schiena, cercando di fargli male con la pressione delle ginocchia nei fianchi. Ridendo nervosamente, lui l'aveva spronata a continuare. Bijou aveva le ginocchia forti come quelle di un uomo che cavalca e il Basco era stato preso da un'eccitazione tale che era andato in giro carponi per tutta la stanza, con il pene come una lancia in resta.

Di quando in quando il cavallo di Leila alzava la coda, nella velocità del galoppo, e si frustava il corpo vigorosamente, facendo brillare nel sole il suo crine lucido. Raggiunta la parte più fitta della foresta, le due donne si fermarono e smontarono. Condussero i cavalli per le briglie in un angolo coperto di muschio, e si sedettero a riposare. Fumarono, e Leila aveva ancora in mano il suo frustino.

Bijou disse: "Mi bruciano le natiche per la cavalcata."

"Fa' vedere," disse Leila. "Forse, visto che era la prima volta, non avremmo dovuto cavalcare così a lungo. Fammi vedere in che stato sei."

Bijou slacciò lentamente la cintura, sbottonò i pantaloni, li abbassò un po', e si girò perché Leila potesse guardare.

Leila la fece mettere in ginocchio e disse: "Fammi godere." Finì di tirar giù i pantaloni per scoprire del tutto le natiche. Toccò Bijou.

'Ti fa male?" le chiese.

"No, non fa male, è solo caldo, come se me l'avessero tostato."

La mano di Leila si posò sulle natiche rotonde: "Povere care!" disse. "Ti fa male qui?" La sua mano si spinse più giù nei pantaloni, più a fondo tra le gambe.

"Lì è caldo e brucia," disse Bijou.

"Togli i pantaloni, così si raffredderà," disse Leila, tirandoglieli giù ancora un po' e tenendo Bijou in ginocchio, col sedere all'aria.

"Che bella pelle hai, Bijou. La luce la fa risplendere tutta. Lascia che l'aria ti rinfreschi."

E continuò ad accarezzare la pelle di Bijou tra le gambe come avrebbe fatto con un micino. Ogni volta che i pantaloni minacciavano di coprire tutto un'altra volta, li ricacciava giù, togliendoli di mezzo.

"Brucia ancora," disse Bijou senza muoversi.

"Se continua a bruciare," disse Leila, "dovremo provare qualche altro rimedio."

"Fammi quello che vuoi," le disse Bijou.

Leila alzò il frustino e lo fece cadere, non troppo forte la prima volta.

Bijou disse: "Questo mi scalda ancor di più."

"Ma io ti voglio più calda, Bijou. Ti voglio bollente lì giù. Il più calda possibile."

Bijou non si mosse. Leila usò di nuovo il frustino, questa volta lasciandole un segno rosso.

Bijou disse: "È così caldo, Leila."

"Voglio che tu bruci laggiù," disse Leila, "finché non potrai bruciare di più, finché non riuscirai più a sopportarlo. E allora lì avrai i miei baci."

Colpì di nuovo, e Bijou non si mosse. Colpì un po' più forte.

"È così caldo lì, Leila, bacialo," disse Bijou.

Leila si piegò su di lei e le diede un lungo bacio là dove le natiche si aprivano nella valle delle parti sessuali. Poi colpì ancora. E poi ancora. Bijou contrasse le natiche come se le facessero male. Ma sentiva solo un piacere bruciante.

"Colpisci forte," disse a Leila.

Leila obbedì. Poi le disse: "Vuoi farlo anche tu a me?"

"Sì," disse Bijou alzandosi, senza però tirarsi su i pantaloni. Si sedette sul muschio fresco, prese Leila sulle ginocchia, le sbottonò i pantaloni e cominciò a frustarla, dapprima delicatamente, poi più forte, finché Leila incominciò a contrarsi e ad aprirsi a ogni colpo. Ora aveva le natiche rosse e brucianti.

"Togliamoci i vestiti e saliamo sul cavallo insieme," disse a Bijou.

Si tolsero i vestiti e montarono tutte e due su uno dei cavalli. La sella era calda. Ci stavano appena, appiccicate l'una all'altra. Leila, da dietro, mise le braccia intorno ai seni di Bijou e le baciò le spalle. Cavalcarono un po' in questa posizione, con i genitali che strusciavano contro la sella a ogni movimento del cavallo. Leila mordeva la spalla di Bijou e questa si girava ogni tanto a morderle il capezzolo. Poi tornarono al loro letto di muschio e si rimisero i vestiti.

Prima che Bijou finisse di tirarsi su i pantaloni, Leila la fermò per baciarle il clitoride; ma Bijou sentiva soprattutto le sue natiche brucianti e pregò Leila di porre fine a quella irritazione.

Leila le accarezzò le natiche, poi usò di nuovo il frustino, questa volta più forte, e Bijou si contrasse sotto i colpi. Leila le tenne aperte le natiche con una mano, in modo che il frustino si abbattesse nel mezzo, sull'apertura sensibile, e Bijou si mise a gridare. Leila continuò a colpirla, finché Bijou non fu presa dalle convulsioni.

Allora Bijou si girò e incominciò a dare dei forti colpi a Leila, furiosa per essere così eccitata e pure insoddisfatta, bruciante e incapace di far cessare quella sensazione. Ad ogni colpo che assestava, si sentiva palpitare tra le gambe, come se stesse prendendo Leila, come se la stesse penetrando. Dopo che si furono frustate fino a esser rosse e smaniose, si gettarono l'una sull'altra con mani e lingue finché non raggiunsero il fulgore pieno del loro piacere.

Avevano programmato di uscire tutti insieme per un picnic: Elena, il suo amante Pierre, Bijou e il Basco, Leila e l'Africano.

Si diressero verso una zona fuori Parigi. Mangiarono a un ristorante sulla Senna; poi, lasciate le macchine all'ombra, si incamminarono a piedi nella foresta. All'inizio camminarono in gruppo, poi Elena rimase indietro con l'Africano. Di punto in bianco ella decise di arrampicarsi su un albero. L'Africano rise di lei, pensando che non ci sarebbe riuscita.

Ma Elena sapeva come fare. Con molta destrezza, appoggiò un piede sul primo ramo basso, e incominciò a salire. L'Africano rimase ai piedi dell'albero a guardarla. Guardando in su poteva vederla sotto la gonna. Elena aveva biancheria rosa conchiglia, aderente e corta che lasciava intravedere buona parte delle gambe e delle cosce mentre si arrampicava. L'Africano rimase in piedi accanto all'albero e, tra una battuta e una risata, incominciò ad avere un'erezione.

Elena era seduta piuttosto in alto, e l'Africano non poteva raggiungerla perché era troppo pesante e grosso per appoggiarsi al primo ramo. Non gli restava che star seduto lì a guardarla, mentre la sua erezione diventava più forte.

Le chiese: "Che regalo mi fai oggi?"

"Questo," disse Elena, facendo cadere qualche castagna.

Sedette su un ramo e fece dondolare le gambe.

In quella tornarono Bijou e il Basco a cercarla. Bijou, un po' ingelosita nel vedere i due uomini che guardavano in su verso Elena, si gettò sull'erba dicendo: "Mi è entrato qualcosa nei vestiti. Ho paura."

I due uomini le si avvicinarono. Prima indicò la schiena, e il Basco le infilò una mano nel vestito. Poi disse che lo sentiva sul davanti, e l'Africano a sua volta le infilò una mano sotto il vestito e incominciò a cercare sotto il seno. All'improvviso Bijou sentì che c'era veramente qualcosa che le si muoveva sul ventre e questa volta incominciò a dimenarsi e a rotolare sull'erba.

I due uomini cercarono di aiutarla. Le sollevarono la gonna e incominciarono la ricerca. Indossava della biancheria di seta che la copriva completamente. Sganciò le mutandine su un lato per il Basco, che, agli occhi di tutti, aveva più diritto degli altri di frugarla nelle sue parti intime. Questo eccitò l'Africano che la rigirò piuttosto bruscamente e prese a menar colpi sul suo corpo dicendo: "Qualunque cosa sia, questo trattamento la ucciderà." Anche il Basco tastava Bijou dappertutto.

"Ti toccherà spogliarti," le disse alla fine. "Non c'è altro da fare."

La aiutarono entrambi a svestirsi, mentre rimaneva sdraiata sull'erba. Elena li osservava dall'albero, sentendosi invadere da un calore formicolante e augurandosi che facessero altrettanto a lei. Bijou, una volta svestita, incominciò a frugarsi tra le gambe, tra i peli pubici, e, non trovando niente, incominciò a rimettersi la biancheria. Ma l'Africano non voleva vederla completamente vestita, per cui raccolse un piccolo insetto innocuo e glielo mise sul corpo. Vedendolo muoversi sulle sue gambe, Bijou incominciò a rotolarsi per cercare di scuoterselo di dosso, perché non voleva toccarlo con le mani.

"Tiralo via, tiralo via!" gridava, rotolando il suo bel corpo sull'erba e offrendo alla vista tutti i punti su cui camminasse l'insetto. Ma né l'uno né l'altro volevano soccorrerla. Il Basco prese un rametto e incominciò a dar colpi all'insetto. L'Africano prese un altro ramo. I colpi non erano dolorosi, le facevano solo un po' di solletico.

L'Africano si ricordò allora di Elena e tornò verso l'albero.

"Scendi," le disse, "ti aiuterò io. Puoi mettermi un piede sulla spalla."

"No che non scendo," disse Elena.

L'Africano la pregò ed ella incominciò a scendere e, quando stava toccando i rami più bassi, l'Africano le prese una gamba e se la tirò sulla spalla. Allora Elena scivolò e cadde con l'altra gamba intorno al collo dell'uomo, col pube sulla sua faccia. L'Africano inalò l'odore in estasi e la resse nella forte presa delle sue braccia.

Attraverso il vestito poteva annusarle il sesso, sentirglielo, così la tenne ferma lì, e la morse attraverso i vestiti reggendole le gambe. Elena lottò per sfuggirgli, scalciando e colpendolo sulla schiena.

In quella apparve il suo amante, furioso, coi capelli ritti in testa nel vederla in quella posizione. Invano Elena cercò di spiegargli che l'Africano l'aveva presa perché era scivolata scendendo dall'albero. Pierre rimase arrabbiato, col desiderio di vendicarsi. Quando vide la coppia sull'erba, cercò di unirsi a loro, ma il Basco non avrebbe permesso a nessuno di toccare Bijou e, ignorando Pierre, continuò a colpirla con dei ramoscelli.

In quella uscì dalla boscaglia un grosso cane e puntò dritto verso la donna. Incominciò ad annusarla con evidente piacere. Bijou gridò e cercò di divincolarsi per alzarsi. Ma il cagnone enorme le si era piantato sopra e cercava di ficcarle il naso tra le gambe.

Allora il Basco, con un'espressione crudele negli occhi,

fece un cenno all'amante di Elena. Pierre capì al volo. Insieme bloccarono le braccia e le gambe di Bijou e lasciarono che il cane la annusasse a suo piacimento. La bestia incominciò a leccare con delizia la sottoveste di satin, esattamente nel punto in cui anche a un uomo sarebbe piaciuto leccare.

Il Basco tolse la biancheria intima a Bijou e lasciò che il cane continuasse a leccarla con cura. La sua lingua era ruvida, molto più ruvida di quella di un uomo, ed era lunga e forte. Leccò e rileccò con gran vigore, e tutti e tre gli uomini rimasero a guardare.

Anche Elena e Leila parteciparono alla scena, con la sensazione di essere leccate a loro volta dal cane. E questo le rendeva inquiete. Ormai guardavano tutti, chiedendosi se Bijou provava piacere.

Sulle prime Bijou era terrorizzata e cercò in tutti i modi di liberarsi. Poi si stancò di muoversi inutilmente, facendosi male ai polsi e alle caviglie, che i due uomini le tenevano con tanta forza. Il cane era bello, con una grande testa arruffata e la lingua pulita.

Il sole illuminava i peli pubici di Bijou, facendoli brillare come broccato. Il suo sesso era lucido e bagnato, ma nessuno avrebbe potuto dire se era per la lingua del cane o per il piacere. Quando la resistenza di Bijou incominciò a scemare, il Basco si ingelosì e allontanò il cane con un calcio, liberando la donna.

E venne il giorno in cui il Basco si stancò di Bijou e la abbandonò. Bijou era talmente abituata alle sue fantasie e ai suoi giochi crudeli, in particolare alla sua mania di ridurla all'impotenza mentre le venivan fatte le cose più strane, che per mesi non riuscì a godersi la riconquistata libertà né ad avere alcun rapporto con altri uomini. E non riusciva neppure ad amare le donne. Provò a posare ma non le piaceva più mostrare il suo corpo, o essere guardata e desiderata dagli studenti. Vagabondava da sola tutto il giorno, ancora una volta a battere le strade.

Il Basco, dal canto suo, ricominciò a inseguire la sua antica ossessione.

Nato in una famiglia agiata, aveva diciassette anni quando i suoi assunsero una governante francese per la sorella più piccola. Questa donna era piccola, paffuta, e sempre vestita con civetteria. Portava degli stivaletti di pelle e calze nere trasparenti. Aveva piedi piccoli, molto arcuati e affusolati.

Il Basco era un bel ragazzo, e la governante francese lo notò. Insieme alla sorella più piccola, i due facevano lunghe passeggiate. Sotto gli occhi della bambina, poteva succedere ben poco tra di loro, se si eccettuano lunghe occhiate penetranti. La governante aveva un piccolo neo all'angolo della bocca. Il Basco ne era affascinato, e un giorno le fece un complimento in proposito.

La donna gli rispose: "Ne ho un altro, in un posto che non immagineresti mai. E che non vedrai mai."

Il ragazzo si chiese dove potesse essere l'altro neo. Provò a immaginarsi la governante francese nuda. Dov'era il neo? Fino allora aveva visto donne nude solo in fotografia. Aveva anche una cartolina che rappresentava una ballerina con un corto gonnellino di piume. Se ci soffiava sopra, le piume si sollevavano e la donna mostrava le sue nudità. Una delle gambe era sollevata in aria, in una posa di danza classica, e il Basco poteva vedere com'era fatta una donna.

Quel giorno, appena arrivato a casa, prese la cartolina e ci soffiò sopra. Immaginò di vedere il corpo della governante, i suoi seni generosi e pieni. Poi, con una matita, disegnò un piccolo neo tra le gambe della ballerina. A quel punto era eccitato a dovere e voleva vedere la governante nuda, a tutti i costi. Ma bisognava essere molto cauti per via della famiglia numerosa del Basco. C'era sempre qualcuno per le scale, qualcuno in ogni stanza.

Il giorno dopo, durante la passeggiata, la governante gli diede un suo fazzoletto. Il ragazzo, annusandolo, poteva sentire l'odore di lei. La donna l'aveva infatti tenuto in mano in una giornata calda e la stoffa aveva trattenuto un po' del suo sudore. L'odore era così forte e lo turbò tanto, che per la seconda volta il ragazzo seppe cos'era sentire un tumulto tra le gambe. Si accorse di avere un'erezione, cosa che fino allora gli era successa solo durante il sonno.

Il giorno dopo, la governante gli diede una cosa avvolta nella carta. Lui se la infilò in tasca e dopo la passeggiata andò dritto in camera sua, dove aprì il pacchettino. Conteneva un paio di mutandine color carne, con il bordo di pizzo. Erano state indossate, e avevano anch'esse l'odore del corpo di lei. Il ragazzo vi affondò il viso e sperimentò il più inebriante dei piaceri. Immaginò di essere lui a toglierle le mutandine dal corpo e la sensazione fu così intensa che ebbe un'erezione. Allora incominciò a masturbarsi, continuando a baciare le mutandine. Poi se le strusciò sul pene. Il tocco della seta lo mandò in estasi. Gli sembrava di toccare la carne di lei, forse proprio il posto dove immaginava avesse il piccolo neo. All'improvviso eiaculò, per la prima volta, con uno spasimo di gioia che lo fece rotolare sul letto.

Il giorno dopo la governante gli diede un altro pacchettino. Questa volta conteneva un reggiseno. Il Basco ripeté la cerimonia e si chiese cos'altro gli avrebbe dato che potesse suscitare in lui un piacere simile.

E la volta dopo il pacchetto era molto più grande. La sorellina ne fu parecchio incuriosita.

"Sono solo libri," disse la governante. "Niente che possa interessarti."

Il Basco corse nella sua stanza e scoprì che la donna gli aveva dato un bustino nero, orlato di pizzo, che aveva l'impronta del suo corpo. Il pizzo era consumato per essere stato tirato tante volte. Il Basco si eccitò di nuovo. Questa volta si spogliò e si mise addosso il bustino, tirò i lacci come aveva visto fare a sua madre. Il corsetto lo stringeva e gli faceva male, ma era un dolore che gli dava piacere. Immaginò che la governante lo stringesse tra le braccia fino a farlo soffocare. Mentre allentava i lacci, immaginò di liberare il corpo di lei per poterla vedere nuda. Fu preso di nuovo da un'eccitazione febbrile, tormentato da ogni tipo di fantasia: la vita della governante, i suoi fianchi, le sue cosce.

Di notte nascondeva tutti gli indumenti di lei nel suo letto e ci si addormentava sopra, affondandovi il sesso, come se fosse nel corpo di lei. La sognava e la punta del suo pene era perennemente bagnata. Al mattino aveva gli occhi cerchiati.

La donna gli diede un paio delle sue calze. Poi gli diede un paio dei suoi stivaletti di vernice, che lui mise sul suo letto. Ora era sdraiato tra tutte le cose di lei, e cercava disperatamente di evocarne la presenza, morendo dalla voglia di lei. Gli stivaletti erano così vivi. Gli davano l'illusione che lei fosse entrata nella stanza e stesse camminando sul letto. Se li mise in equilibrio sulle gambe per guardarli meglio. Così sembrava che la donna stesse per camminargli sul corpo con i suoi piedini affusolati, e stesse per schiacciarlo. A questo pensiero si eccitò e incominciò a tremare. Se li avvicinò ancor di più al corpo, poi ne mise uno tanto vicino da toccargli la punta del pene. Questo lo eccitò talmente, che eiaculò proprio sulla pelle lucida dello stivale.

Ma questa era diventata una forma di tortura. Incominciò a scrivere delle lettere alla governante, pregandola di andarlo a trovare di notte nella sua stanza. Lei lesse le lettere con piacere, in sua presenza, con gli occhi scuri che le brillavano, ma non voleva rischiare di perdere il posto.

Poi un giorno venne richiamata a casa dalla malattia del padre. Il ragazzo non la vide più, e gli rimase un desiderio divorante di lei, insieme ai suoi vestiti che non gli davano pace.

Un giorno egli fece un pacchetto con tutti quegli indumenti e andò in una casa di tolleranza. Trovò una donna che era fisicamente simile alla governante. La fece vestire con i suoi indumenti. La guardò mentre si allacciava il corsetto che le sollevava i seni e le faceva sporgere il sedere; la guardò mettersi il reggiseno e infilarsi le mutandine. Poi le chiese di mettersi le calze e gli stivaletti.

Si eccitò terribilmente. Si strusciò contro la donna, poi si allungò ai suoi piedi e la pregò di toccarlo con la punta dello stivale. La donna gli toccò prima il petto, poi il ventre, poi la punta del pene. Questo lo riempì di passione ed egli immaginò che fosse la governante a toccarlo.

Baciò gli indumenti tanto cari e cercò di possedere la ragazza, ma appena questa aprì le gambe il suo desiderio morì, perché, dov'era il piccolo neo?

PIERRE

Da ragazzo, un mattino molto presto, Pierre se ne andò a zonzo lungo l'argine del fiume. Dopo un po' che passeggiava, si fermò vedendo un uomo che cercava di recuperare un corpo nudo dall'acqua e di tirarlo sul pontile di una delle chiatte. Il corpo era impigliato nella catena dell'ancora. Pierre corse ad aiutare l'uomo e insieme riuscirono a tirare il corpo sul pontile.

Allora l'uomo disse a Pierre: "Aspetta qui, intanto che vado a chiamare la polizia," e corse via. Il sole stava incominciando a far capolino e soffondeva sul corpo nudo una luce rosata. Pierre vide che non solo si trattava di una donna, ma di una donna molto bella. I lunghi capelli le cadevano sulle spalle e sui seni rotondi e pieni. La pelle liscia e dorata brillava. Pierre non aveva mai visto un corpo più bello, schiarito e purificato dall'acqua, con i bei contorni morbidi in evidenza.

La guardò affascinato. Il sole la stava asciugando. Pierre la toccò. Era ancora calda e probabilmente era morta da pochissimo tempo. Provò a sentirle il cuore. Non batteva. Il suo seno sembrò attaccarglisi alla mano.

Pierre tremò, poi si piegò e baciò il seno. Era elastico e morbido sotto le sue labbra, come un seno vivo. All'improvviso lo invase un violento desiderio sessuale. Continuò a baciare la donna, le aprì le labbra e, mentre lo faceva, dalla bocca

225

uscì un po' d'acqua, come fosse la saliva stessa della donna. Pierre ebbe la sensazione che, se l'avesse baciata abbastanza a lungo, la donna sarebbe tornata in vita. Il calore delle sue labbra si trasmise a quelle di lei. Le baciò la bocca, i capezzoli, il collo, il ventre, infine le sue labbra scesero verso i peli pubici bagnati e ricciuti. Era come baciarla sott'acqua.

La donna era sdraiata, con le gambe leggermente aperte, e le braccia lungo i fianchi. Il sole trasformava in oro la sua pelle, e i capelli bagnati sembravano alghe marine.

Come gli piaceva quel corpo abbandonato, nudo e indifeso. Come gli piacevano quegli occhi chiusi e la bocca leggermente aperta. Il suo corpo aveva il sapore della rugiada, dei fiori bagnati, delle foglie umide, dell'erba di primo mattino. La pelle era come seta sotto le sue dita. Amava la sua passività e il suo silenzio.

Si sentì teso, bruciante. Infine si lasciò cadere su di lei, e mentre la penetrava sentì scorrerle dell'acqua tra le gambe, come se stesse possedendo una naiade. I suoi movimenti facevano ondeggiare il corpo di lei. Continuò a gettarsi dentro il suo corpo, aspettando da un momento all'altro di sentirla reagire, ma il corpo di lei si muoveva semplicemente secondo il suo ritmo.

Poi incominciò a temere che tornasse l'uomo con la polizia. Cercò di affrettarsi e di soddisfare il suo desiderio, ma non ci riuscì. Non ci aveva mai messo tanto. La freschezza e l'umidità del grembo, la passività di lei, il suo piacere così prolungato, eppure non riusciva a venire.

Si mosse disperatamente, per liberarsi del suo tormento, per iniettare il suo liquido caldo in quel corpo freddo. Oh, come avrebbe voluto venire in quel momento, mentre le baciava il seno! Freneticamente spinse il sesso dentro di lei, ma ancora non riuscì a venire. L'uomo e la polizia l'avrebbero trovato lì, sdraiato sul corpo della donna morta.

Alla fine le prese il corpo per la vita, sollevandolo contro il suo pene e spingendo violentemente dentro di lei. Udì delle grida tutt'intorno, e in quel momento sentì che esplodeva dentro di lei. Si ritrasse, lasciò cadere il corpo e fuggì.

Quella donna lo ossessionò per giorni e giorni. Non riusciva a fare una doccia senza ricordare la sensazione di quella pelle bagnata e di quel corpo che brillava nell'alba. Mai più avrebbe visto un corpo così bello. Non riusciva ad ascoltare la pioggia senza rivedere l'acqua che le usciva di tra le gambe e dalla bocca, senza ricordare quanto era morbida e liscia.

Sentì che doveva andarsene dalla città. Dopo qualche giorno si ritrovò in un villaggio di pescatori e gli capitò di vedere degli studi per artisti, costruiti in economia. Ne affittò uno e attraverso le pareti sentiva tutto quello che succedeva all'esterno. In mezzo alla fila di appartamenti, accanto a quello di Pierre, c'era un gabinetto comune. Una volta, mentre era sdraiato a letto cercando di dormire, vide all'improvviso una debole striscia di luce tra le assi della parete. Guardò attraverso la fessura e vide, davanti al water, con una mano appoggiata alla parete, un ragazzo di circa quindici anni.

Aveva i pantaloni a mezz'asta e si era aperto la camicia e con la testa ricciuta piegata da un lato se ne stava a osservare le sue fatiche. Con la mano destra si toccava pensosamente il suo giovane sesso. Di quando in quando lo premeva con forza e veniva scosso dai tremiti. In quella luce fioca, con i capelli ricciuti e il giovane corpo pallido, sembrava quasi un angelo, a parte il fatto che si reggeva il sesso con la mano destra.

Staccò l'altra mano dalla parete alla quale l'aveva appoggiata e la strinse intorno alle palle, continuando ad agitare, premere e strizzare il pene. Ma non gli veniva molto duro. Provava piacere, ma non riusciva a raggiungere l'orgasmo. Era deluso. Aveva provato di tutto, e ora reggeva il suo pene floscio con aria pensosa. Lo soppesò, lo guardò interdetto, e infine lo rimise nei pantaloni, si abbottonò la camicia e se ne andò.

A questo punto, Pierre era sveglio come un'allodola.

Il ricordo della donna affogata lo tormentava di nuovo, mescolato ora all'immagine del ragazzo che si trastullava da solo. Era lì sdraiato a rivoltarsi nel letto, quando dal gabinetto filtrò nuovamente una luce. Pierre non poté fare a meno di spiare. Seduta sulla tazza c'era una donna di circa cinquant'anni, enorme, solida, con una faccia pesante, occhi e labbra ingordi.

Era seduta lì solo da un momento, quando qualcuno cercò di aprire la porta. Invece di mandar via il nuovo venuto, la donna gli aprì. Ed ecco comparire il ragazzo di poco prima, sconcertato dal fatto che la porta si fosse aperta. La tardona non si mosse dal comodo sedile, ma lo fece entrare con un sorriso e chiuse la porta.

"Ma che bel ragazzo!" gli disse. "Avrai senz'altro un'amichetta, vero? Avrai senz'altro già sperimentato qualche piccolo piacere con le donne, o no?"

"No," disse il ragazzo timidamente.

La donna gli parlava senza alcun imbarazzo, come se si fossero incontrati per la strada. Il ragazzo era stato colto di sorpresa e restava imbambolato a guardarla. Tutto quel che riusciva a vedere era la sua bocca sorridente dalle labbra piene e gli occhi insinuanti.

"Davvero non hai mai provato piacere? Ragazzo mio, non puoi dirmi questo."

"Mai," disse il ragazzo.

"Non sai come si fa?" gli chiese la donna. "Non te l'hanno detto i tuoi compagni di scuola?"

"Sì," rispose il ragazzo, "ho anche visto come fanno, lo fanno con la mano destra. Ci ho provato, ma non è successo niente."

La donna rise. "Ma c'è un altro modo. Non l'hai mai imparato l'altro modo, davvero? Nessuno ti ha mai detto niente? Vorresti dire che sai farlo solo con le tue mani? Diamine, ma c'è un altro modo, che funziona sempre."

Il ragazzo la guardò con sospetto. Ma il sorriso della donna era aperto, generoso, rassicurante.

Le carezze di prima dovevano aver lasciato in lui un certo turbamento, perché si avvicinò alla donna.

"Qual è il modo che conosci tu?" le chiese con curiosità. La donna rise.

"Vuoi proprio saperlo, eh? E cosa succede se ti piace? Se ti piace davvero, mi prometti di venire ancora a trovarmi?"

"Lo prometto," disse il ragazzo.

"Bene, allora montami sulle ginocchia, così, inginocchiati sopra di me, non aver paura. Ecco."

Il ventre del ragazzo era allo stesso livello della grande bocca della donna. Questa gli slacciò con destrezza i pantaloni ed estrasse il piccolo pene. Il ragazzo la guardò sbalordito prendergli il pene in bocca.

Poi, mentre la lingua incominciava a lavorare e il pene a crescere, il ragazzo fu sopraffatto da un piacere tale che ricadde sulla spalla della donna e lasciò che gli prendesse in bocca tutto il pene, fino a toccargli i peli pubici. Quel che provava era molto più stimolante delle sue manipolazioni precedenti. Pierre ora non vedeva altro che la grossa bocca dalle labbra piene al lavoro sul pene delicato: di quando in quando lo lasciava uscire per metà dalla caverna, poi lo ingoiava tutto, finché non si vedeva altro che il pelo pubico alla base.

La tardona era ingorda ma paziente. Il ragazzo era esausto per il piacere, quasi privo di sensi, e la faccia della donna si stava imporporando. Ma ancora succhiò e leccò, finché il ragazzo incominciò a tremare. La donna dovette cingerlo con tutte e due le braccia, altrimenti avrebbe potuto uscirle di bocca per i tremiti. Il ragazzo incominciò a emettere dei gemiti come un uccello in amore, e la donna si impegnò con rinnovato vigore, e allora successe. Il ragazzo, per lo sfinimento, quasi le si addormentò sopra la spalla, e lei dovette staccarlo da sé gentilmente, con le sue manone. Il ragazzo le lanciò un sorriso pallido e scappò via.

Sdraiato sul letto, Pierre si ricordò di una donna di cinquant'anni, un'amica di sua madre, che aveva conosciuto quando lui ne aveva solo diciassette. Era eccentrica e ostinata e continuava a vestirsi secondo la moda di dieci anni prima, vale a dire indossando un numero imprecisato di sottovesti, bustini stretti, mutandoni lunghi tutti pizzi, e vestiti con la gonna arricciata e ampie scollature nelle quali Pierre poteva intravedere l'avvallamento tra i seni, una linea scura e indistinta che svaniva tra pizzi e trine.

Era una bella donna, con una folta capigliatura rossa e una delicata peluria sulla pelle. Le orecchie erano piccole e delicate, le mani paffute. La bocca era particolarmente attraente: naturalmente rossa, piena e grande, con piccoli denti regolari, che metteva sempre in mostra, pronti a mordere qualcosa.

Una volta venne a trovare sua madre in una giornata molto piovosa, mentre i servitori erano fuori. Scrollò l'ombrellino delicato, si tolse l'ampio cappello, e sciolse il velo. Mentre se ne stava ancora in piedi, col vestito nero tutto zuppo, incominciò a starnutire. La madre di Pierre era a letto con l'influenza, e gridò all'amica dalla camera: "Cara, togliti pure i vestiti se sono bagnati, e Pierre te li farà asciugare davanti al fuoco. C'è un paravento in salotto. Ti puoi svestire lì e Pierre ti darà uno dei miei kimono."

Pierre si diede da fare di buona lena. Prese uno dei kimono della madre e aprì il paravento. Nel caminetto in salotto scoppiettava un bel fuoco. La stanza era calda e profumava di narcisi, che riempivano ogni vaso, di legna da ardere, e del profumo di sandalo dell'ospite.

Da dietro il paravento la donna porse il vestito a Pierre. Era ancora bagnato e aveva il profumo del suo corpo. Pierre lo tenne tra le braccia e lo annusò, inebriato, prima di deporlo su una sedia davanti al fuoco. Poi la donna gli porse una sottogonna grande e ricca, con l'orlo fradicio e sporco di fango. Pierre l'annusò con piacere prima di mettere anche questa davanti al fuoco.

Nel frattempo la donna parlava e sorrideva, rideva senza preoccupazione, inconsapevole dell'eccitazione del ragazzo. Gli lanciò un'altra sottoveste, più leggera, calda e muschiosa. Poi, con una risatina timida, gli gettò le sue mutande lunghe, orlate di pizzo. Improvvisamente Pierre si rese conto che non erano bagnate, e che gliele aveva tirate solo perché lo voleva, e che ora la donna era quasi nuda dietro il paravento e sapeva che lui era consapevole del suo corpo.

Quando lei lo guardò da sopra il paravento, Pierre vide le sue spalle rotonde e piene, morbide e lucide, come cuscini. La donna rise e gli gridò: "Dammi il kimono adesso."

"Non sono bagnate le sue calze?" le chiese Pierre.

"Sì, eccome. Me le sto togliendo," e si piegò. Pierre l'immaginò mentre si slacciava le giarrettiere e arrotolava le calze. Si chiese com'erano le sue gambe e i suoi piedi. Non riuscì più a trattenersi e diede un colpo al paravento.

Lo schermo cadde davanti alla donna e la rivelò nella posa che Pierre si era aspettato. Era piegata e stava arrotolando le calze nere. Tutto il suo corpo aveva il colore dorato e l'incarnato delicato del suo viso. La vita era lunga, i seni grandi, ma sodi.

La donna non si lasciò turbare dalla caduta del paravento. Disse: "Guarda cos'ho combinato togliendomi le calze. Passami il kimono." Pierre si avvicinò, guardandola, la prima donna nuda che avesse mai visto, tanto simile ai quadri che aveva esaminato al museo.

Lei sorrise. Poi si coprì come se niente fosse e si avvicinò al fuoco, allungando le mani verso la fonte di calore. Pierre era del tutto snervato. Il suo corpo bruciava e tuttavia non sapeva bene cosa fare.

La donna non badava troppo a stringersi il kimono addosso, occupata com'era a scaldarsi. Pierre sedette ai suoi piedi e la guardò sorridente, a viso aperto. Gli occhi di lei sembravano invitarlo. Egli le si avvicinò, sempre in ginocchio. Improvvisamente lei si aprì il kimono, gli prese la testa tra le mani e gliela appoggiò al pube perché potesse toccarlo con la bocca. I riccioli del pelo pubico toccarono le labbra di Pierre facendolo impazzire. In quel preciso momento, la voce di sua madre chiamò dalla lontana camera da letto: "Pierre, Pierre!"

Il ragazzo si alzò in piedi, e l'amica della madre richiuse il kimono. E rimasero entrambi tremanti, brucianti, insoddisfatti. L'amica andò nella stanza della madre, si sedette ai piedi del letto, e chiacchierò con lei. Pierre si sedette con loro, aspettando nervosamente il momento in cui la donna si sarebbe rivestita. Il pomeriggio gli parve interminabile. Poi, finalmente, la donna si alzò e disse che doveva vestirsi. La madre di Pierre lo trattenne, gli chiese qualcosa da bere, poi volle che abbassasse le tende, lo tenne occupato finché l'amica non fu vestita. Aveva dunque indovinato quel che sarebbe potuto succedere in salotto? A Pierre non rimase altro che quel tocco dei peli e della pelle rosea sulle labbra.

Quando l'amica se ne fu andata, sua madre gli parlò nella semioscurità della stanza.

"Povera Mary Ann," gli disse. "Sai, le è successa una cosa terribile quando era giovane. Fu quando i prussiani invasero l'Alsazia Lorena. Fu violentata dai soldati, e ora non permetterebbe mai a un uomo di avvicinarsi."

L'immagine di Mary Ann violentata lo infiammò. A malapena riuscì a nascondere il suo turbamento. Mary Ann si era fidata della sua giovinezza e della sua innocenza. Con lui aveva smesso di aver paura degli uomini. Per lei Pierre era come un bambino. Per questo aveva permesso al suo viso giovane e tenero di posarsi tra le sue gambe.

Quella notte Pierre sognò i soldati che le strappavano i vestiti, le aprivano le gambe, e si svegliò desiderandola febbrilmente. Come avrebbe potuto vederla? Gli avrebbe mai permesso di fare qualcosa di più che baciarle dolcemente il sesso come aveva già fatto? Era dunque chiusa per sempre?

Le scrisse una lettera. La risposta lo sconcertò. Gli chiedeva di andare a trovarla. Con indosso una vestaglia morbida, ella lo accolse in una stanza illuminata debolmente. Il primo movimento di Pierre fu di inginocchiarsi davanti a lei. La donna sorrise indulgente: "Come sei gentile," gli disse. Poi gli indicò un grande divano in un angolo sul quale si sdraiò. Pierre le si adagiò accanto, sentendosi timido e incapace di muoversi.

Poi sentì la mano di lei infilarsi con destrezza al di sotto della sua cintura e scivolare nei pantaloni, sgusciare più giù, vicino al ventre, eccitando ogni molecola di carne che toccava nella sua discesa dolce.

Poi la mano si fermò sui peli pubici, giocherellò, si mosse intorno al pene, senza toccarlo, ma facendolo drizzare. Pierre pensò che se gli avesse toccato il pene sarebbe morto di piacere. La sua bocca si aprì per l'emozione.

La mano di lei continuò a muoversi lentamente, lentamente, intorno al pelo pubico. Un dito cercò il solco sottile tra i peli e il sesso, dove la pelle era liscia, frugò ogni parte sensibile del ragazzo, scivolò sotto il pene, toccò le palle.

Infine la mano si chiuse intorno al pene fremente. E fu un piacere così intenso che egli gemette. Anche la sua mano si mise all'opera, frugando alla rinfusa tra i vestiti di lei, anche lui voleva toccare il centro delle sue sensazioni. Anche lui voleva sgusciare nei suoi posti segreti, entrare in essi. Annaspò alla cieca tra i suoi vestiti, e trovò un'apertura. Le toccò i peli pubici e il solco tra le gambe e il monte di Venere, sentì la carne tenera, la sentì umida, e vi immerse il dito.

Poi, in un parossismo di piacere, cercò di forzare il pene dentro di lei. E vide tutti i soldati che caricavano nel suo utero. Gli andò il sangue alla testa, ma la donna lo allontanò bruscamente e non gli permise di prenderla. Gli sussurrò all'orecchio: "Solo con le mani," e gli si aprì, continuando ad accarezzarlo nei pantaloni.

Quando Pierre si girò di nuovo per spingerle contro il suo sesso impazzito, lei lo allontanò, questa volta con rabbia. La mano di lei lo eccitava e Pierre non riusciva a giacere immobile.

"Ti farò venire così", gli disse. "Goditela." Pierre si sdraiò tranquillo a godersi le carezze. Ma, appena chiuse gli occhi, vide i soldati piegati sul corpo nudo di lei, vide le sue gambe aperte con la forza, l'apertura gocciolante per gli attacchi, e quel che provava era simile al desiderio furioso e ansimante dei soldati.

Mary Ann si chiuse all'improvviso la vestaglia e si alzò. Era diventata gelida. Lo mandò via e non gli permise più di rivederla.

A quarant'anni Pierre era ancora un uomo molto bello, il cui successo con le donne, e il lungo legame, ora finito, con Elena, aveva dato ai locali materia per i loro pettegolezzi, nel paesino di campagna nel quale si era stabilito. Ora Pierre era sposato con una donna molto delicata e affascinante, ma due anni dopo il loro matrimonio la sua salute si era deteriorata facendone quasi un'invalida. Pierre l'aveva amata con ardore e la sua passione all'inizio sembrava farla rinascere, ma piano piano era divenuta un pericolo per il suo cuore debole. Alla fine il dottore le aveva sconsigliato qualsiasi amplesso, e la povera Sylvia era entrata in un lungo periodo di castità. E anche Pierre fu privato all'improvviso della sua vita sessuale.

A Sylvia, naturalmente, fu proibito di avere figli per cui alla fine lei e Pierre decisero di adottare due bambini dell'orfanotrofio del paese. Fu un grande giorno per Sylvia, che si vestì sontuosamente per l'occasione. Fu un grande giorno anche per l'orfanotrofio perché tutti i bambini sapevano che Pierre e sua moglie avevano una casa bellissima, una grande proprietà terriera, e avevano la fama d'essere gentili.

Fu Sylvia a scegliere i bambini: John, un delicato ragazzo biondo, e Martha, una ragazza vivace e scura, entrambi quasi sedicenni. All'orfanotrofio i due erano stati inseparabili, come fratello e sorella.

Furono condotti nella bella casa grande e a ciascuno venne assegnata una stanza che dava sul parco. Pierre e Sylvia li circondarono di ogni tenerezza e li guidarono con amore. Inoltre John vegliava sempre su Martha.

A volte Pierre invidiava la loro giovinezza che li legava. A John piaceva giocare alla lotta libera con Martha e per un lungo periodo la ragazza fu più forte di lui. Ma un giorno, mentre Pierre li osservava, fu John che riuscì a inchiodare al suolo Martha e a sedersi su di lei con un grido di trionfo. Pierre notò che la vittoria del compagno, che coronava un accalorato corpo a corpo, non dispiaceva a Martha. Ecco che emerge la donna in lei, pensò Pierre. Vuole che sia l'uomo a essere più forte.

Ma, se la donna incominciava a far la sua timida comparsa nella ragazza, non per questo ella otteneva un trattamento galante da John. Egli sembrava deciso a trattarla solo come una compagna di giochi, addirittura come un ragazzo. Non le faceva mai un complimento, non notava mai i suoi abiti o le sue civetterie. Anzi, quando Martha tendeva a essere tenera, lui esagerava nell'esser duro e nel richiamare l'attenzione sui suoi difetti. La trattava senza sentimentalismi e la povera Martha era perplessa e umiliata, ma si rifiutava di lasciarlo capire. Pierre era il solo a rendersi conto di questa femminilità ferita.

Pierre si sentiva solo in quella grande proprietà. Si occupava della fattoria annessa alla tenuta e di altre proprietà che Sylvia possedeva in campagna, ma non gli bastava. Non aveva un compagno. John dominava Martha così totalmente, che la ragazza non prestava nessuna attenzione al padre adottivo. Nello stesso tempo però, con l'occhio della persona più matura, Pierre vedeva benissimo che Martha aveva bisogno di un altro tipo di rapporto.

Un giorno, trovando Martha che piangeva da sola nel parco, si azzardò a dirle: "Che succede, Martha? Puoi sempre confidare a un padre quel che non puoi confidare a un compagno di giochi."

Martha lo guardò, rendendosi conto per la prima volta della sua dolcezza e della sua comprensione. Gli confessò che John le aveva detto che era brutta, goffa e troppo animalesca.

"Com'è stupido," disse Pierre. "Non è assolutamente vero. Lo dice perché lui è effeminato e non può apprezzare il tuo tipo di bellezza vigorosa e sana. È proprio una femminuccia, e tu sei meravigliosamente forte e bella, in un modo che lui non può capire."

Martha lo guardò con gratitudine.

Da quel giorno, Pierre la salutò ogni mattina con una frase gentile: "Quell'azzurro ti sta benissimo," o "Hai una pettinatura deliziosa."

Le faceva delle piccole sorprese, regalandole profumi, sciarpe, e altre piccole frivolezze. Sylvia ormai non lasciava più la camera da letto, e solo qualche volta, in giornate di sole molto calde, si metteva su una poltrona in giardino. John era assorto nei suoi studi scientifici e aveva incominciato a prestare meno attenzione a Martha.

Pierre aveva una macchina che usava per tutte le commissioni della fattoria, che aveva sempre sbrigato da solo, ma ora incominciò a prendere con sé Martha.

La ragazza aveva diciassette anni, un corpo splendidamente modellato dalla vita sana, la pelle chiara e capelli neri e lucidi. I suoi occhi erano focosi e ardenti e indugiavano a lungo sul corpo snello di John – troppo spesso, pensò Pierre osservandola. Ovviamente la ragazza era innamorata di John, ma questi non ci faceva caso. Pierre provò una fitta di gelosia. Si guardò allo specchio, paragonandosi a John. Il paragone era piuttosto a suo favore, perché anche se John era un bel ragazzo, c'era qualcosa di freddo nel suo aspetto, mentre gli occhi verdi di Pierre erano ancora irresistibili per le donne, e il suo corpo emanava calore e fascino.

Incominciò a corteggiare sottilmente Martha, facendole complimenti e circondandola di attenzioni, divenendo il suo confidente per ogni problema, fino al punto che la ragazza gli confessò la sua attrazione per John, aggiungendo subito: "È assolutamente disumano."

Un giorno John la insultò apertamente in presenza di Pierre. Martha aveva corso e ballato e aveva un'aria esuberante e viva. Improvvisamente John l'aveva guardata e le aveva detto con tono di rimprovero: "Sei proprio un animale. Non sublimerai mai le tue energie."

Sublimazione! Dunque era questo che voleva. Voleva trascinare Martha nel suo mondo di studi e teorie e ricerche, per uccidere la fiamma che era in lei. Martha lo guardò con rabbia.

La natura stava lavorando a favore dell'umanità di Pierre. L'estate rese languida Martha. L'estate la scoprì. Indossando meno indumenti, la ragazza diveniva sempre più consapevole del suo corpo. La brezza sembrava toccarle la pelle come una mano. Di notte si rigirava nel letto in preda a un'inquietudine che non riusciva a spiegarsi. I capelli sciolti le davano la sensazione che qualcuno glieli avesse sparsi intorno al collo e li accarezzasse.

Pierre non ci mise molto a capire cosa le stava succedendo. Non fece nessuna avance, si limitò a posarle la mano sul braccio fresco e nudo, quando usciva dalla macchina; oppure, quando lei si lamentava dell'indifferenza di John, ad accarezzarle i capelli. Ma i suoi occhi la divoravano e conoscevano ogni pezzettino del suo corpo, ogni forma che poteva essere intuita sotto il vestito. Sapeva com'era morbida la peluria sulla sua pelle, com'erano lisce le sue gambe senza peli, com'erano sodi i suoi seni giovani. I suoi capelli, folti e spettinati, gli sfioravano spesso il viso quando si piegava su di lui a studiare i resoconti della fattoria. L'alito di lei si confondeva spesso col suo. Una volta Pierre le mise una mano intorno alla vita, paternamente. Ella non si ritrasse. In qualche modo, questo gesto rispondeva a un suo bisogno profondo di calore. Martha pensò che si stava abbandonando a un calore paterno e avvolgente, e a poco a poco fu lei a cercare la sua vicinanza quando erano insieme, fu lei a volere il braccio di Pierre intorno alle spalle quando andavano in giro in macchina, fu lei a posargli la testa sulla spalla quando rincasavano il pomeriggio tardi.

Da questi giri di controllo tornavano sempre con un bagliore segreto di comprensione negli occhi; John lo notava e si incupiva ancor di più. Ma ormai Martha era in ribellione aperta contro di lui e alla sua riservatezza e severità opponeva sempre più la volontà di far trionfare il fuoco che aveva dentro, il suo amore per la vita e per il movimento. E si immergeva con entusiasmo nella sua amicizia con Pierre.

A circa un'ora di macchina, c'era una fattoria abbandonata che un tempo avevano affittato. Ormai era in disuso e Pierre aveva deciso che voleva restaurarla per il giorno in cui John si fosse sposato. Prima di chiamare gli operai, Pierre e Martha andarono insieme a darle un'occhiata per vedere che lavori bisognava fare.

Era una grande casa a un piano. Una massa d'edera l'aveva avvolta quasi completamente, coprendo le finestre con tende naturali e ombreggiando l'interno. Pierre e Martha aprirono una finestra e trovarono molta polvere, i mobili ammuffiti, e alcune stanze rovinate per la pioggia che era entrata. Ma una stanza era quasi intatta. Era la camera padronale. Un grande letto austero, molti arazzi, specchi, e un tappeto consunto, le conferivano, nella semioscurità, una cert'aria di grandezza. Sopra il letto era stata gettata una pesante coperta di velluto.

Pierre, guardandosi intorno con l'occhio dell'architetto, si sedette sulla sponda del letto. Martha rimase in piedi accanto a lui. Il caldo dell'estate entrava nella stanza a ondate, rimescolandogli il sangue. Martha sentì di nuovo la mano invisibile che l'accarezzava e non le sembrò affatto strano che una mano vera scivolasse all'improvviso tra i suoi vestiti, con la stessa gentilezza e la stessa dolcezza della brezza estiva, e le toccasse la pelle. Le sembrò naturale e piacevole, e chiuse gli occhi.

Pierre l'avvicinò a sé e la fece sdraiare sul letto. Martha continuò a tenere gli occhi chiusi e tutto le parve solo la continuazione di un sogno. Sola nel suo letto, in molte notti d'estate, ella aveva atteso questa mano, che ora le faceva quel che si era aspettata. Si insinuava dolcemente nei suoi vestiti, liberandola da essi come fossero stati una buccia leggera da togliere, per far emergere la pelle vera e calda. La mano la percorreva tutta, toccando posti in cui non avrebbe neppur sospettato che sarebbe andata, in posti segreti che ora palpitavano.

Poi, all'improvviso, aprì gli occhi e vide il viso di Pierre chino sul suo, pronto a baciarla. Si tirò su a sedere bruscamente. A occhi chiusi, aveva immaginato che fosse John a frugarla a quel modo, ma quando vide il viso di Pierre, ne rimase delusa e gli sfuggì. Tornarono a casa silenziosi, ma non arrabbiati.

Martha era come drogata. Non riusciva a liberarsi dalla sensazione della mano di Pierre sulla sua pelle. Pierre era dolce e sembrava capire la sua resistenza. Trovarono John gelido e cupo.

Martha non riuscì a dormire. Ogni volta che si assopiva sentiva di nuovo la mano, ne aspettava i movimenti, la sentiva salire su per le gambe, fino al posto segreto dove aveva sentito un fremito, l'attesa di un nonsoché. Si alzò e andò alla finestra. Il suo corpo era in tumulto, voleva che quella mano la toccasse ancora. Era peggio della fame e della sete, questo desiderio della carne.

Il giorno dopo si alzò, pallida e decisa. Appena finita la colazione, si rivolse a Pierre e gli disse: "Non dobbiamo dare un'occhiata alla fattoria oggi?" Pierre assentì e uscirono in macchina. Fu un sollievo. Il vento le soffiava sul viso ed era libera ora. Osservò la mano destra di Pierre sul volante della macchina, una bella mano, giovane, agile e tenera. Si piegò all'improvviso e posò le labbra su di essa. Pierre le sorrise con tanta gratitudine e gioia che il cuore le balzò in petto.

Insieme si incamminarono nel giardino incolto, su per il sentiero coperto di muschio, e dentro alla stanza verde e scura con le sue tende di edera. Andarono dritti verso il letto e fu Martha a sdraiarsi per prima.

"Le tue mani," mormorò lei, "oh, Pierre, le tue mani. Le ho sentite tutta la notte."

Con quale delicatezza, con quale dolcezza, le sue mani incominciarono a frugare il corpo di lei, come se stessero cercando il posto in cui si erano addensate tutte le sensazioni, senza sapere se era intorno al seno, o sotto, lungo i fianchi o nella valle tra i fianchi. Pierre attese che il corpo di lei reagisse e percepì, da un tremore lievissimo, che la sua mano aveva toccato il posto che lei voleva fosse toccato. I vestiti, le lenzuola, le camicie da notte, l'acqua del bagno, il calore, tutto aveva cospirato a sensibilizzare la sua pelle, finché questa mano aveva realizzato le carezze che tutte queste cose le avevano dato, aggiungendo il calore e il potere di penetrare dappertutto, nei posti segreti.

Ma, appena Pierre si piegò su di lei, avvicinandosi troppo

al suo viso per darle un bacio, l'immagine di John si intromise. Martha chiuse gli occhi e Pierre sentì che anche il suo corpo si chiudeva a lui. Così, saggiamente, non spinse più in là le sue carezze.

Quel giorno, quando tornarono a casa, Martha era in preda a una specie di ubriachezza che la rendeva irrequieta. La casa era disposta in modo che gli appartamenti di Sylvia e Pierre comunicassero con la stanza di Martha, che, a sua volta, era adiacente al bagno usato da John. Quando i ragazzi erano più piccoli, tutte le porte venivano lasciate aperte, ma ora la moglie di Pierre preferiva chiudere la porta della sua camera e anche quella tra Pierre e Martha era chiusa. Quel giorno Martha fece un bagno. Allungata tranquillamente nell'acqua, poteva sentire i movimenti di John nella stanza accanto. Il suo corpo era ancora febbricitante per le carezze di Pierre, ma Martha continuava a desiderare John. Voleva fare ancora un tentativo per risvegliare il desiderio di John, voleva sfidarlo apertamente, così avrebbe saputo se c'era qualche speranza che lui l'amasse.

Finito il bagno, si avvolse in un lungo kimono bianco lasciando sciolti i folti capelli neri. Invece di tornare nella sua stanza, entrò in quella di John. Egli rimase sconcertato nel vederla, e Martha gli spiegò la sua presenza dicendo: "Sono terribilmente inquieta, John. Ho bisogno del tuo consiglio. Presto lascerò questa casa."

"Vuoi partire?"

"Sì," disse Martha. "È ora che me ne vada. Devo imparare a essere indipendente. Voglio andare a Parigi."

"Ma c'è tanto bisogno di te qui!"

"Bisogno di me?"

"Sei la compagna di mio padre," le disse aspramente.

Era dunque geloso? Martha aspettò senza fiato che lui aggiungesse qualcosa, poi continuò: "Ormai è ora che incominci a conoscere qualcuno se voglio sposarmi. Non posso essere un peso per sempre."

"Sposarti?"

E allora, per la prima volta, egli vide Martha come una donna. L'aveva sempre considerata una bambina, ma ora quel che vedeva era un corpo voluttuoso, pienamente rivelato dal kimono, dei capelli umidi, un viso acceso, una bocca morbida. Ella attese. La speranza era così forte in lei, che lasciò andare le braccia lungo i fianchi e il kimono si aprì rivelando il suo corpo completamente nudo.

Allora John vide che lei lo voleva, che gli si stava offrendo, ma invece di eccitarsi, si ritrasse. "Martha, oh Martha," disse, "che animale sei! Sei proprio la figlia di una puttana. Sì, lo dicevano tutti all'orfanotrofio, che eri la figlia di una puttana."

Martha si fece rossa in viso e gli disse: "E tu allora, tu sei un impotente, un monaco, sei come una donna, non sei un uomo. Tuo padre è un uomo."

E si precipitò fuori dalla stanza.

Ora l'immagine di John cessò di tormentarla e Martha volle cancellarla dal suo corpo e dal suo sangue. E fu lei che quella notte attese che tutti fossero addormentati per aprire la porta della stanza di Pierre, e fu lei che andò nel suo letto, offrendogli in silenzio il suo corpo ora fresco e abbandonato.

Pierre capì che era libera da John, che ora era sua, dal modo in cui venne nel suo letto. Che gioia sentire quel corpo giovane e morbido scivolare verso il suo. Nelle notti d'estate dormiva nudo. Anche Martha aveva lasciato cadere il kimono ed era nuda. Il desiderio di Pierre esplose immediatamente, ed ella ne sentì la durezza contro il ventre.

Le sue sensazioni diffuse ora erano concentrate in una sola parte del suo corpo. Ella si sorprese a fare gesti che non aveva mai imparato, si trovò con la mano stretta intorno al pene di lui, si sorprese a incollare il suo corpo all'altro, a offrire la bocca ai molti baci diversi che Pierre sapeva dare. Si diede in un delirio, e Pierre fu incitato alle più grandi imprese.

Ogni notte fu un'orgia. Il corpo di lei divenne docile e sapiente. Il loro legame era così forte che divenne difficile per entrambi dissimularlo durante il giorno. Quando lei lo guardava, era come se la toccasse tra le gambe. A volte, nel salone buio, si abbracciavano. Lui la spingeva contro la parete. Nell'entrata, c'era un grande ripostiglio scuro pieno di cappotti e di scarpe da neve. D'estate non ci entrava nessuno. Martha si nascondeva lì, e Pierre entrava. Sdraiati sui cappotti, nello spazio ristretto, racchiuso, segreto, si abbandonavano.

Pierre era stato privato di una vita sessuale per anni, e Martha era fatta proprio per questo e si risvegliava alla vita solo in quei momenti. Lo riceveva sempre con la bocca aperta e già bagnata tra le gambe. Il desiderio di lui si risvegliava prima ancora di vederla, al solo pensiero di lei che lo aspettava nel ripostiglio scuro. Si comportavano come due animali in lotta, pronti a divorarsi a vicenda. Se vinceva il corpo di lui e riusciva a inchiodarla sotto di sé, allora la prendeva con una forza tale, che pareva che la pugnalasse col suo sesso, incessantemente, finché lei non si accasciava esausta. Erano in un'armonia meravigliosa e la loro eccitazione cresceva all'unisono. Martha gli si arrampicava addosso come un animale agile. Si strofinava contro il suo pene eretto, contro i suoi peli pubici, con una frenesia tale da farlo ansimare. Questo ripostiglio scuro diventò una tana.

A volte andavano in macchina alla fattoria abbandonata e vi passavano il pomeriggio. Erano così saturi d'amore, che bastava che Pierre baciasse Martha sulle palpebre perché lei sentisse un tremito tra le gambe. I loro corpi erano carichi di desiderio che non riuscivano a esaurire.

John sembrava un'ombra pallida. Non si accorsero che li osservava. Il cambiamento in Pierre era evidente. Aveva un viso luminoso, gli occhi ardenti, e il corpo era diventato più giovane. E il cambiamento di lei! Il suo corpo emanava voluttà. Ogni suo movimento era sensuale – quando serviva il caffè, o prendeva un libro, mentre giocava a scacchi, o suonava il piano, faceva tutto carezzevolmente. Il suo corpo si fece più pieno e i seni più sodi sotto le vesti.

John non riusciva a star seduto in mezzo a loro. Anche quando non si guardavano e non si parlavano, poteva intuire una corrente molto forte tra loro.

Un giorno in cui erano andati in macchina alla fattoria abbandonata, John, invece di continuare i suoi studi, fu preso da un'ondata di pigrizia e dal desiderio di essere fuori all'aperto. Allora montò sulla bicicletta e incominciò ad andare a zonzo, senza pensare a loro, ma forse ricordando inconsciamente che all'orfanotrofio si mormorava che Martha era stata abbandonata da una famosa prostituta. Gli sembrava di aver sempre amato Martha e di averla temuta al tempo stesso. Sentiva che era un animale, che riusciva ad apprezzare la gente come apprezzava il cibo, che il suo punto di vista sulla gente era diametralmente opposto al suo. Era solita dire: "Quell'uomo è bello," o "quella donna è affascinante." Lui invece preferiva dire: "Quell'uomo è interessante," o "quella donna ha personalità."

Persino da bambina Martha aveva espresso sensualità, quando lottava con lui, quando lo accarezzava. Le piaceva giocare a nascondino, e se lui non riusciva a trovarla lasciava il suo nascondiglio, in modo che lui potesse prenderla, afferrandola per il vestito. Una volta, giocando insieme, avevano costruito una tenda e si erano ritrovati tutti aggrovigliati, molto vicini l'uno all'altra. E allora aveva visto il viso di Martha: aveva chiuso gli occhi per godersi il calore dei loro corpi vicini, e lui aveva provato una paura tremenda. Perché proprio paura? Per tutta la vita era stato ossessionato dalla sua paura della sessualità. Non riusciva a spiegarsela. Eppure c'era. Era persino arrivato a pensare di farsi monaco.

Ora, senza pensare alla sua destinazione, era arrivato alla

vecchia fattoria. Era da molto tempo che non le dava un'occhiata. Camminò silenziosamente sul muschio e sull'erba cresciuta disordinatamente. Poi, per curiosità, entrò nella casa e incominciò a esplorarla. E così arrivò silenziosamente alla stanza in cui c'erano Pierre e Martha. La porta era aperta, ed egli si fermò, paralizzato da quel che vide. Era come se la sua più grande paura si fosse materializzata. Pierre era sdraiato sul dorso, con gli occhi semichiusi, e Martha, completamente nuda, si dimenava come un demone, montando su di lui in un desiderio parossistico del suo corpo.

John rimase lì in piedi, paralizzato dal trauma della scena, e tuttavia la assorbì tutta. Martha, liscia, voluttuosa, non solo stava baciando il sesso di Pierre, ma era accosciata sulla bocca di lui, poi si avvinghiava al corpo di Pierre e strusciava i seni contro il petto di lui, e Pierre rimaneva sdraiato, incantato, ipnotizzato dalle sue carezze.

Dopo un momento John corse fuori senza essere udito. Aveva assistito al peggiore dei vizi infernali e aveva trovato conferma al suo timore che fosse Martha l'essere erotico, mentre pensava che il padre adottivo stesse semplicemente piegandosi alla passione di lei. Più si sforzava di cancellare quella scena dalla mente, più essa permeava il suo intero essere, precisa, indelebile, ossessionante.

Quando tornarono, li guardò in viso e fu sconcertato nel constatare come la gente, nella sua quotidianità, poteva apparire diversa da quando faceva l'amore. I cambiamenti erano osceni. Il viso di Martha ora sembrava chiuso, mentre prima aveva gridato il suo piacere con gli occhi, i capelli, la bocca, la lingua. E Pierre, il serio Pierre, solo poco fa non era stato un padre, ma un corpo ancor giovane allungato su un letto, abbandonato alla lussuria furiosa di una donna scatenata.

John sentì che non sarebbe riuscito a rimanere in quella casa senza tradire la sua scoperta con la madre malata, con tutti quanti. Quando dichiarò che intendeva partire per arruolarsi nell'esercito, Martha gli lanciò uno sguardo penetrante di sorpresa. Fino a quel momento aveva pensato che John fosse semplicemente un puritano. Ma era anche convinta che lui l'amasse e che prima o poi si sarebbe arreso al suo amore. Li voleva entrambi. Pierre era l'amante che le donne sognano. John avrebbe potuto educarlo, anche contro la sua natura. E ora se ne sarebbe andato. Rimaneva qualcosa in sospeso tra loro, come se il calore sprigionato dai loro giochi insieme fosse stato interrotto con l'intento di recuperarlo nelle loro vite adulte.

Quella notte cercò di nuovo di conquistarselo. Andò nella sua stanza ed egli la ricevette con una tale ripugnanza che dovette chiedergli una spiegazione, lo spinse a confessare e allora John spiattellò la scena alla quale aveva assistito. Non riusciva a credere che Martha amasse Pierre, pensava che trionfasse solo l'animale in lei. E, vedendo la sua reazione, Martha capì che ora non sarebbe più riuscita a possederlo.

Allora si fermò sulla porta e gli disse: "John, tu sei convinto che io sia un animale, ma io posso dimostrarti facilmente che non lo sono. Ti ho detto che ti amo, e te lo dimostrerò. Non solo romperò con Pierre, ma verrò ogni notte da te e starò con te, e dormiremo insieme come bambini, e ti dimostrerò quanto posso esser casta, libera dal desiderio."

John spalancò gli occhi. Era molto tentato. Il pensiero di Martha e suo padre che facevano l'amore gli riusciva intollerabile. E se lo spiegava sul piano morale. Non ammetteva di essere geloso. Non si accorgeva di quanto gli sarebbe piaciuto essere al posto di Pierre, con tutta la sua esperienza in fatto di donne. Non si chiese perché ripudiava l'amore di Martha. Ma perché era così lontano dai desideri naturali di altri uomini e donne?

Acconsentì all'offerta di Martha. Accortamente, Martha non ruppe con Pierre in modo da allarmarlo, ma si limitò a dirgli che temeva che John avesse dei sospetti e che voleva togliergli ogni dubbio prima che partisse per arruolarsi.

Aspettando la visita di Martha la notte successiva, John cercò di ricordarsi tutto quel che poteva sulle sue sensazioni sessuali. Le sue prime impressioni erano legate a Martha: lui e Martha all'orfanotrofio, che si proteggevano a vicenda, inseparabili. Allora il suo amore per lei era ardente e spontaneo. Era una delizia per lui toccarla. Poi un giorno, quando Martha aveva undici anni, venne a trovarla una donna. John la vide di sfuggita, mentre aspettava in parlatorio. Non aveva mai visto nessuna come lei. Indossava vestiti aderenti che sottolineavano la sua figura piena e voluttuosa. Aveva capelli rosso oro, ondulati, e le labbra erano dipinte così pesantemente che affascinarono il ragazzo. Egli la guardò, poi la vide incontrare Martha e abbracciarla. Fu allora che gli dissero che quella era la madre di Martha, che l'aveva abbandonata da piccola, poi l'aveva riconosciuta, ma non poteva tenerla con sé perché era la prostituta favorita della città.

Da allora, quando il viso di Martha brillava di eccitazione, o si imporporava, se le splendevano i capelli, se indossava un vestito aderente, se si abbandonava alla benché minima civetteria, John provava un grande imbarazzo, si arrabbiava. Gli sembrava di poter vedere in lei la madre, che il suo corpo fosse provocante, che fosse lussuriosa. La interrogava, voleva sapere cosa pensava, cosa sognava, i suoi desideri più segreti. Lei gli rispondeva ingenuamente. Ciò che amava di più al mondo era John. Il suo piacere più grande era essere toccata da lui.

"Cosa provi allora?" le chiedeva John.

"Contentezza, un piacere che non so spiegare."

John era convinto che non solo da lui, ma da qualsiasi uomo Martha potesse trarre quei piaceri quasi innocenti. E immaginava che la madre di Martha provasse lo stesso con tutti gli uomini che la toccavano.

Poiché si era allontanato da Martha e l'aveva privata di tutto l'affetto di cui aveva bisogno, l'aveva persa. Ma questo non lo capiva. Ora provava un gran piacere nel dominarla. Le avrebbe mostrato cos'era la castità, cosa poteva essere l'amore tra due esseri umani, senza sessualità.

Martha arrivò a mezzanotte, senza far rumore. Indossava una lunga camicia da notte bianca e sopra il suo kimono. I lunghi capelli neri e folti le ricadevano sulle spalle. Gli occhi le brillavano di una luce innaturale. Era tranquilla e dolce, come una sorella. La sua vivacità era controllata e sottomessa e in queste condizioni non spaventava John. Sembrava quasi un'altra Martha.

Il letto era molto grande e basso. John spense la luce. Martha si infilò sotto le coperte e si sdraiò senza toccare John. Egli tremava. Tutto ciò gli ricordava l'orfanotrofio dove, per parlare con lei un po' più a lungo, scappava dal dormitorio dei ragazzi e andava a chiacchierare sotto la sua finestra. Martha allora indossava una camicia da notte bianca e aveva i capelli raccolti in due trecce. John le raccontò i suoi ricordi e le chiese se gli permetteva di farle le trecce anche ora. La voleva rivedere come una bambina. Martha acconsentì e, nel buio, le mani di John toccarono i suoi folti capelli e li intrecciarono. Poi entrambi finsero di addormentarsi.

Ma John era tormentato dalle visioni. Vedeva Martha nuda, poi la madre di lei, nel vestito aderente che rivelava ogni curva, poi ancora Martha, accosciata come un animale sulla faccia di Pierre. Il sangue gli batteva nelle tempie, e avrebbe voluto allungare il braccio. Lo fece. Martha gli prese la mano e se la mise sul cuore, sul seno sinistro. Attraverso gli indumenti, egli sentiva il suo cuore battere. E in questo modo, finalmente si addormentarono. Al mattino si svegliarono insieme. John si accorse che si era avvicinato a Martha e aveva dormito con il corpo contro il suo. Si svegliò desiderandola, sentendo il suo calore. Furioso, saltò giù dal letto e finse di doversi vestire in fretta.

E così passò la prima notte. Martha continuò a essere gentile e sottomessa. John era tormentato dal desiderio. Ma il suo orgoglio e la sua paura erano più grandi.

Ora sapeva di cosa aveva paura. Temeva di essere impotente. Temeva che suo padre, noto Don Giovanni, fosse più potente e più esperto. Temeva di essere goffo. Temeva che, una volta che avesse eccitato i fuochi vulcanici di Martha, non sarebbe riuscito a soddisfarli. Forse una donna meno focosa non l'avrebbe spaventato tanto. Si era intestardito tanto a controllare la sua natura e i suoi istinti, che forse c'era riuscito fin troppo bene. E ora dubitava della sua potenza.

Con intuito femminile, Martha doveva aver indovinato tutto questo. Ogni notte arrivava più quieta, più gentile, più umile. Si addormentavano insieme, innocentemente. Martha non tradiva il calore che sentiva tra le gambe quando lui le stava accanto. Dormiva davvero. Lui a volte rimaneva sveglio, ossessionato dalle visioni sensuali del corpo nudo di lei.

Nel cuore della notte si svegliava, una o due volte, le si avvicinava e l'accarezzava col fiato mozzo. Il corpo di lei nel sonno era abbandonato e caldo. Egli si azzardò a sollevarle la camicia da notte, tirandola sopra i seni, e a farle scorrere la mano sul corpo per sentirne i contorni. Lei non si svegliò e questo gli diede coraggio. Non fece altro che accarezzarla, sentendo dolcemente le curve del suo corpo, percorrendone con cura ogni tratto, finché seppe dove la pelle diventava più morbida, dove la carne era più piena, dov'erano le valli, dove iniziavano i peli pubici.

Quello che ignorava era che Martha era semisveglia e godeva le sue carezze, ma non si muoveva mai per paura di spaventarlo. Una volta si riscaldò tanto sotto il tocco di quelle mani che la frugavano, che quasi raggiunse un orgasmo. E una volta lui osò appoggiare il suo desiderio eretto contro le natiche di lei, ma nient'altro.

Ogni notte egli osava un po' di più, sorpreso di non svegliarla. Il suo desiderio era costante, e Martha era sospesa in uno stato tale di febbre erotica che era meravigliata dalla sua capacità di dissimulazione. John si fece più audace. Aveva imparato a infilarle il sesso tra le gambe e a strusciarlo gentilmente, senza penetrarla. E allora il suo piacere fu così grande, che incominciò a capire tutti gli amanti del mondo.

Stremato da tante notti di repressione, una notte John dimenticò le sue precauzioni e prese una Martha mezza addormentata come un ladro, e rimase sconcertato nell'udire i rumorini di piacere che le uscivano dalla gola a ogni suo colpo.

Non si arruolò. E Martha continuò a soddisfare tutti e due i suoi amanti, Pierre durante il giorno e John di notte.

MANUEL

Manuel aveva coltivato una forma di piacere del tutto particolare che aveva indotto la sua famiglia a ripudiarlo, ed egli viveva come un bohémien, a Montparnasse. Quando non era ossessionato dalle sue esigenze erotiche, era un astrologo, un cuoco straordinario, un grande conversatore e un eccellente compagno di caffè. Ma non una di queste occupazioni riusciva a distogliere la sua mente dalla sua ossessione. Prima o poi, Manuel doveva aprirsi i pantaloni e mettere in mostra il suo membro piuttosto straordinario.

Più gente c'era, meglio era. Più il gruppo era raffinato, più grande era il piacere. Quando capitava tra pittori e modelle, aspettava finché erano tutti un po' brilli, e poi si denudava completamente. La sua faccia ascetica, i suoi occhi sognanti e poetici, il suo corpo snello e monacale erano così in disaccordo col suo comportamento, che tutti ne rimanevano sconcertati. Se la gente si allontanava da lui non provava alcun piacere, ma se lo guardavano anche solo per un minuto cadeva in trance, il suo viso diveniva estatico, e in un baleno si rotolava sul pavimento in preda all'orgasmo.

Le donne tendevano a sfuggirlo. Doveva pregarle di rimanere e ricorreva a ogni espediente per convincerle. Si proponeva come modello e cercava lavoro negli atelier di donne. Ma le condizioni in cui finiva per trovarsi quando se ne stava lì in piedi sotto gli occhi delle studentesse inducevano gli uomini a gettarlo in strada.

Quando veniva invitato a una festa, cercava innanzitutto di trascinare una delle donne in una stanza vuota o sulla terrazza. Poi si calava i pantaloni. Se la donna si mostrava interessata, cadeva in trance, altrimenti la rincorreva, sbandierando la sua erezione, e tornava tra gli altri, rimanendosene in piedi, con la speranza di suscitare una qualche curiosità. Non era un bello spettacolo, era assolutamente incongruo. Poiché il pene non sembrava appartenere a quella faccia e a quel corpo austeri, acquistava una prominenza anche maggiore, una sua, come dire, indipendenza.

Finalmente trovò la moglie di un povero agente letterario che stava morendo di fame e di superlavoro e raggiunse con lei questo accordo. Lui si sarebbe presentato la mattina e avrebbe fatto tutte le faccende domestiche per lei, lavato i piatti, spazzato l'appartamento, sbrigato le commissioni, a patto che, una volta finito, potesse esibirsi. A questo punto le richiedeva tutta la sua attenzione. Voleva che la donna lo osservasse mentre si slacciava la cintura, sbottonava i pantaloni, se li toglieva. Non portava biancheria intima. Poi estraeva il pene e lo teneva come uno che soppesi un oggetto di valore. La donna doveva stargli accanto e osservare ogni gesto. Doveva guardargli il pene come avrebbe guardato un cibo di suo gradimento.

Quella donna sviluppò l'arte di soddisfarlo completamente. Si concentrava sul pene dicendo: "È un pene bellissimo quello che ti ritrovi, il più grosso che ho visto a Montparnasse. È così liscio e duro. È bellissimo."

Mentre diceva queste parole, Manuel continuava a sbatacchiarle il pene sotto il naso e gli veniva la saliva alle labbra. Lo ammirava lui stesso. Quando si chinavano entrambi a osservarlo, il suo piacere diveniva così intenso che chiudeva gli occhi e veniva preso da un tremito che lo scuoteva dalla testa ai piedi, mentre continuava a reggersi il pene e ad agitarlo sotto la faccia della donna. Poi il tremito si trasformava in un ondeggiamento e Manuel si accasciava sul pavimento e si arrotolava come una palla mentre veniva, a volte sulla sua stessa faccia.

Spesso si metteva a qualche angolo di strada, nudo sotto il cappotto, e se passava una donna si apriva il cappotto e glielo agitava sotto gli occhi. Ma era pericoloso e la polizia puniva con una certa severità comportamenti del genere. Più sovente invece gli piaceva entrare nello scompartimento vuoto di un treno, sbottonarsi un paio di bottoni, e abbandonarsi sul sedile come se fosse ubriaco o addormentato, col pene che faceva capolino dalla patta. La gente saliva alle altre stazioni, e se era fortunato poteva capitare che gli si sedesse di fronte una donna e lo guardasse. Sembrava ubriaco e nessuno cercava di svegliarlo. A volte uno degli uomini lo scuoteva rabbioso e gli diceva di abbottonarsi. Le donne invece non protestavano. Se entrava una donna con delle bimbette in età scolare, allora era in paradiso. In questi casi aveva un'erezione e la situazione diventava così intollerabile che la donna e le sue bimbette finivano col lasciare lo scompartimento.

Una volta Manuel trovò l'anima gemella in questa forma di piacere. Si era seduto in uno scompartimento, da solo, e fingeva di essere addormentato, quando entrò una donna che gli si sedette di fronte. Si trattava di una prostituta piuttosto matura, come ebbe modo di capire dagli occhi truccati pesantemente, dalla faccia incipriata, dalle occhiaie scure, dai capelli troppo arricciati, dalle scarpe consumate e dal vestito e cappello assai frivoli.

La osservò con gli occhi semichiusi. La donna lanciò un'occhiata ai suoi pantaloni parzialmente aperti e pensò bene di sbirciare di nuovo. Poi si appoggiò allo schienale e a sua volta finse di addormentarsi, con le gambe aperte. Quando il treno partì, si sollevò completamente la gonna. Sotto era nuda. Spalancò le gambe e si mise in mostra continuando a guardare il pene di Manuel, che si stava rizzando e faceva capolino tra i pantaloni, per poi emergerne interamente. Sedevano uno di fronte all'altra, guardandosi. Manuel temeva che la donna si muovesse e cercasse di prendergli il pene, che non era affatto quel che voleva. E invece no, la donna era assuefatta allo stesso tipo di piacere passivo. Sapeva che lui le stava guardando il sesso, proprio sotto i peli arruffati e nerissimi, e infine entrambi aprirono gli occhi e si sorrisero. Manuel stava entrando nel suo stato estatico, ma ebbe il tempo di notare che anche la donna era in uno stato di piacere: un fluido brillante le era comparso sulla bocca della vulva. La donna incominciò a muoversi in modo quasi impercettibile avanti e indietro, come se si stesse cullando per dormire. Il corpo di lui incominciò a tremare di voluttà. Allora la donna si masturbò di fronte a lui, sorridendo.

Manuel sposò quella donna, che non cercò mai di possederlo come avrebbero fatto altre.

LINDA

Linda era in piedi davanti allo specchio e si esaminava criticamente alla luce piena del giorno. Passati i trent'anni, incominciava a preoccuparsi dell'età, benché niente in lei tradisse un declino della bellezza. Era snella e d'aspetto giovanile. Poteva ingannare chiunque, ma non se stessa. Ai suoi occhi, la sua carne stava perdendo un po' della sua fermezza, un po' di quello splendore marmoreo che tante volte aveva ammirato nello specchio.

Non era meno amata. Al contrario era più amata che mai, perché ora attraeva tutti i giovani che intuivano che solo da una donna così avrebbero potuto imparare i segreti dell'amore, e non provavano alcuna attrazione per le ragazzine della loro età, riluttanti, innocenti, inesperte, e ancora controllate dalle famiglie.

Il marito di Linda, un bell'uomo sulla quarantina, l'aveva amata con il fervore di un innamorato per molti anni. Ora chiudeva un occhio sui suoi ammiratori giovani. Credeva che lei non li prendesse sul serio, che il suo interesse fosse da attribuire al suo infantilismo e al bisogno di riversare i suoi sentimenti protettivi su persone che stavano incominciando a vivere. Lui stesso era considerato un seduttore di donne di tutte le classi e carattere.

Linda ricordava che, la loro prima notte di nozze, André

era stato un amante in adorazione, che aveva idolatrato ogni parte del suo corpo separatamente, come se si fosse trattato di un'opera d'arte, toccandola con meraviglia, facendo commenti sulle sue orecchie, i suoi piedi, il suo collo, i suoi capelli, il suo naso, le sue guance, e le sue cosce, mentre le accarezzava. Le sue parole, la voce, il tocco, le avevano aperto la carne come un fiore che si spalanca al calore e alla luce.

Le insegnò a essere uno strumento sessualmente perfetto, a vibrare sotto ogni forma di carezza. Una volta le insegnò a mettere a dormire il resto del corpo, per così dire, e a concentrare tutte le sensazioni erotiche sulla bocca. E allora, sdraiata lì, con il corpo quieto e languido, si sentì come in preda a una droga, mentre la bocca, le labbra, divenivano un altro organo sessuale.

André aveva una passione particolare per la bocca. Per strada, guardava le bocche delle donne. Per lui la bocca era rappresentativa del sesso. Labbra strette o sottili non promettevano una gran messe di voluttà. Una bocca piena prometteva un sesso aperto, generoso. Una bocca umida lo allettava. Una bocca che si apriva, con le labbra dischiuse, come pronte a un bacio, l'avrebbe seguita come un cane per la strada, finché non fosse riuscito a possedere la donna e a confermare la sua convinzione nei poteri rivelatori della bocca.

La bocca di Linda lo aveva sedotto fin dal primo istante. Aveva un'espressione perversa, quasi dolorosa. C'era qualcosa nel modo in cui la muoveva, un dischiudersi appassionato delle labbra, che lasciava intuire una donna pronta a imperversare sull'amato come una tempesta. Quando vide Linda per la prima volta, fu catturato da questa bocca, trascinato dentro di lei, come se stesse già facendo l'amore. E lo stesso avvenne nella loro prima notte di nozze. Era ossessionato dalla sua bocca. E su quella bocca si gettò, baciandola fino a farla bruciare, fino a consumarne la lingua, a gonfiarne le labbra; e, dopo averle risvegliato completamente le labbra, fu così che la prese, inginocchiandosi sopra di lei, con i fianchi potenti contro i suoi seni.

Non la trattò mai come una moglie. Continuò a corteggiarla, coprendola di regali, di fiori, di nuovi piaceri. La portava a cena nei *cabinets particuliers* di Parigi, nei grandi ristoranti dove tutti i camerieri pensavano che fosse la sua amante. Sceglieva per lei i cibi e i vini più prelibati. La ubriacava di parole carezzevoli. Faceva l'amore con la sua bocca. Le faceva dire che lo voleva. Poi le domandava: "E com'è che mi vuoi? Quale parte di te mi vuole questa notte?"

A volte lei gli rispondeva: "Ti vuole la mia bocca, voglio sentirti in bocca, giù in fondo in fondo." Altre volte gli diceva: "Sono bagnata in mezzo alle gambe."

E si parlavano così al tavolo del ristorante, nelle piccole sale da pranzo private create apposta per gli amanti. Com'erano discreti i camerieri, che sapevano sempre quando non dovevano tornare! La musica arrivava da una fonte invisibile. C'era un divano e, quando il pranzo era stato servito, André stringeva tra le sue le ginocchia di Linda, dopo averle carpito mille baci, e la prendeva sul divano, con i vestiti addosso, come fanno gli amanti che non hanno il tempo di spogliarsi.

La scortava all'opera e ai teatri noti per i loro palchi bui e faceva l'amore con lei mentre guardavano lo spettacolo. Faceva l'amore con lei sui taxi, su una chiatta ormeggiata di fronte a Notre Dame, che affittava cabine agli innamorati. Ovunque, salvo che a casa, nel letto matrimoniale. La portava in macchina in piccoli villaggi fuori mano e stava con lei in pensioncine romantiche. Prenotava una stanza per loro nelle lussuose case di malaffare che conosceva. E allora la trattava come una prostituta. La costringeva a sottomettersi ai suoi capricci, voleva essere frustato, le chiedeva di camminare ginocchioni e di non baciarlo, ma di passargli la lingua su tutto il corpo, come un animale.

Queste pratiche le avevano risvegliato la sensualità a un punto tale, da spaventarla. Temeva il giorno in cui André non le sarebbe più bastato. La sua sensualità era vigorosa, e lei lo sapeva; quella di lui era l'ultima scintilla di un uomo che si era consumato in una vita di eccessi e che ora le offriva il fiore di quella dissipazione.

E venne il giorno in cui André dovette lasciarla per più di una settimana, per andare a fare un viaggio. Linda era irrequieta e febbrile. Le telefonò un amico, un amico di André, il pittore di grido di Parigi, il favorito delle donne. Le disse: "Ti annoi da sola, Linda? Ti piacerebbe venire con noi a una festa molto speciale? Hai una maschera?"

Linda sapeva benissimo cosa aveva in mente. Lei e André avevano riso spesso delle feste di Jacques al Bois. Era la sua forma prediletta di divertimento: radunare gente della buona società nelle notti d'estate, mettersi una maschera, andare in macchina al Bois con bottiglie di champagne, trovare una radura nel bosco, e spassarsela.

Linda era molto tentata. Non aveva mai partecipato a una di queste feste. André non aveva voluto. Aveva detto scherzosamente che la faccenda delle maschere rischiava di confonderlo e che non voleva fare l'amore con la donna sbagliata.

Linda accettò l'invito. Indossò uno dei suoi vestiti da sera, un abito di raso pesante che le aderiva al corpo come un guanto. Non indossò biancheria intima o gioielli che potessero identificarla. Cambiò pettinatura, passò dall'acconciatura paggetto che le incorniciava il viso allo stile Pompadour, che metteva in evidenza la forma del viso e del collo. Poi si mise la maschera nera, fissando l'elastico con le forcine nei capelli, per maggior sicurezza.

All'ultimo momento decise di cambiare il colore dei capelli e se li fece lavare e tingere di nero, invece del suo biondo pallido. Poi li raccolse di nuovo sulla nuca e si trovò cambiata in modo sconcertante.

Circa otto persone erano state invitate all'appuntamento nel grande studio del pittore alla moda. La stanza era illuminata debolmente per conservare l'anonimità degli ospiti. Quando ci furono tutti, si diressero verso le automobili in attesa. Gli chaffeur sapevano già dove andare: nella parte più fitta del bosco, dove c'era una bellissima radura coperta di muschio. E lì si sistemarono, dopo aver congedato gli chaffeur, e cominciarono a bere champagne. Si erano già scambiate molte carezze nelle automobili. Le maschere davano alla gente un senso di libertà che trasformava anche le persone più raffinate in animali affamati. Le mani correvano sotto i sontuosi abiti da sera a toccare quel che volevano toccare, le ginocchia si intrecciavano, i respiri divenivano affannosi.

Linda era alle prese con due uomini. Il primo fece del suo meglio per eccitarla baciandola sulla bocca e sui seni, mentre il secondo, con più successo, le accarezzò le gambe sotto il vestito lungo, finché ella non rivelò con un tremito di essere eccitata. Allora l'uomo la portò via, nell'oscurità.

L'altro protestò, ma era troppo ubriaco per competere. Linda venne allontanata dal gruppo e portata in un punto in cui gli alberi proiettavano ombre scure e si abbassavano fin sul muschio. Da poco lontano giungevano grida di resistenza, rantoli di piacere, gli strilli di una donna: "Dai, dai, non posso più aspettare, fammelo per piacere!"

L'orgia era al suo culmine. Le donne si accarezzavano a vicenda, due uomini si davano da fare con una donna, eccitandola fino al parossismo e interrompendosi per il gusto di godersi lo spettacolo di lei che, col vestito mezzo aperto, una spallina strappata, un seno scoperto, cercava di soddisfarsi strusciandosi oscenamente contro di loro, pregandoli, sollevandosi il vestito.

Linda era sconcertata dalla bestialità del suo aggressore. Lei, che aveva conosciuto soltanto le carezze voluttuose del marito, si ritrovò catturata nella morsa di qualcosa di infinitamente più potente, un desiderio così violento che sembrava divorante.

Le mani dell'uomo la imprigionarono come artigli, poi le sollevarono il pube verso il pene, senza preoccuparsi se le rompeva le ossa. L'uomo la penetrò con colpi d'ariete, un corno vero e proprio che la trapassava, un assalto che non era doloroso, ma le faceva desiderare di rispondere con la stessa furia. Dopo che l'uomo si fu soddisfatto una volta, con un'impetuosità e una violenza che la sconvolsero, le sussurrò: "Ora voglio che ti soddisfi tu, completamente, mi senti? Come non hai mai fatto prima." E offrì il suo pene eretto come un amuleto primitivo di legno, glielo offrì perché lo usasse come voleva.

La incitò a scatenargli addosso i suoi appetiti più violenti. Linda non si accorse neppure di mordergli la carne, mentre lui le ansimava nell'orecchio: "Dai, dai, vi conosco, voi donne, non vi permettete mai di prendere un uomo come vorreste."

Dalle profondità del suo corpo, che non aveva mai conosciuto, si sprigionò una febbre selvaggia che non voleva estinguersi, che non era mai sazia della bocca di lui, della sua lingua, del suo pene dentro di lei, una febbre che non si placava con un orgasmo. Linda sentì i denti di lui che le affondavano nella spalla, mentre lei lo mordeva sul collo, poi cadde riversa e perse i sensi.

Quando si svegliò, era sdraiata su un letto di ferro, in una stanzetta squallida. C'era un uomo addormentato accanto a lei. Era nuda, e anche l'uomo, ma mezzo coperto dalle lenzuola. Linda riconobbe il corpo che l'aveva strapazzata la notte prima nel Bois. Era il corpo di un atleta, grande, scuro, muscoloso. La testa era bella, forte, con capelli spettinati. Mentre lo guardava con ammirazione, l'uomo aprì gli occhi e sorrise.

"Non potevo lasciarti tornare dagli altri. Avrei rischiato di non vederti più," le disse.

"Come hai fatto a portarmi qui?"

"Ti ho rubato."

"E dove siamo adesso?"

"In un albergo molto povero, dove abito io."

"Allora non sei..."

"No, non sono amico degli altri, se è quello che intendi. Sono solo un operaio. Una notte, tornando in bicicletta dal lavoro, vidi uno dei vostri *partouzes*. Mi spogliai e mi unii agli altri. Le donne avevano l'aria di apprezzarmi e non venni scoperto. Dopo aver fatto l'amore con loro, me la filai. Ieri sera, ripassando, ho udito le voci. Ho trovato te, mentre quell'uomo ti baciava, e ti ho rapito. E adesso ti ho portato qui. Forse per te sarà un pasticcio, ma non potevo lasciarti andare.

Tu sei una donna vera, le altre sono niente al confronto. Tu hai del fuoco."

"Devo andare," disse Linda.

"Però devi promettermi che tornerai."

Si mise a sedere sul letto e la guardò. La sua bellezza fisica gli conferiva una certa grandezza, e Linda si sentì vibrare alla sua vicinanza. Incominciò a baciarla e Linda si illanguidì di nuovo. Le gioie della notte precedente le percorrevano ancora il corpo. Linda lasciò che lui la possedesse ancora, quasi ad accertarsi di non aver sognato. No, non aveva sognato, quest'uomo, il cui pene le bruciava in tutto il corpo, che sapeva baciarla come se ogni bacio fosse l'ultimo, quest'uomo era reale.

E così Linda tornò da lui. E la sua stanza divenne il luogo in cui si sentiva più viva. Ma dopo un anno lo perse. Si innamorò di un'altra donna e la sposò. Linda si era talmente abituata a lui, che ormai chiunque altro le sembrava troppo delicato, troppo raffinato, pallido e fiacco. Tra gli uomini che conosceva non ce n'era uno che avesse lo stesso ardore, la stessa forza selvaggia del suo perduto amore. Lo cercò senza posa, in piccoli bar, nei luoghi più sperduti di Parigi. Incontrò pugili, stelle del circo, atleti. Con ciascuno cercò di ritrovare gli stessi amplessi. Ma nessuno riuscì a eccitarla.

Quando Linda perse il suo operaio perché questi voleva una donna tutta sua, una donna da cui tornare la sera, una donna che si prendesse cura di lui, Linda si confidò col suo parrucchiere. Il parrucchiere parigino gioca un ruolo vitale nella vita della donna francese. Non solo le acconcia i capelli, cosa in cui la donna non è facile da accontentare, ma è anche arbitro di moda. E in materie amorose, è il suo miglior consigliere e confidente. Le due ore necessarie a lavare i capelli, ad arricciarli e asciugarli, sono più che sufficienti per le confidenze. L'isolamento dei piccoli separé protegge i segreti.

Quando Linda arrivò per la prima volta a Parigi dalla cittadina del sud della Francia dove era nata, e incontrò il marito, aveva solo vent'anni. Era vestita male, era timida e innocente. Aveva capelli foltissimi che non sapeva come pettinare. Non usava trucco. Camminando per Rue Saint Honoré e ammirando le vetrine dei negozi, si rese perfettamente conto delle sue deficienze. Capì cos'era l'eleganza parigina, la ricercatezza del dettaglio che faceva di ogni donna un'opera d'arte. L'intento era quello di esaltarne gli attributi fisici, e in larga misura ne erano artefici i sarti con la loro abilità. Quel che nessun altro paese era stato capace di imitare era la qualità erotica dei vestiti francesi, l'arte di lasciar esprimere al corpo tutto il suo fascino attraverso gli abiti.

In Francia conoscono il valore erotico del pesante raso nero, che possiede la qualità luccicante di un corpo nudo e bagnato. Sanno come delineare i contorni del seno, come assecondare i movimenti del corpo con le pieghe degli abiti. Conoscono il mistero dei veli, del pizzo sulla pelle, della biancheria provocante, di uno spacco osé nel vestito.

La linea di una scarpa, la morbidezza di un guanto, i piccoli particolari, conferiscono alla donna parigina un'eleganza e un'audacia che sorpassano di gran lunga il fascino di altre donne. Secoli di civetteria hanno prodotto una perfezione tutta speciale che non compete solo alle donne ricche, ma anche all'ultima delle commesse. E il parrucchiere è il sacerdote di questo culto della perfezione. È lui il maestro delle donne che vengono dalla provincia. Egli rende raffinate le donne volgari, fa brillare quelle insignificanti; le fornisce tutte di una nuova personalità.

Linda fu tanto fortunata da capitare nelle mani di Michel, il cui salone era vicino agli Champs Elysées. Michel era un uomo sulla quarantina, snello, elegante, e piuttosto effeminato. Parlava affabilmente, aveva modi raffinati da salotto, le baciava la mano come un aristocratico, e aveva una gran cura dei suoi baffi. Aveva una parlantina brillante e vivace. Era un filosofo e un creatore di donne. Quando Linda entrò nel suo salone, piegò la testa da un lato come un pittore che si accinge a un'opera d'arte.

Dopo qualche mese, Linda emerse come un prodotto rifinito. Inoltre, Michel divenne il suo confessore e la sua guida. Non era sempre stato il parrucchiere di donne abbienti e non gli importava di ammettere che aveva cominciato in un quartiere molto povero, dove suo padre aveva esercitato lo stesso mestiere. E lì i capelli delle donne erano rovinati dalla fame, dagli shampoo a buon mercato e dall'incuria.

"Secchi come parrucche," diceva. "Troppo profumo scadente. C'era una ragazza – non l'ho mai dimenticata. Lavorava per un sarto. Aveva una vera passione per i profumi, ma non se li poteva permettere, e allora io le tenevo da parte i fondi delle bottiglie di acqua di colonia. Ogni volta che facevo un risciacquo al profumo, cercavo di lasciarne un po' in fondo alla bottiglia. E quando veniva Gisele, mi piaceva versarglielo tra i seni. Lei era così contenta che non si accorgeva di quanto mi piacesse. Le prendevo il colletto tra l'indice e il pollice, lo scostavo un pochino, e versavo il profumo, non senza dare un'occhiata ai suoi bei seni giovani. Lei aveva un modo voluttuoso di muoversi, dopo, di chiudere gli occhi e inspirare il profumo, godendoselo. A volte gridava: 'Oh, Michel, questa volta mi hai bagnata troppo.' E si strofinava il vestito contro i seni per asciugarsi.

"Poi una volta non ce la feci più a resisterle. Le versai il profumo nel collo e quando lei gettò indietro la testa e chiuse gli occhi, la mia mano le scivolò dritta sul seno. Be', Gisele non tornò più.

"Ma quello fu solo l'inizio della mia carriera di profumiere delle donne. Incominciai a prendere sul serio il mio compito. Tenevo il profumo in un atomizzatore e mi divertivo a spruzzarlo sui seni delle mie clienti. E loro non lo rifiutavano mai. Poi incominciai a spazzolarle un pochino, dopo che erano pronte. E questo è un compito piuttosto piacevole, spazzolare il vestito di una donna dalle belle forme.

"E i capelli di certe donne mi mettono in uno stato che non posso neanche descriverle. Potrebbe offendersi. Ma ci sono donne i cui capelli hanno un odore così intimo, come di muschio, che spinge un uomo... insomma, non sempre riesco a controllarmi. Sa come sono indifese le donne quando sono allungate sulla sedia del parrucchiere per farsi lavare i capelli, o sotto il casco ad asciugare, o durante la permanente."

Michel guardava una cliente e le diceva: "Lei potrebbe avere facilmente quindicimila franchi al mese," il che significava un appartamento sugli Champs Elysées, una macchina, vestiti eleganti, e un amico generoso. Oppure avrebbe potuto diventare una donna di prima categoria, l'amante di un senatore, o dello scrittore o del pittore di grido.

Quando aiutava una donna a raggiungere la posizione che si meritava, Michel manteneva il segreto. Non parlava mai della vita di nessuno, se non in modo da renderla irriconoscibile. Conosceva una donna sposata da dieci anni al presidente di una grande corporazione americana e costei aveva ancora la sua tessera da prostituta ed era nota sia alla polizia che agli ospedali dove le prostitute andavano per la visita settimanale. Quella donna non riusciva ad abituarsi alla sua nuova posizione e a volte dimenticava di avere i soldi in tasca per dar la mancia ai camerieri che la servivano durante il viaggio aereo attraverso l'oceano, e porgeva loro un biglietto da visita con il suo indirizzo.

Fu Michel a consigliare a Linda di non essere mai gelosa, a ricordarle che al mondo, e specialmente in Francia, c'erano più donne che uomini, e che pertanto la donna doveva essere generosa col marito; quante donne se no sarebbero state private di un'esperienza amorosa! Lo diceva seriamente. Riteneva la gelosia una sorta di avarizia. Le sole donne veramente generose erano le prostitute e le attrici che non negavano i propri corpi. Per lui la razza più perfida di donna era l'americana cacciatrice di soldi, che sapeva come cavar denaro dagli uomini senza concedersi, elemento che Michel reputava segno di cattivo carattere.

Era convinto che prima o poi nella vita una donna dovesse essere una puttana. Pensava che ogni donna, sotto sotto, desiderasse essere una puttana per una volta nella vita e che quest'esperienza le fosse utile. Era il modo migliore per conservare la sensazione di essere femmine.

Quando Linda perse il suo operaio, fu naturale per lei consultarsi con Michel, ed egli le consigliò di darsi alla prostituzione. In questo modo, le disse, avrebbe avuto la soddisfazione di dimostrare a se stessa di essere desiderabile a prescindere da qualsiasi elemento amoroso, e avrebbe potuto trovare un uomo che la trattasse con la dovuta violenza. Nel suo mondo era troppo incensata, adorata, viziata per conoscere il suo vero valore di femmina, per essere trattata con la brutalità che le piaceva.

Linda si rese conto che questo era il modo migliore per scoprire se stava invecchiando, perdendo il suo potere e il suo fascino. Così prese l'indirizzo che le diede Michel, salì su un taxi e venne condotta in Avenue du Bois, in una casa privata dall'aria grandiosa e aristocratica. Venne ricevuta senza alcuna domanda.

"*De borine famille?*" Fu tutto quello che vollero sapere. Si trattava di una "casa" specializzata in donne *de bonne famille*. In circostanze del genere, la custode telefonava immediatamente a un cliente: "Abbiamo una nuova venuta. Una donna di grande raffinatezza."

Linda fu introdotta in uno spazioso boudoir con mobili d'avorio e arazzi di broccato. Si era tolta il velo ed era in piedi davanti a un grande specchio dalla cornice dorata, quando la porta si aprì.

L'uomo che entrò aveva un aspetto quasi grottesco. Era basso e tozzo, con una testa troppo grossa per il suo corpo, tratti simili a quelli di un bambino cresciuto troppo, troppo indefiniti e teneri per la sua età e la sua corporatura. Si diresse a passi veloci verso di lei e le baciò la mano cerimoniosamente. Le disse: "Mia cara, è meraviglioso che lei sia riuscita a sfuggire a casa e marito!"

Linda stava per protestare, quando si rese conto del gusto per la messa in scena che animava l'uomo. Entrò immediatamente nel ruolo, ma tremò al pensiero di doversi concedere a quell'individuo. I suoi occhi già guardavano la porta, in cerca di una via di scampo. L'uomo colse la sua occhiata e disse in fretta: "Non deve aver paura. Non c'è da spaventarsi per quel che voglio da lei. Le sono estremamente grato per aver rischiato la sua reputazione venendo qui da me, per aver lasciato suo marito per me. Chiedo molto poco, la sua presenza qui mi rende molto felice. Non ho mai visto una donna più bella e più aristocratica di lei. Mi piacciono il suo profumo, i suoi vestiti, il suo buon gusto nella scelta dei gioielli. Mi lasci vedere il suo piede. Che belle scarpe. Come sono eleganti, e che caviglie delicate. Ah, non capita spesso che una donna così bella venga a trovarmi. Non sono stato fortunato con le donne."

Ora le pareva che l'uomo assomigliasse sempre più a un bambino, con la goffaggine dei suoi gesti, la morbidezza delle sue mani. Quando si accese una sigaretta e incominciò a fumare, Linda ebbe l'impressione che fosse la sua prima sigaretta, per via dell'impaccio che mostrava nel tenerla fra le dita e della curiosità con cui osservava il fumo.

"Non posso rimanere a lungo," gli disse, in preda al desiderio di scappare. Non era affatto quel che si aspettava.

"Non la tratterrò molto a lungo. Mi fa vedere il suo fazzoletto?"

Linda gli porse un fazzoletto delicato e profumato. L'uomo lo annusò con un'espressione di enorme piacere.

Poi le disse: "Non ho intenzione di possederla come lei si potrebbe aspettare. Non mi interessa possederla come fanno altri uomini. Tutto quel che le chiedo è di passarsi il fazzoletto tra le gambe e poi ridarmelo, tutto qui."

Linda capì che sarebbe stato molto più facile di quel che aveva temuto e lo fece volentieri. L'uomo la osservò mentre si piegava, si alzava la gonna, slacciava le mutandine di pizzo e si faceva passare lentamente il fazzoletto tra le gambe. Allora si piegò su di lei, e mise una mano sul fazzoletto semplicemente per aumentare la pressione e per indurla a passarlo un'altra volta.

L'uomo tremava dalla testa ai piedi, aveva gli occhi dilatati e Linda si accorse che era in uno stato di estrema eccitazione. Quando le prese il fazzoletto, lo guardò come avrebbe guardato una donna, un gioiello prezioso.

Era troppo assorto per parlare. Si diresse verso il letto, depose il fazzoletto sulla trapunta, e vi si gettò sopra, aprendosi i pantaloni mentre cadeva. Spinse e strofinò. Dopo un momento si sollevò dal letto, avvolse il pene nel fazzoletto e continuò a dimenarsi, raggiungendo finalmente un orgasmo che lo fece gridare di gioia. Si era completamente dimenticato di Linda. Era in uno stato estatico, e il fazzoletto era bagnato della sua eiaculazione. Si sdraiò ansimante.

Linda lo lasciò. Mentre attraversava i saloni della casa, incontrò la donna che l'aveva ricevuta, che non si capacitò della decisione di Linda di andarsene così presto. "Le ho dato uno dei nostri clienti più raffinati," le disse. "Una creatura innocua."

Fu dopo questo episodio che Linda andò un giorno a sedersi al Bois per vedere la sfilata di costumi primaverili in una mattina di domenica. Si stava ubriacando di colori, di eleganza e di profumi, quando sentì un profumo particolare accanto a sé e si girò. Alla sua destra era seduto un uomo attraente, sulla quarantina, vestito con eleganza, con capelli neri e lucidi pettinati con cura all'indietro. Chissà se il profumo veniva dai suoi capelli? Le faceva venire in mente il suo viaggio a Fez, la grande bellezza degli uomini arabi; aveva un effetto potente su di lei. Guardò l'uomo, che si girò e le sorrise, un sorriso brillante e bianco, di denti forti, con due dentini più piccoli, leggermente storti, che gli davano un'aria da monello.

"Lei usa un profumo che ho sentito a Fez," gli disse Linda.

"È vero," rispose l'uomo, "sono stato a Fez e l'ho comprato laggiù al mercato. Ho una passione per i profumi, ma da quando ho trovato questo non ne ho più usati altri."

"Odora di legno prezioso," disse Linda. "Gli uomini dovrebbero sapere di legno prezioso. Ho sempre sognato di riuscire ad andare in un paese del Sud America dove ci sono foreste intere di legno prezioso che trasudano odori meravigliosi. Una volta ero innamorata del patchouli, un profumo molto antico. La gente non lo usa più. Veniva dall'India, e gli scialli indiani delle nostre nonne erano sempre saturi di patchouli. Mi piace anche camminare sulle banchine del porto e annusare l'odore di spezie nei magazzini. Lei lo fa mai?"

"Sì che lo faccio. A volte mi capita di seguire delle donne, solo per il loro profumo, il loro odore."

"Io avrei voluto rimanere a Fez e sposare un arabo."

"Perché non l'ha fatto?"

"Perché una volta mi innamorai di un arabo. Andai a trovarlo molte volte. Era l'uomo più bello che avessi mai visto. Aveva la pelle scura e occhi enormi, neri e lucidi che esprimevano tanta emozione e fervore da incantarmi. Aveva una voce tonante e le maniere più delicate. Ogni volta che parlava con qualcuno, anche per strada, gli teneva entrambe le mani, teneramente, come se volesse toccare tutti gli esseri umani con la stessa tenerezza delicata. Ero completamente sedotta, ma..."

"Cosa accadde?"

"Un giorno, in cui faceva molto caldo, ci sedemmo a bere tè alla menta nel suo giardino e lui si tolse il turbante. Aveva la testa completamente rasata. È una tradizione araba. Sembra che tutti abbiano la testa completamente rasata. Questo, in un modo o nell'altro, mi guarì dalla mia infatuazione."

Lo sconosciuto rise.

Con una sincronizzazione perfetta, si alzarono e incominciarono a camminare insieme. Il profumo che emanava dai capelli dell'uomo faceva a Linda lo stesso effetto di un bicchiere di vino. Si sentiva le gambe molli, la testa annebbiata. I suoi seni si alzavano e si abbassavano a ogni respiro profondo e lo sconosciuto osservava questo movimento del petto come se stesse guardando delle onde rompersi ai suoi piedi.

Sul limitare del Bois l'uomo si fermò. "Io vivo proprio lassù," le disse, indicandole col bastone un appartamento con molte terrazze. "Posso invitarla a salire da me a prendere un aperitivo sulla mia terrazza?"

Linda accettò. Aveva la sensazione che sarebbe soffocata se l'avessero privata del profumo che la incantava.

Sedettero sulla terrazza, e bevvero tranquillamente. Linda

si appoggiò languidamente allo schienale della poltrona. Lo sconosciuto continuò a osservare i suoi seni. Poi chiuse gli occhi. Nessuno dei due fece un movimento. Entrambi erano preda di un sogno.

Lui fu il primo a muoversi. Mentre la baciava, Linda si sentì riportare a Fez, nel giardino dell'arabo. Le vennero in mente le sensazioni di quel giorno, il suo desiderio di essere avviluppata nella cappa bianca dell'arabo, il desiderio della sua voce potente e dei suoi occhi brucianti. Il sorriso dello sconosciuto era brillante, come quello dell'arabo. Lo sconosciuto *era* l'arabo, l'arabo con i folti capelli neri, con il profumo della città di Fez. Stava facendo l'amore con due uomini. Tenne gli occhi chiusi. L'arabo la stava spogliando. L'arabo la toccava con le sue mani appassionate. Ondate di profumo le dilatavano il corpo, lo aprivano, la preparavano ad abbandonarsi. I suoi nervi erano pronti al trionfo delle sensazioni, tesi, ricettivi.

Socchiuse gli occhi e vide i denti abbaglianti che stavano per morderle la carne. Poi il sesso di lui la toccò e la penetrò. Era come un oggetto carico di elettricità, e ogni colpo le inviava delle correnti attraverso il corpo.

Le aprì le gambe come se volesse rompergliele. I suoi capelli le caddero sul viso e annusandoli Linda sentì che stava per raggiungere l'orgasmo e lo incitò ad accelerare i colpi in modo che potessero venire insieme. Al momento dell'orgasmo lui gridò con un ruggito da tigre, un suono di gioia tremenda, di estasi, di piacere furioso, che Linda non aveva mai sentito. Era come aveva immaginato avrebbe gridato l'arabo, come un animale della giungla, soddisfatto della sua preda, che ruggisce di piacere. Linda aprì gli occhi. Aveva il volto coperto di capelli neri, e li prese in bocca.

I loro corpi erano intrecciati. Le mutandine di lei erano state tirate giù con tanta furia che le erano scivolate lungo le gambe e ora erano aggrovigliate intorno alle caviglie, e lui, chissà come, aveva infilato il piede in una delle aperture. Guardarono le loro gambe tenute insieme da questo pezzo di chiffon e risero.

Linda tornò spesso nell'appartamento di lui. Il suo desiderio si risvegliava molto prima che si incontrassero, ancora mentre si vestiva per lui. Il profumo di lui sbucava fuori da qualche fonte misteriosa a tutte le ore del giorno e la tormentava. A volte, mentre stava attraversando la strada, le veniva in mente il suo odore in modo così vivido che il turbamento che sentiva tra le gambe la costringeva a rimanere lì ferma, indifesa, dilatata. Un po' di quel profumo le rimaneva sul corpo e la turbava di notte, quando dormiva da sola. Non le era mai capitato di eccitarsi così facilmente. Aveva sempre avuto bisogno di carezze, ma con l'arabo, come lo chiamava tra sé, era come se fosse sempre preparata eroticamente, al punto che era eccitata ancor prima che lui la toccasse, e temeva di venire al primo tocco delle sue dita sul suo sesso.

E questo una volta successe. Linda arrivò al suo appartamento bagnata e tremante. Aveva le labbra del sesso tese come se fossero state accarezzate, i capezzoli duri, tutto il corpo percorso da brividi, e quando lui, baciandola, sentì il suo turbamento, le fece scivolare la mano direttamente sul sesso. La sensazione fu così acuta che venne.

Poi, un giorno, due mesi dopo l'inizio del loro legame, Linda andò da lui e quando la prese tra le braccia non provò desiderio. Non le sembrava più lo stesso uomo. Mentre le stava davanti, osservò freddamente la sua eleganza e la sua normalità. Sembrava un francese qualunque, elegante, uno di quelli che si vedono a passeggiare sugli Champs Elysées, o si incontrano alle serate di inaugurazione, o alle corse.

Ma cos'è che l'aveva reso diverso ai suoi occhi? Perché non ritrovava quel senso di ebrezza che provava di solito in sua presenza? C'era qualcosa di così comune in lui adesso, di così simile agli altri uomini. Così diverso dall'arabo. Il suo sorriso sembrava meno brillante, la sua voce meno colorita. Improvvisamente gli cadde tra le braccia e cercò di annusargli i capelli. E allora gridò: "Il tuo profumo. Non l'hai messo!"

"È finito," le disse l'arabo francese. "E non sono riuscito a trovarne uno simile. Ma perché ti turba tanto?"

Linda cercò di ricatturare l'atmosfera in cui lui l'aveva un tempo trascinata, ma sentì che il suo corpo era freddo. Finse. Chiuse gli occhi e incominciò a fantasticare. Era di nuovo a Fez, seduta in un giardino. L'arabo le sedeva accanto, su un divano basso. L'aveva adagiata sui cuscini e la stava baciando, mentre la fontanella le gorgogliava nelle orecchie, e il profumo familiare bruciava in un'incensiera al suo fianco. E invece no. L'incanto si ruppe. Non c'era l'incenso. La casa aveva l'odore di un appartamento francese. L'uomo al suo fianco era uno sconosciuto, ormai privo della magia che glielo aveva fatto desiderare. Non andò più a trovarlo.

Benché Linda non avesse particolarmente gradito l'avventura del fazzoletto, dopo pochi mesi senza uscire dalla sua cerchia si sentì di nuovo irrequieta.

Era ossessionata dai ricordi, dalle storie che sentiva, dalla sensazione che ovunque intorno a lei uomini e donne si godessero i loro piaceri sessuali. Temeva che ora che aveva smesso di apprezzare il marito, il suo corpo sarebbe morto.

Le venne in mente un episodio che aveva risvegliato la sua sessualità a un'età molto precoce. Sua madre le aveva comperato un paio di mutandine che le andavano strette ed erano molto tirate in mezzo alle gambe. Le avevano irritato la pelle e di notte, addormentandosi, si era grattata, con sempre maggiore delicatezza, rendendosi conto che era una sensazione piacevole. Continuò ad accarezzarsi la pelle e scoprì che quando le dita si avvicinavano a un posticino nel centro, il piacere aumentava. Sentì sotto le dita una parte che pareva indurirsi al suo tocco, e lì scoprì una sensibilità anche maggiore.

Qualche giorno dopo fu mandata a confessarsi. Il prete sedeva sulla sua seggiola e la fece inginocchiare ai suoi piedi. Era un domenicano e portava una lunga corda con una nappa che gli cadeva sul fianco destro. Linda, appoggiandosi alle ginocchia del frate sentì la nappa contro di sé. Quando ebbe finito coi peccati ordinari, rabbia, bugie, e via dicendo, fece una pausa. Notando la sua esitazione, il frate incominciò a sussurrare a voce molto più bassa: "Hai mai avuto sogni impuri?"

"Che sogni, padre?" chiese Linda.

La nappa dura che sentiva premere proprio sul posto sensibile tra le gambe, la turbava come le carezze delle sue dita la notte precedente, e Linda cercò di accostarsi ancor di più. Voleva sentire la voce del frate, calda e suggestiva, che le chiedeva dei suoi sogni impuri. "Non sogni mai di essere baciata, o di baciare qualcuno?" le chiese il confessore.

"No, padre."

Ora aveva la sensazione che la nappa la turbasse infinitamente di più delle sue dita perché in qualche modo, misteriosamente, era parte della voce calda del frate e di parole come "baci". Gli si premette contro ancor di più e lo guardò.

Il frate sentiva che la bimba aveva qualcosa da confessare e le chiese: "Non ti accarezzi mai?"

"Accarezzarmi? E come?"

Il frate stava per lasciar perdere, pensando che la sua intuizione lo avesse ingannato, ma l'espressione del viso di Linda confermò i suoi dubbi.

"Ti tocchi mai con le mani?"

Proprio in quel momento Linda era presa dalla voglia di strusciarsi e provare ancora quel piacere estremo, travolgente, che aveva scoperto qualche notte prima. Ma temeva che il frate se ne accorgesse e l'allontanasse, facendole perdere del tutto la sensazione piacevole. Era decisa a catturare la sua attenzione, e cominciò: "Padre, è vero, ho una cosa terribile da confessare. Una notte mi sono grattata e poi mi sono accarezzata, e poi..."

"Bambina mia, bambina mia," disse il frate, "devi smettere immediatamente. È impuro. Ti rovinerà la vita."

"Perché è impuro?" chiese Linda, premendosi contro la nappa. Il frate si chinò su di lei e le si fece così vicino che quasi le sfiorò la fronte con le labbra. Linda aveva le vertigini. Egli continuò: "Quelle sono carezze che potrà darti solo tuo marito. Se lo fai tu e ne abusi, diventerai debole e nessuno ti amerà più. Quante volte l'hai fatto?"

"Per tre notti, padre. E ho fatto anche dei sogni."

"Che tipo di sogni?"

"Ho sognato che qualcuno mi toccava là."

Ogni parola aumentava la sua eccitazione. Fingendo colpa e vergogna, si gettò contro le ginocchia del frate e piegò la testa come per piangere, ma in realtà il contatto con la nappa l'aveva portata all'orgasmo ed era scossa dai fremiti. Il frate, credendo che fossero dovuti al senso di colpa e di vergogna, la prese tra le braccia, la fece alzare dalla sua posizione in ginocchio, e la confortò.

MARCEL

Marcel venne sulla chiatta, gli occhi azzurri pieni di sorpresa e di meraviglia, pieni di riflessi, come il fiume. Occhi affamati, avidi, nudi. Sopra lo sguardo innocente intenso, spuntavano sopracciglia folte, incolte come quel le di un selvaggio. Questo impetuoso disordine era attenuato dalla fronte luminosa e dalla sericità dei capelli. Anche la pelle era fragile, il naso e la bocca vulnerabili, trasparenti, ma le mani da contadino, come le sopracciglia, confermavano ancora la sua forza.

Nei suoi discorsi predominava la follia, la sua costrizione ad analizzare. Tutto quel che gli succedeva, tutto quel che gli capitava per le mani, ogni ora del giorno era frutto costante di commenti, veniva fatto a brandelli. Non riusciva a baciare, a desiderare, a possedere, a godere, senza un'analisi immediata. Preordinava le sue mosse con l'aiuto dell'astrologia e spesso si incontrava col fantastico, aveva un dono particolare per evocarlo. Ma non appena si imbatteva nel fantastico, lo afferrava con la violenza di un uomo che non sia sicuro di averlo visto, di averlo vissuto; e che desideri disperatamente farlo diventare reale.

Mi piaceva il suo io permeabile, sensibile e poroso, mi piaceva prima che parlasse, quando sembrava un animale molto dolce, o molto sensuale, quando la sua mania non era percettibile. Allora sembrava senza ferite, quando se ne andava in giro con una borsona pesante piena di scoperte, di appunti, di programmi, di libri nuovi, di nuovi talismani e nuovi profumi, di fotografie. Sembrava allora che fluttuasse, come una chiatta senza ormeggi. Andava a zonzo, vagabondava, visitava i pazzi, faceva oroscopi, accumulava conoscenze esoteriche, collezionava piante, pietre.

"C'è in ogni cosa una perfezione che non può essere posseduta," diceva. "La vedo in frammenti di marmo tagliato, in pezzi di legno consunti. C'è una perfezione nel corpo della donna che non può mai essere posseduta, conosciuta a fondo, nemmeno in un amplesso."

Portava il fiocco a farfalla che usavano i bohémien cent'anni fa, il mantello dei guitti, i pantaloni a righe del borghese francese. Oppure indossava una cappa nera, come quella di un monaco, la cravatta a farfalla di un attorucolo di provincia, o la sciarpa dei ruffiani, avvolta intorno al collo, una sciarpa gialla, o sangue di bue. Oppure si metteva un vestito regalatogli da un uomo d'affari, con la cravatta che ostentavano i gangster parigini, o il cappello della domenica di un padre di undici figli. Si presentava con la camicia nera del cospiratore, o con quella a quadretti di un contadino della Borgogna, oppure con la tuta da operaio di tela blu con i calzoni sformati. A volte si lasciava crescere la barba e sembrava un Cristo. Altre volte si radeva e sembrava un violinista ungherese di una fiera ambulante.

Non sapevo mai con quale nuovo travestimento si sarebbe presentato. Se aveva un'identità, era quella del cambiamento, quella dell'essere qualsiasi cosa. Era l'identità dell'attore, per il quale c'è un dramma perpetuo in atto.

Mi aveva detto: "Verrò un giorno o l'altro."

E adesso era sdraiato sul letto a contemplare il soffitto istoriato della chiatta. Tastava il copriletto. Guardava il fiume, fuori dalla finestra.

"Mi piace venire qui sulla chiatta," disse. "Mi culla. Il fiume è come una droga. Quando vengo qui, quello di cui soffro mi sembra irreale."

Sul tetto della chiatta batteva la pioggia. Alle cinque, Parigi è sempre carica di una corrente di erotismo. Forse perché è l'ora in cui si incontrano gli amanti, dalle cinque alle sette, in tutti i romanzi francesi? Mai di notte, apparentemente, perché le donne sono sposate e sono libere solo all'"ora del tè", il grande alibi. Alle cinque sentivo sempre dei brividi di sensualità, condivisi con la sensuale Parigi. Appena calava la penombra, mi sembrava che ogni donna che vedevo corresse dal suo innamorato, che ogni uomo corresse dalla sua amante.

Quando mi lascia, Marcel mi bacia sulla guancia. La sua barba mi sfiora come una carezza. Il bacio sulla guancia, che vorrebbe essere fraterno, è carico di intensità.

Pranzammo insieme e io suggerii di andare a ballare. Andammo al Bai Nègre. Marcel si paralizzò immediatamente. Aveva paura di ballare, aveva paura di toccarmi. Cercai di trascinarlo sulla pista, ma non volle ballare. Era goffo. Impaurito. Quando finalmente si decise a tenermi tra le braccia, tremava e io mi godevo l'agitazione che avevo provocato. Provavo gioia a essergli vicino. Mi piaceva la snellezza slanciata del suo corpo.

"Sei triste? Vuoi andartene?" gli chiesi.

"Non sono triste, ma sono bloccato. Tutto il mio passato sembra fermarmi. Questa musica è così scatenata. Ho come la sensazione di riuscire a inalare ma non a espirare. Non riesco a lasciarmi andare. Sono impacciato, innaturale."

Non gli chiesi più di ballare. Ballai con un negro.

E quando ce ne andammo, nella notte fredda, Marcel prese a parlare di nodi, di paure, di paralisi in lui. Sentii che il miracolo non era accaduto. Io lo libererò con un miracolo, ma non con le parole, non direttamente, non con le parole che usavo coi malati. So di che cosa soffre. Ne soffrivo anch'io una volta. Ma conosco il Marcel libero. E voglio Marcel libero.

Ma, quando venne alla chiatta e vi trovò Hans, quando vide arrivare Gustavo a mezzanotte e rimanere dopo che lui se ne fu andato, Marcel diventò geloso. Vidi i suoi occhi azzurri offuscarsi. Quando mi diede il bacio della buonanotte, guardò Gustavo con rabbia.

"Vieni fuori con me un momento," mi disse.

Lasciai la chiatta e camminai con lui sulla banchina buia. Una volta soli, mi baciò appassionatamente, furiosamente, la sua grande bocca piena che beveva la mia. Gli offrii di nuovo le labbra.

"Quando verrai a trovarmi?" mi chiese.

"Domani, Marcel, verrò a trovarti domani."

Quando arrivai a casa sua, si era vestito col costume lappone per sorprendermi. Era come un abito russo e portava anche un cappello di pelo e alti stivali di feltro che gli arrivavano quasi ai fianchi.

La sua stanza era come la tana di un viaggiatore, piena di oggetti da tutto il mondo. Le pareti erano rivestite di tappeti rossi, il letto coperto di pellicce. Il luogo era chiuso, intimo, voluttuoso come le stanze di un sogno provocato dall'oppio. Le pellicce, le pareti rosso cupo, gli oggetti, come i feticci di un sacerdote africano, tutto era violentemente erotico. Volevo sdraiarmi nuda sulle pellicce, essere posseduta lì, adagiata su quell'odore animale, accarezzata dal pelo.

Rimasi in piedi in quella stanza rossa, e Marcel mi spogliò. Prese la mia vita nuda tra le mani. Con le mani esplorò impazientemente il mio corpo. Tastò la pienezza forte dei miei fianchi.

"Una donna vera, per la prima volta," disse. "Ne sono venute tante, ma per la prima volta ecco una donna vera, qualcuno che posso adorare."

Mentre giacevo sul letto, mi parve che l'odore della pelliccia, le sensazioni che provocava a toccarla, e la bestialità di Marcel si mescolassero. La gelosia aveva infranto la sua timidezza. Era come un animale, affamato di ogni sensazione, di ogni nuovo modo per conoscermi. Mi baciò impetuosamente, mi morse le labbra. Sdraiato sulle pellicce mi baciava i seni, mi palpava le gambe, il sesso, le natiche. Poi, nella semioscurità, mi montò sopra, scivolando verso l'alto e mi infilò il pene in bocca. Sentii i miei denti stringersi sul suo sesso mentre lo spingeva avanti e indietro, e gli piaceva. Mi guardava e mi accarezzava, con le mani che mi percorrevano tutto il corpo, le dita che andavano dappertutto, per conoscermi meglio, per tenermi.

Gli misi le gambe sulle spalle, in alto, in modo che potesse affondare dentro di me e vedere allo stesso tempo. Voleva vedere tutto. Voleva vedere come entrava e usciva il pene, brillante e duro, grosso. Mi sorressi coi pugni, in modo da offrire meglio il mio sesso ai suoi colpi. Poi mi girò e si piegò su di me come un cane, spingendomi dentro il pene da dietro, con le mani a coppa sui miei seni, accarezzandomi e spingendo allo stesso tempo. Era infaticabile. Non voleva venire. Io aspettavo per avere l'orgasmo con lui, ma posponeva e posponeva. Voleva prolungare, continuare a sentire il mio corpo, a essere eccitato senza posa. Io cominciavo a esser stanca e gli gridai: "Vieni, Marcel, vieni adesso, adesso!" Allora incominciò a spingere con violenza muovendosi insieme a me nel crescendo impetuoso dell'orgasmo, e io gridai e venimmo quasi nello stesso momento. Ricademmo tra le pellicce, liberati.

Giacemmo nell'oscurità, circondati da forme strane: slitte, stivali, cucchiai russi, cristalli, conchiglie. Alle pareti c'erano disegni cinesi erotici. Tutto quanto, persino un pezzo di lava del Krakatoa, persino la bottiglia di sabbia del Mar Morto, aveva una particolare suggestione erotica.

"Hai il ritmo giusto per me," disse Marcel. "Di solito le donne sono troppo rapide. E questo mi getta nel panico. Si prendono il loro piacere e allora io ho paura di continuare. Non mi danno il tempo di sentirle, di conoscerle, di arrivare fino a loro, e dopo che se ne sono andate io impazzisco, pensando alla loro nudità e al mio piacere mancato. Ma tu sei lenta. Sei come me."

Mentre mi rivestivo, rimanemmo accanto al fuoco a chiacchierare. Marcel mi infilò la mano sotto la gonna e ricominciò a stuzzicarmi. E all'improvviso fummo accecati di nuovo dal desiderio. Rimasi in piedi, con gli occhi chiusi, a sentire la sua mano che si muoveva su di me. Mi afferrò il culo con la sua stretta forte, contadina, e pensai che saremmo rotolati di nuovo sul letto, ma invece mi disse: "Tirati su il vestito."

Mi appoggiai alla parete, muovendo il corpo contro il suo. Mi mise la testa tra le gambe, prendendomi le natiche nelle mani, passandomi la lingua sul sesso, succhiando e leccando finché mi bagnai di nuovo. Allora tirò fuori il pene e mi prese lì, contro la parete. Il suo pene duro e ritto come un trapano, che spingeva, spingeva, mi trapassava coi suoi colpi, mentre io mi bagnavo tutta, dissolvendomi nella sua passione.

Fare l'amore con Gustavo mi piace di più che con Marcel, perché non ha nessuna timidezza, né paura, né nervosismi. Si lascia trasportare come in sogno e ci ipnotizziamo a vicenda con le carezze. Io gli tocco il collo e gli passo le dita tra i capelli neri. Gli accarezzo il ventre, le gambe, i fianchi. Quando gli tocco la schiena dal collo alle natiche, il suo corpo incomincia a tremare di piacere. Gli piacciono le carezze, come a una donna. Il suo sesso si muove. Non lo tocco finché non comincia a sollevarsi. Allora lo afferro con piacere. Lo prendo tutto in mano, lo tengo stretto, e lo spingo su e giù. Oppure ne tocco la punta con la lingua, e allora lui lo fa entrare e uscire dalla mia bocca. A volte mi viene in bocca e ingoio lo sperma. Altre volte è lui che incomincia le carezze. Mi bagno facilmente, le sue dita sono così calde, e sapienti. A volte sono così eccitata che provo l'orgasmo al solo tocco di un suo dito. Si eccita, quando mi sente tremante e palpitante e non aspetta che l'orgasmo finisca, ma spinge dentro il pene come a sentirne le ultime contrazioni. Il suo pene mi riempie completamente, è fatto apposta per me, e lui può scivolarmi dentro facilmente. Gli serro le piccole labbra intorno al pene e lo succhio dal di dentro. Il suo pene a volte è più grosso del solito e sembra carico di elettricità, e allora il piacere è immenso, protratto. L'orgasmo non finisce mai.

Le donne lo corteggiano spesso, ma lui è come una donna e ha bisogno di credersi innamorato. Anche se una bella donna può eccitarlo, se non prova per lei nessun tipo d'amore, è impotente.

È strano come il carattere di una persona si rifletta nell'atto sessuale. Se uno è nervoso, timido, impacciato, pauroso, l'atto sessuale è lo stesso. Se uno è rilassato, l'atto sessuale è gradevole. Il pene di Hans non si affloscia mai, e così lui se la prende comoda, per la sicurezza che gliene deriva. Si installa nel suo piacere, come si installa nel momento presente, per godere con calma, fino all'ultima goccia. Marcel è più impacciato, più inquieto. Persino quando ha il cazzo duro sento che è ansioso di mostrare la sua potenza, che fa le cose in fretta, spinto dalla paura che la sua forza non duri.

Ieri sera, dopo aver letto alcune pagine di Hans, le sue scene sensuali, alzai le braccia sopra la testa e sentii le mutandine di satin leggermente allentate in vita. Sentii il mio ventre e il sesso così vivi. Nel buio, io e Hans ci lanciammo in un'orgia prolungata. Sentii che stava prendendo in me tutte le donne che aveva posseduto, tutto quello che le sue dita avevano toccato, tutte le lingue, tutti i sessi che aveva odorato, ogni parola che aveva pronunciato sul sesso, tutto questo, preso dentro di me, come un'orgia di scene ricordate, un mondo intero di orgasmi e di febbri.

Marcel e io giacevamo uno accanto all'altra sul divano. Nella semioscurità della stanza mi parlava delle sue fantasie erotiche, confidandomi quanto gli fosse difficile soddisfarle. Aveva sempre desiderato che una donna indossasse un mucchio di sottovesti per potersi sdraiare di sotto e guardare. Questo era quel che si ricordava di aver fatto con la sua prima governante, quando, fingendo di giocare, l'aveva guardata da sotto la gonna. Questa prima sollecitazione dell'erotismo gli era rimasta attaccata.

Allora gli dissi: "Ma io posso farlo. Facciamo tutto quello che abbiamo sempre desiderato fare o sperato che altri ci facessero. Abbiamo tutta la notte per noi. Qui ci sono tanti oggetti che possiamo usare. Hai anche dei costumi. Mi metterò in ghingheri per te."

"Davvero?" disse Marcel. "Farò tutto quello che vuoi, qualsiasi cosa tu mi chieda."

"Prima di tutto portami i vestiti. Hai delle gonne campagnole che potrei mettermi. Incominceremo con le tue fantasie e non ci fermeremo finché non le avrai consumate tutte. E adesso lasciami vestire."

Andai nell'altra stanza e mi misi parecchie gonne, che aveva portato dalla Grecia e dalla Spagna, una sopra l'altra. Marcel era sdraiato sul pavimento e io entrai in camera sua. Quando mi vide si imporporò di piacere. Mi sedetti sul bordo del suo letto.

"E adesso alzati," disse Marcel.

Mi alzai. Lui rimase sdraiato sul pavimento e mi guardò tra le gambe, sotto le sottane. Le allargò un po' con le mani, e io rimasi in piedi immobile, con le gambe aperte. Mi eccitava Marcel sdraiato lì a guardarmi, e così piano piano incominciai a danzare come avevo visto fare dalle donne arabe, dritta sulla faccia di Marcel, ancheggiando leggermente, in modo che potesse vedere il mio sesso muoversi tra le sottane. Danzai e mi contorsi, e lui continuò a guardare, ansando di piacere. Poi non riuscì più a trattenersi e mi tirò giù, dritta sulla sua faccia, e incominciò a mordermi e a baciarmi. Dopo un po' lo interruppi. "Non farmi venire, trattieniti."

Lo lasciai e, per soddisfare la sua fantasia successiva, mi ripresentai nuda, con indosso solo un paio di alti stivaloni neri di feltro. Allora Marcel mi volle crudele. "Sii crudele," mi implorò.

Tutta nuda, con gli alti stivali neri, incominciai a ordinargli di fare cose umilianti. "Esci e portami un uomo attraente. Voglio che mi prenda di fronte a te."

"Questo non lo faccio," disse Marcel.

"Te lo ordino. Hai detto che avresti fatto qualsiasi cosa ti avessi chiesto."

Marcel si alzò e scese da basso. Ritornò mezz'ora dopo, con un suo vicino, un russo molto avvenente.

Marcel era pallido; si era accorto che il russo mi piaceva. Gli aveva detto quello che stavamo facendo. Il russo mi guardò e mi sorrise. Non c'era bisogno che lo eccitassi. Quando mi venne incontro era già eccitato dagli stivali neri e dalla mia nudità. Non solo mi concessi al russo, ma gli sussurrai: "Fallo durare, per piacere, fallo durare."

Marcel soffriva e io mi godevo il russo che era grosso e potente e riusciva a trattenersi a lungo. Mentre ci osservava, Marcel tirò fuori il pene dai pantaloni, e vidi che era eretto. Quando sentii arrivare l'orgasmo, all'unisono con quello del russo, Marcel voleva infilarmi il cazzo in bocca, ma io non gli elo permisi. "Riservalo per più tardi," gli dissi. "Ho altre cose da chiederti. Non ti lascerò venire." Il russo si prendeva il suo piacere. Dopo l'orgasmo mi rimase dentro, e ne voleva ancora, ma io mi spostai. "Mi piacerebbe che mi lasciaste guardare," disse.

Ma Marcel obiettò e lo lasciammo andare. Mi ringraziò, ironicamente e calorosamente. Gli sarebbe piaciuto rimanere con noi.

Marcel cadde ai miei piedi. "Questo è stato crudele. Lo sai che ti amo. È stato davvero crudele. "

"Ma ti ha infiammato, non è forse vero che ti ha infiammato?"

"Sì, ma mi ha anche ferito. Io non te l'avrei fatto."

"Io non ti ho chiesto di essere crudele con me, è vero o no? Quando la gente è crudele con me, io mi raffreddo, ma tu invece lo volevi e ti ha eccitato."

"Cosa vuoi adesso?"

"Vorrei che tu mi possedessi mentre guardo fuori dalla finestra," gli dissi. "Mentre la gente mi guarda. Voglio che tu mi prenda da dietro, e che nessuno si accorga di quello che stiamo facendo. Mi piace questo aspetto di segretezza."

Mi misi alla finestra. La gente poteva guardare dentro alla stanza dalle altre case, e Marcel mi prese, mentre restavo lì in piedi. Io non lasciavo trasparire alcun segno di eccitazione, ma lo godevo. Lui ansimava e riusciva a controllarsi a stento, mentre continuavo a mormorargli: "Calma, Marcel, fai con calma, in modo che nessuno se ne accorga." La gente ci vedeva, ma pensava che fossimo solo lì in piedi a guardare per strada. E invece ci stavamo godendo un orgasmo, come fanno le coppie nei portoni, e sotto i ponti di notte, per tutta Parigi.

Eravamo stanchi. Chiudemmo la finestra. Riposammo un po'. Incominciammo a chiacchierare nel buio, sognando e ricordando.

"Qualche ora fa, Marcel, sono salita sulla metropolitana, nell'ora di punta, cosa che faccio di rado. Sono stata spinta dalle ondate di gente, inscatolata, e sono rimasta in piedi. All'improvviso mi è venuta in mente un'avventura da metropolitana che mi aveva raccontato Arlaune, una volta che era convinta che Hans avesse approfittato della folla per toccare una donna. In quel preciso istante, ho sentito una mano che mi toccava leggermente il vestito, come per caso. Avevo il soprabito aperto e un vestito leggero, e questa mano mi strusciava il vestito, proprio sulla punta del sesso. Non mi sono spostata. L'uomo di fronte a me era talmente alto che non riuscivo a vederlo in faccia. Del resto non volevo guardare. Non ero sicura che fosse lui, e non volevo sapere chi fosse. La mano accarezzava il vestito, poi lentamente ha aumentato la pressione in cerca del sesso. Allora mi sono mossa leggermente, per muovere il sesso verso le dita. Le dita si sono fatte più sicure, seguendo abilmente i contorni delle labbra. Ho sentito un'ondata di piacere. Mentre un rollio della metropolitana ci spingeva uno contro l'altro, mi sono appoggiata tutta a quella mano e lui ha fatto un gesto più audace, stringendomi le grandi labbra. Ormai ero in preda al piacere e sentivo avvicinarsi l'orgasmo, allora mi sono strusciata contro la mano, impercettibilmente. Sembrava che la mano sentisse quello che provavo, e ha continuato le sue carezze finché sono venuta. L'orgasmo mi ha scosso tutto il corpo. La metropolitana si è fermata e ha vomitato una fiumana di gente. L'uomo è scomparso."

È stata dichiarata la guerra. Le donne piangono per strada. La notte stessa c'è stato un oscuramento. Ne avevamo visto le prove generali, ma un oscuramento vero era tutt'altra faccenda. Le prove erano state allegre, ma adesso Parigi era seria. Le strade erano assolutamente nere. Qua e là una lucina di controllo, azzurrognola, verde o rossa, come le lucine delle icone nelle chiese russe. Tutte le finestre erano coperte di panno nero. Le vetrine dei caffè erano coperte o dipinte di blu scuro. Era una notte dolce di settembre. L'oscurità la rendeva ancora più dolce. C'era qualcosa di strano nell'aria: un senso di aspettativa, di suspense.

Camminai con circospezione lungo il Boulevard Raspail

sentendomi sola e decisa ad andare al Dôme a chiacchierare con qualcuno. Finalmente ci arrivai. Era sovraffollato, pieno per metà di soldati, e per metà delle solite puttane e modelle, ma molti degli artisti erano partiti. La maggior parte era stata richiamata in patria, ciascuno al suo paese. Non c'era più un americano, né uno spagnolo, né un profugo tedesco, seduto in giro. Era di nuovo un'atmosfera francese. Mi misi a sedere e fui presto raggiunta da Gisele, una giovane donna con la quale avevo parlato qualche volta. Era contenta di vedermi. Disse che non riusciva più a stare in casa. Suo fratello era stato arruolato e la casa era triste. Poi un altro amico, Roger, si sedette al nostro tavolo. Ben presto ci ritrovammo in cinque. Eravamo venuti tutti al caffè per stare con la gente. Tutti ci sentivamo soli. L'oscurità isolava, rendeva difficile uscire. Era meglio star dentro a un locale, in modo da non essere soli. Volevamo tutti la stessa cosa. Stavamo lì seduti a goderci le luci e le bibite. I soldati erano vivaci, tutti erano amichevoli. Erano state abbattute tutte le barriere. La gente non aspettava le presentazioni. Ciascuno di noi era in eguale pericolo e provava lo stesso bisogno di compagnia, di affetto e di calore.

Più tardi dissi a Roger: "Andiamo fuori." Volevo essere di nuovo nelle strade buie. Camminammo lentamente, con cautela. Arrivammo a un ristorante arabo che mi piaceva, ed entrammo. La gente sedeva intorno a tavoli molto bassi. Una donna araba ben in carne stava ballando. Gli uomini le davano del denaro che lei si metteva tra i seni continuando a ballare. Quella sera il posto era pieno di soldati, ubriachi di pesante vino arabo. Anche la danzatrice era ubriaca. Non aveva mai molta roba addosso, gonne impalpabili, trasparenti, e una cintura, ma stavolta la sottana aveva uno spacco davanti e quando la donna si esibì nella danza del ventre, rivelò i peli pubici, e la carne poderosa tutta tremante.

Uno degli ufficiali le offrì un pezzo da dieci franchi dicendole: "Raccoglilo con la fica." Fatima non fece una grinza. Si diresse verso il tavolo, mise il pezzo da dieci franchi sull'orlo, aprì un po' le gambe e si contorse leggermente, come faceva durante la danza, in modo che le labbra della vulva toccassero il denaro. Sulle prime non riuscì a prenderlo. Mentre si cimentava nell'impresa, produsse un suono di risucchio, e i soldati risero, tutti eccitati allo spettacolo. Infine le labbra della vulva si contrassero un po' intorno alla moneta, e Fatima riuscì a prenderla.

La danza continuò. Un ragazzo arabo che suonava il flauto mi guardava intensamente. Roger mi sedeva accanto, incantato dalla danzatrice, con un sorriso lieve sulle labbra. Gli occhi del ragazzo arabo continuavano a bruciarmi addosso. Era come un bacio, una scottatura sulla carne. Tutti erano ubriachi e ridevano e cantavano. Quando mi alzai, si alzò anche il ragazzo arabo. Non sapevo bene quel che facevo. All'entrata c'era un ripostiglio scuro per cappelli e cappotti. La ragazza che se ne occupava era seduta in mezzo ai soldati, e io entrai.

L'arabo capì. Lo aspettai tra i cappotti. L'arabo ne adagiò uno sul pavimento e mi spinse giù. Nella penombra riuscii a vederlo estrarre un cazzo magnifico, liscio, bello. Lo volevo in bocca, ma lui non ne volle sapere. Me lo mise immediatamente nella vulva. Era duro, e caldo. Temevo che ci avrebbero pescati e volevo che facesse in fretta. Ero così eccitata che venni immediatamente, mentre lui continuava a immergere e rimestare. Era infaticabile.

Un soldato mezzo ubriaco uscì dal locale e volle il suo cappotto. Noi non ci muovemmo, e l'uomo afferrò il suo cappotto senza entrare nel nascondiglio dove eravamo acquattati. Se ne andò. L'arabo era lento a venire. Aveva una forza tremenda nel pene, nelle mani, nella lingua. Tutto in lui era solido. Sentii il suo pene diventare più grosso e più caldo, finché l'estremità strofinò con tanta forza la vagina da farlo sembrare ruvido, come se mi raschiasse. Andava avanti e indietro allo stesso ritmo regolare, senza affrettarsi. Mi lasciai andare e smisi di pensare a dove eravamo. Pensavo solo al suo cazzo duro che si muoveva regolarmente, ossessivamente, dentro e fuori. Senza nessun preavviso, senza un cambiamento di ritmo, egli venne, come lo zampillo di una fontana. Non tirò fuori il pene. Gli rimase duro. Voleva che venissi di nuovo. Ma la gente incominciava a uscire dal ristorante. Per fortuna ci erano caduti addosso dei cappotti che ci nascondevano. Eravamo in una specie di tenda. Non volevo muovermi. L'arabo mi chiese: "Ti rivedrò ancora? Sei così dolce e bella. Potrò mai rivederti?"

Roger mi stava cercando. Mi alzai e mi diedi una rassettata. L'arabo scomparve. Altra gente incominciò a uscire. C'era il coprifuoco alle undici. La gente credette che fossi lì a sorvegliare i cappotti. Non ero più ubriaca. Roger mi ritrovò. Voleva portarmi a casa. Mi disse: "Ho visto il ragazzo arabo che ti guardava. Devi stare attenta."

Marcel e io camminavamo nell'oscurità, fuori e dentro ai caffè, sollevando le pesanti tende nere quando entravamo, cosa che ci dava l'impressione di entrare in una specie di mondo sotterraneo, in una città di demoni. Nero come la biancheria nera delle puttane parigine, le lunghe calze nere delle ballerine di can can, le grandi giarrettiere nere delle donne, fatte apposta per soddisfare i più perversi capricci degli uomini, i neri bustini aderenti che buttan fuori i seni e li spingono in su, verso le labbra dei maschi, come gli stivali neri delle scene di flagellazione nei romanzi francesi. Marcel tremava di piacere. Gli chiesi: "Pensi che ci siano dei posti che fanno venir voglia di fare l'amore?"

"Certo," disse Marcel. "Perlomeno a me succede. Come è successo a te di aver voglia di fare l'amore sul mio letto di pelliccia. A me viene sempre voglia di fare l'amore dove ci sono arazzi e tende e stoffe alle pareti, dove si è come in un utero. Ho sempre voglia di fare l'amore dove c'è molto rosso. Anche dove ci sono degli specchi. Ma la stanza che mi ha eccitato di più è una che vidi una volta vicino al Boulevard Clichy. Come sai, all'angolo di questo boulevard c'è una puttana con una gamba di legno, che ha molti ammiratori. Ne sono sempre rimasto affascinato perché avevo l'impressione che non sarei mai riuscito a farci l'amore. Ero sicuro che, appena avessi visto la gamba di legno, sarei rimasto paralizzato dall'orrore.

"Era una donna giovane, allegra, sorridente, di buon carattere. Si era tinta i capelli di biondo. Ma aveva ciglia nerissime e folte come quelle di un uomo. Aveva anche una lieve peluria nera sul labbro superiore. Doveva essere stata una ragazza scura e pelosa del Sud prima di schiarirsi i capelli. La sua gamba era robusta, solida, e il corpo piuttosto bello. Ma non avevo il coraggio di invitarla. Guardandola mi veniva in mente un quadro di Courbet che avevo visto. Gli era stato commissionato molto tempo fa da un ricco, che gli aveva chiesto di ritrarre una donna nell'atto sessuale. Courbet, che era un grande realista, aveva dipinto il sesso di una donna e nient'altro. Aveva tralasciato testa, braccia, gambe e aveva dipinto un torso con un sesso accuratamente disegnato, in contorsioni di piacere, proteso verso un pene che usciva da un ciuffo di peli nerissimo. E questo era tutto. Avevo l'impressione che con questa puttana sarebbe stato lo stesso, uno avrebbe pensato solo al sesso, cercando di non guardare le gambe o qualcos'altro. E forse poteva essere eccitante. Mentre me ne stavo in un angolo a deliberare con me stesso, mi si avvicinò un'altra puttana, una molto giovane. Una puttana giovane è cosa rara a Parigi. Si mise a parlare con quella dalla gamba di legno. Stava incominciando a piovere e la giovane diceva: 'Sono già due ore che cammino sotto l'acqua. Ho le scarpe rovinate. E neanche mezzo cliente.' All'improvviso mi dispiacque per lei e le dissi: 'Vuoi prendere un caffè con me?' Accettò con gioia e mi chiese: 'Sei un pittore?'

"'Non sono un pittore,' risposi. 'Ma stavo ripensando a un quadro che ho visto.'

"'Ci sono quadri meravigliosi al Café Wepler,' disse lei. 'E guarda questo.' Estrasse dal suo taccuino tascabile quel che pareva un fazzoletto molto delicato. Me lo aprì sotto il naso. C'era dipinto un grosso culo di donna, in una posa che lasciava vedere completamente il sesso, e anche un cazzo egualmente grosso. Tirò il fazzoletto, che era elastico, e parve che il culo si muovesse in sincronia col cazzo. Poi lo girò, e anche ora il cazzo si sollevava, ma sembrava che fosse entrato nella vulva. Allora la ragazza lo mosse in un certo modo, che animò tutta la scena. Risi, ma lo spettacolo mi eccitò e così non andammo mai al Café Wepler, e la ragazza mi propose di andare nella sua stanza. Era in una casa molto squallida di Montmartre, dove abitava tutta la gente del circo e dell'avan-spettacolo. Dovemmo salire cinque piani.

"'Dovrai scusare il disordine. Sto incominciando adesso a Parigi. È solo un mese che sono qui. Prima lavoravo in una casa in una cittadina, ed era così noioso vedere la stessa gente tutte le settimane. Era come essere sposata! Sapevo con precisione quando sarebbero venuti a trovarmi, il giorno e l'ora, puntuali come un orologio. Conoscevo tutte le loro abitudini. Non c'erano più sorprese. E così sono venuta a Parigi.'

"Mentre chiacchierava, entrammo nella sua stanza. Era molto piccola: appena appena lo spazio per il grande letto di ferro sul quale la gettai e che si mise a scricchiolare come se stessimo già scopando come due scimmie. Ma quello a cui non riuscivo ad assuefarmi era che non c'erano finestre – neanche l'ombra di una finestra. Era come stare in una tomba, in una prigione, in una cella. Non riesco a descriverti con precisione com'era. Ma la sensazione che ne ricavai fu di sicurezza. Era splendido essere rinchiusi in quel modo con una donna giovane. Era quasi bello come essere già dentro alla sua fica. Era la stanza più fantastica in cui avessi mai fatto l'amore. Così totalmente chiusa fuori dal mondo, così stretta e confortevole, e quando entrai in lei sentii che, per quel che mi importava, il resto del mondo poteva anche scomparire. Eccomi lì, nel posto migliore del mondo, un utero, caldo e morbido, che mi isolava da tutto il resto, mi proteggeva, mi nascondeva.

"Mi sarebbe piaciuto vivere lì con quella ragazza, non uscire più. E lo feci, per due giorni. Per due giorni e due notti non facemmo altro che rimanere lì sdraiati sul suo letto ad accarezzarci e addormentarci, per poi accarezzarci e riaddormentarci di nuovo, finché fu tutto come un sogno. Ogni volta che mi risvegliavo, avevo il pene dentro di lei, umida, scura, aperta, allora mi muovevo un po', per poi rimanere tranquillo, finché non ci scoprivamo terribilmente affamati.

"Allora io uscivo, compravo del vino e della carne fredda e tornavo a letto un'altra volta. Niente luce del giorno. Non sapevamo che ora fosse e se era giorno o notte. Ci limitavamo a giacere lì, a sentirci i corpi, uno dentro l'altro quasi continuamente, a bisbigliarci nelle orecchie. Yvonne diceva qualcosa per farmi ridere, allora la sgridavo: 'Yvonne, non farmi ridere così, altrimenti mi scivola fuori.' Il mio pene usciva quando ridevo, e dovevo rimetterlo dentro.

"'Yvonne, sei stufa di questa storia?' le chiesi.

"'Ah no,' rispose Yvonne. 'È la prima volta che mi diverto. Quando i clienti sono di furia, sai, be', ferisce i miei sentimenti, e allora li lascio fare, ma non mi interessa per niente. E poi è un male per gli affari. Si invecchia e ci si stanca prima del tempo se si continua così. E poi ho sempre la sensazione che non mi facciano caso abbastanza, e questo mi fa tirare indietro, lontano da loro, dentro a una qualche parte di me. Lo capisci?'"

Poi Marcel mi chiese se era stato un buon amante quella prima volta a casa sua.

"Sei stato un buon amante, Marcel. Mi è piaciuto il modo in cui mi hai preso il culo con tutte e due le mani. L'hai afferrato saldamente, come se ti apprestassi a mordermelo. Mi è piaciuto il modo in cui mi hai preso il sesso tra le mani. È stato proprio il modo in cui l'hai preso, con tanta decisione, con tanta mascolinità. È quel tocco da cavernicolo che hai."

"Perché le donne non dicono mai di queste cose? Perché ne devon sempre fare un gran segreto? Pensano che distrugga il loro mistero, ma non è vero. Ed ecco che arrivi tu e mi dici esattamente quello che hai provato. È magnifico."

"Io credo sia giusto dirlo. Ci sono già abbastanza misteri, e quelli di questo genere non aiutano ad apprezzarci reciprocamente. Adesso c'è la guerra e molta gente morirà, senza sapere niente perché hanno la lingua legata sul sesso. È ridicolo."

"Mi viene in mente Saint Tropez. L'estate più bella che abbiamo avuto."

Mentre lo diceva, rividi chiaramente il posto. Una colonia di artisti, dove andavano la gente della buona società e attori e attrici, e yacht buttavano l'ancora. I piccoli caffè in riva al mare, la gaiezza, l'esuberanza, la rilassatezza. Tutti in costume da bagno. Tutti che fraternizzavano. La gente degli yacht con gli artisti, gli artisti con il giovane postino, con il giovane poliziotto, con i giovani pescatori, gente giovane e scura del Sud.

Si ballava in un patio sotto le stelle. I suonatori di jazz venivano dalla Martinica ed erano più caldi della notte d'estate. Marcel e io eravamo seduti in un angolo una sera in cui annunciarono che avrebbero tolto la luce per cinque minuti, poi per dieci, e infine per quindici, nel bel mezzo di ogni ballo.

"Scegliete attentamente i vostri compagni, per il *quart d'heure de passion*. Scegliete attentamente i vostri compagni."

Per un momento ci furono una grande agitazione e un

gran trambusto. Poi incominciò il ballo e infine si spensero le luci. Qualche donna si mise a urlare istericamente. Una voce maschile disse: "Questo è un oltraggio, non lo sopporterò!" Qualcun altro gridò: "Accendete le luci."

Il ballo continuò nel buio. Si sentiva che i corpi erano in calore.

Marcel era in estasi, mi stringeva come se volesse rompermi, piegato su di me, con le ginocchia tra le mie, il pene eretto. In cinque minuti, la gente aveva solo il tempo di strusciarsi un po'. Quando si riaccesero le luci tutti avevano un'aria un po' sconvolta. Alcune facce sembravano apoplettiche, altre erano pallide. Marcel aveva i capelli scompigliati. I calzoncini di lino di una donna erano tutti stropicciati. L'atmosfera era soffocante, animalesca, elettrica. E allo stesso tempo c'era una facciata di raffinatezza da mantenere, una forma, un'eleganza. Un po' di gente, turbata, se ne stava andando. Altri erano come in attesa di un temporale. Altri ancora aspettavano con una luce negli occhi.

"Pensi che qualcuno di loro si metterà a gridare, si trasformerà in una bestia, perderà il controllo?" chiesi.

"Io potrei," rispose Marcel.

Incominciò il secondo ballo. Si spensero le luci. La voce del capobanda disse: "Questo è il *quart d'heure de passion.* Messieurs, Mesdames, adesso vi verranno concessi dieci minuti, poi quindici."

Tra il pubblico si levarono piccole grida soffocate, proteste di donne. Marcel e io eravamo avvinghiati come due ballerini di tango, io sentivo che da un momento all'altro avrei potuto lasciarmi andare a un orgasmo. Poi le luci si riaccesero e il disordine e la reazione furono ancora più grandi.

"Si trasformerà in un'orgia," disse Marcel.

La gente si sedette con occhi abbacinati, come abbagliati dalle luci. Occhi abbacinati dal tumulto del sangue, dei nervi.

Non si riusciva più a stabilire la differenza tra puttane,

donne della buona società, bohémien, ragazze del posto. Le ragazze del posto erano belle, della bellezza sensuale del sud. Ogni donna era bruciata dal sole, taitiana, coperta di fiori e conchiglie. Nell'attrito del ballo alcune conchiglie si erano rotte e giacevano sulla pista.

"Non credo che arriverò fino al prossimo ballo," disse Marcel. "Ti violenterò prima." La sua mano mi stava scivolando nei calzoncini, a tastarmi. I suoi occhi erano ardenti.

Corpi. Gambe, tante gambe, brune e lucide, altre pelose come quelle di una volpe. Un uomo aveva un petto così villoso che indossava una maglietta traforata per metterlo in mostra. Sembrava uno scimmione. Le sue braccia erano lunghe e cingevano la sua compagna come se avesse voluto divorarla.

Ultimo ballo. Si spensero le luci. Una donna si lasciò sfuggire un gridolino da uccello. Un'altra incominciò a difendersi.

Marcel piegò la testa sulle mie spalle e incominciò a mordermi il collo, forte. Ci schiacciammo l'uno contro l'altra e ci strusciammo. Chiusi gli occhi. Barcollavo di piacere. Ero trasportata da un'onda di desiderio che veniva da tutti gli altri ballerini, dalla notte, dalla musica. Pensai che avrei raggiunto l'orgasmo. Marcel continuò a mordermi e io temetti che saremmo caduti sul pavimento. Ma fu l'ubriachezza a salvarci, a tenerci sospesi al di sopra dell'atto, lasciandoci godere tutto ciò che giaceva al di là.

Quando le luci si riaccesero, tutti erano ubriachi, barcollanti di eccitazione nervosa. Marcel disse: "L'apprezzano di più della cosa vera. Molti preferiscono questa messa in scena. Lo fa durare così a lungo. Ma io non ce la faccio più. Lasciamoli qui seduti a godersi le loro erezioni, e le donne tutte aperte e bagnate, ma io voglio finirla, non posso aspettare. Andiamo sulla spiaggia."

Sulla spiaggia il fresco ci calmò. Ci sedemmo sulla sabbia mentre da lontano ci giungeva ancora il ritmo del jazz, come un cuore che batteva, come un pene che batteva dentro a una donna, e mentre le onde rotolavano ai nostri piedi, le onde dentro di noi ci fecero rotolare l'uno sull'altro, ancora e ancora, finché non venimmo insieme, rotolando sulla sabbia, allo stesso ritmo dei battiti del jazz.

Anche Marcel stava ricordando. "Che estate meravigliosa," disse. "Penso che tutti intuissero che sarebbe stata l'ultima goccia di piacere."

INDICE

Finito di stampare nel 2022 presso
Elcograf S.p.A. – Viale De Gasperi 120 – Cles (TN)

Printed in Italy